INCEST
A BIOSOCIAL VIEW by Joseph Shepher

インセスト

生物社会的展望

J. シェファー

正岡寛司・藤見純子【訳】

学文社

INCEST: A Biosocial View by Joseph Shepher.
Copyright © 1983 by Academic Press, Inc.
All rights reserved.

Japanese translation rights arranged with
ELSEVIER INC, a Delaware corporation having
its principal of business at 360 Park Avenue South, New York, NY
through The Asano Agency, Inc. in Tokyo.

目　次

序　言　1
まえがき　3

第1章　はじめに ………………………………………………………… 7
第2章　生物社会的な展望 ……………………………………………… 14
　2.1　後成規則 ………………………………………………………… 18
　2.2　繁殖の重要性 …………………………………………………… 20
　2.3　包括的適応度と親族選択 ……………………………………… 21
　2.4　親族関係の利他主義（縁故主義）：人間社会性の核心 …… 22
　2.5　互恵的利他主義 ………………………………………………… 24
　2.6　配偶者選択と親の投資 ………………………………………… 24
　2.7　近代社会 ………………………………………………………… 28
　2.8　親子間および兄弟姉妹間の対立 ……………………………… 32
　2.9　攻撃と社会秩序 ………………………………………………… 34
　2.10　まとめ：文化についての生物社会的な展望 ……………… 35
第3章　インセスト：概念，定義，そして問題 ……………………… 37
　3.1　定　義 …………………………………………………………… 37
　3.2　インセスト的性交渉の規制 …………………………………… 47
　3.3　動物データの利用 ……………………………………………… 50
　3.4　起　源 …………………………………………………………… 53
　3.5　持　続 …………………………………………………………… 55
　3.6　機　能 …………………………………………………………… 56

i

第4章　エドワード. ウェスターマーク ……………………………………… 59
　　まとめ ……………………………………………………………………… 68

第5章　キブツと養女婚：母なる自然を惑わすこと …………………………… 69
　5.1　キブツ：集団教育 ……………………………………………………… 70
　5.2　養女婚 …………………………………………………………………… 84
　5.3　まとめ …………………………………………………………………… 90

第6章　インセストの生物社会的な理論開発への貢献 ………………………… 91
　6.1　ミリアム. クライセルマン. スレーター：人口誌的説明 …………… 92
　6.2　ロビン. フォックス …………………………………………………… 94
　6.3　アバールほか：体系と方法論的革新 ………………………………… 97
　6.4　ガードナー. リンゼイ ………………………………………………… 101
　6.5　N. ビショッフ ………………………………………………………… 102
　6.6　メルビン. エムバー …………………………………………………… 105
　6.7　ジェフリー. T. バーナム ……………………………………………… 106
　6.8　パーカーほか …………………………………………………………… 107
　6.9　まとめ …………………………………………………………………… 109

第7章　インセストの生物社会的な理論 ………………………………………… 110
　7.1　同系交配と異系交配のバランス ……………………………………… 112
　7.2　同系交配の費用 ………………………………………………………… 114
　7.3　同系交配の便益 ………………………………………………………… 120
　7.4　費用―便益分析とインセスト回避の進化 …………………………… 126
　7.5　動物の同系交配回避 …………………………………………………… 133
　7.6　共進化過程：3つのインセスト的ダイアドにおけるインセスト規制
　　　 ……………………………………………………………………………… 137
　　　7.6.1　母親と息子のインセスト抑制　138
　　　7.6.2　母親と息子のインセスト阻止　141

目　　次

　　　7.6.3　母親と息子のインセスト禁止　　144
　　　7.6.4　兄弟と姉妹のインセスト抑制　　145
　　　7.6.5　兄弟と姉妹のインセスト阻止　　147
　　　7.6.6　兄弟と姉妹のインセスト禁止　　148
　　　7.6.7　父親と娘のインセスト抑制　　150
　　　7.6.8　父親と娘のインセスト阻止　　152
　　　7.6.9　父親と娘のインセスト禁止　　153
　7.7　インセスト規制の持続 ································· 154
　　　7.7.1　2次的機能：核家族の維持　　155
　　　7.7.2　2次的機能：集団同盟　　157
　　　7.7.3　2次的機能：インセスト・タブーの拡張　　158
　7.8　証　　拠 ··· 160
　7.9　まとめ ··· 168

第8章　フロイトと家族—社会化流派 ················· 171
　8.1　ジーグムント.フロイト——トーテムとタブー ··· 171
　8.2　ブロニスロウ.マリノフスキー ······················· 175
　8.3　ブレンダ.Z.セリグマン ······························· 179
　8.4　ジョージ.P.マードック ······························· 184
　8.5　タルコット.パーソンズ ······························· 187
　8.6　まとめ ··· 191

第9章　同盟学派 ··· 192
　9.1　エドワード.B.タイラー ······························· 192
　9.2　レオ.フォーチュン ···································· 194
　9.3　レスリー.A.ホワイト：文化学主義者 ··············· 196
　9.4　クロード.レヴィ＝ストロース：構造主義者 ······· 202
　9.5　まとめ ··· 208

第 10 章　グッディとシュナイダー：定義の問題 ………………… 209
 10.1　ジャック．グッディ ……………………………………… 209
 10.2　デヴィッド．M. シュナイダー：インセストの事実から
    インセストの意味へ ………………………………… 214
 10.3　まとめ ……………………………………………………… 219

第 11 章　結　　論 …………………………………………………… 221

 用　語　集　　227
 参考文献　　234
 訳者あとがき　　250
 事項索引　　258
 人名索引　　262

凡　例

1. 本文中の（　）内は，原書の翻訳文である。
2. 原著者補記は [　] 内に，訳者による補記あるいは注記は【　】内にそれぞれ収めた。
3. 原著者による参考文献表示中，参考箇所（「p.」もしくは「pp.」），および「転載許可を受けている」との一文は略記した。
4. 原著者が他者による記述を引用した部分については，その箇所（頁）を [　] 内に収めた。
5. 本文中*印をつけた用語は，文末「用語集」に含まれている用語の本文での初出をしめす。
6. 人名・地名などの固有名詞は，できるかぎり現地音に近いカタカナ表記をするよう努めたが，一部慣例に従ったものもある。日本人研究者名は基本的に漢字表記にしたが，カタカナ表記の場合もある。
7. 親族名称の表記は，父親・母親・息子・娘・兄弟姉妹・祖父母以外はカタカナを使用した。
8. 巻末の「用語集」「人名索引」では，用語・人名を五十音順ではなく，アルファベット順で示した。

序　言

　ソフォクレスのドラマから精神分析学にいたるまで，インセスト（近親相姦）は人間の自己解釈に深く浸透する陰鬱な存在感をもっている．もし人間性をあまねく特徴づけている特性があるとすれば，それはまちがいなくインセスト・タブーである．錯綜した神話や儀礼，そしてわれわれにとってもっとも感動的で不朽の魅力をもつ文学の一部は，インセスト破棄の戦慄から産声をあげた．フロイトなどの精神分析の理論家は，最初に造られた深海潜水艇の乗組員のように，タブーの起源ならびにその真の意味を探索するなかで無意識の世界に潜行していった．人類学の理論家たちは，その原動力として，家族の凝集と社会的同盟の必要性に注意をむけた．しかしながらインセスト・タブーは，これを理解しようとするすべての企てをかなり挫折させてきた．

　ところが最近，インセスト・タブーはより明白な生物的現象として理解できるようになってきた．エドワード．ウェスターマークが1891年にはじめて提唱したように，インセスト・タブーの基盤は精神分析学や人類学のモデルで認識されているよりもはるかに単純明快で，わかりやすいものなのかもしれない．もとより兄弟と姉妹，あるいは親と子の水準での同系交配は，同型接合や遺伝子＊欠損の発生率を激増する．インセストに対する心理的な障壁，最近親者の範囲外で配偶する先天的性向は，繁殖上の利点をもたらす．他のすべての条件が等しければ，どのような手段を用いてもインセストを回避する遺伝的性向をもつ個人は，その性向を欠く個人よりも次世代に健全な子どもを誕生させることに寄与できる．ダーウィンの自然選択が長期にわたって作用しつづけるとすれば，この性向が人間

1

集群に広く普及していることを知りうるはずである。一口でいうとインセスト・タブー，もっと精確にいえば人間が開示するインセスト・タブーのあれこれは，遺伝子の多様性の保持から生じる利点と結びついたメンデルの遺伝法則の結果である。

　先天的性向は存在するだけでなく，それは等しく単純な規則によって心理的な発達のなかで顕在化すると思われる。ジョセフ.シェファーがこの重要で配慮の行き届いた本書で証拠を提示しているように，少なくとも兄弟と姉妹のインセスト回避のメカニズムは，幼児期において親密な日常生活を共有した個人への性的無関心をもたらす一種の負の刷り込みである。神話，儀礼，そして偉大な文学は，この心理生物学的な基礎的力のすばらしい文化的派生物でありうるし，実際にそうなのだ。

　インセスト・タブーは，人間社会生物学や社会科学を特徴づける現在の混乱に，もうひとつの意義を付加している。この行動の生物的起源は，選択力と後成規則*の相対的な単純さのゆえに，人間の他の社会行動のほとんどの場合よりも明らかに扱いやすい。そして兄弟と姉妹のインセスト・タブーは，このインセストの場合の後成規則がきわめて強力であるために，個人の行動発達から文化的パターンへの転換を分析する際の1つのパラダイムになりうる。換言すれば，ショウジョウバエの染色体あるいはウニの卵が生物学に役立っているように，この現象は社会科学に寄与するのだ。

　ジョセフ.シェファーはこの主題を，生物学理論と現実的な民族誌的データ世界の双方による類例のない理解へと導いていく。本書は，この重要な現象についての結論ではないだろう。しかし本書は，生物学的ならびに社会的な組織化のあらゆる水準での厳密な分析と究極的で深い進化的理解に至る道筋を指示した点において，この主題に関わる従来の業績よりもはるかに重要だ，とわたしは確信している。もし単独の人間行動現象がこれほどの完全さに接近できると了解されうるなら，社会科学に対する本書の効果は確かに革新的であるにちがいない。

エドワード.E.ウィルソン
ハーヴァード大学

まえがき

　多くの著名な人類学者たち，とりわけホワイト，レヴィ＝ストロース，シュナイダー，そしてフォックスは，インセストの研究が人類学理論の核心にあると認識してきた。本書は，この問題についてのすべての重要な理論的アプローチを探索し，インセストの生物社会的な理論に焦点を絞り，そしてこの理論をその他の理論と比較検討する。

　ほぼここ100年間，インセストに関する膨大な文献が蓄積されてきたにもかかわらず，私見によれば，インセストについてのすべての理論的アプローチを概説し，そしてそれらを1つの理論に照らして総合することに努めた単独の書物はみあたらない。多くの文献がインセスト理論に重要な貢献をなしているが，しかしこうした貢献は経験的な研究にのみ込まれ，理論的分析を欠くきらいがあった。実際，タイトルに「インセスト」を含んでいるすべての書物のうち，その例外は1つだけだといえる。いうまでもなくそれはロビン．フォックス（1980）の単著で，これはこの主題に関して彼が20年間にわたって書きとどめた理論的小論をまとめたものである。

　理論的分析を強調するかぎりでは，本書はこのフォックスの文献にみられる空白を埋めることができるとわたしは確信している。とはいえ，これはまた，1つの新しくて論争的な展望，すなわちインセストの生物社会的な理論の有効性を提示する努力でもある。この展望は，行動科学と生命科学双方に関連する。その関連性は，インセスト問題を研究する人類学者，社会学者，心理学者にとって明快である。しかし生物学者にとっては，本書の関連性は自明でないかもしれない。

わたしが企てる理論的な議論の1つは，文化の存在はホモ・サピエンスを進化過程から免除するものではないということだ。そうではなく，文化は共進化の過程を生みだす。共進化過程のなかでも人間のインセスト回避の進化は，もっとも単純で，しかももっとも教訓的な事例である。

　本書の第1章は，読者をインセスト問題に誘う。第2章と第3章は，生物社会的な理論一般と方法論上の重要な問題を取り上げる。第4章から第6章では，本書が提示するインセストの生物社会的な理論を導いた諸理論と経験的知見を検討する。第7章では，生物社会的な理論自体を提示する。第8章から第10章においては，過去100年間に示されたインセストに関する主要な諸理論を概説し，検討する。最後の第11章でこれら理論を要約し，そしてそれらを生物社会的な理論に照らして総合する。

　この研究は，故ヨニア.ガーバー＝ターマンの指導下で実施されたイスラエルでの数年間にわたる調査研究に起源をもつ。彼女は，一緒に育てられたキブツの子どもたちが決して互いに結婚しない（Talmon 1964）という奇妙な現象に，わたしの注意を向けさせた。わたし自身キブツのメンバーだったので，詳細なキブツの社会化方式を調査する機会に恵まれた。ラトガース大学のライオネル.タイガーとロビン.フォックスの指導下で執筆したわたしの学位請求論文（Shepher 1971a, 1971b）は，インセスト回避の問題に正面から取り組んだものである。同僚のフランク.R.ヴィヴエロとわたしは，「インセスト理論読本」を刊行しようと企画したが，しかし結局はその出版を断念した。われわれは多数の賛辞を受け取っていたが，70本の論文の転載許可を依頼するという骨の折れる作業を引き受けようとする人は誰もいなかった。わたしは，デヴィッド.シュナイダーの未発表論文を読本に収録したかったこともあって，彼に助言を求めた。彼の回答は「あなた自身の書物を執筆しなさい。読本よりもそのほうに価値がある」というものだった。

　わたしは1978年にハーヴァード大学で特別研究期間を過ごしたが，そこでのホストであったE. O.ウィルソンは，このプロジェクトを推進するよう励ましてくれた。ウィルソンの助言は，ハーヴァード大学にその当時所属していたロバー

まえがき

ト．トリヴァース，ウイリアム．ハミルトン，アーヴェン．ドゥ．ヴォア，メル．コナー，ジョン．ホイットニング，ジョン．アルトゥング，サラ．ブラファー．ハーディ，ジョン．シーガーとの個人的な接触とともに，本書執筆にあたって当面した多数の問題と闘っていたわたしへの貴重な支援となった。

数人の同僚は，草稿の異なる部分を読んで，問題箇所に親切なコメントを寄せてくれた。E. O. ウィルソン，W. D. ハミルトン，サラ．ブラファー．ハーディ，ピエール．ヴァン＝デン＝ベルジェ，デヴィッド．シュナイダー，ヤコブ．グリュック，ドブ．ボラットたちである。彼らすべてから，わたしは大いなる恩恵を受けた。

わたしの研究助手であるショシャナ．シャドミは，文章のわかりやすさや読みやすさへの重要なコメントをしてくれ，執筆過程に実質的に貢献してくれた。

ハイファ大学調査研究所のツウィア．エスティンとデヴィット．ブカイに深謝する。彼らは，本草稿の準備に関係する秘書的任務を効果的に果たしてくれた。

最後に，ニューヨークとハイファの間の9,700キロの距離をものともせず，この研究を成功裏に導いてくれたアカデミック．プレスとE. A. ハメルに感謝する。

1 はじめに

R. ヨハネはラッビー．シムオーン．ベン．ヨホザックの名において，つぎのように述べた。「おおかたの者が偶像崇拝，インセスト，殺人を除き，背いたことで死すべきか否かの決断を全律法が迫った場合，その判断はリュッダのニッツア議院上院で決定される」。

— SANHEDRIN
Babylonian Talmad（74/a）

「太初に言葉ありき。」
もうここでおれは問える。誰かおれを助けて先へ進ませてはくれぬか。
言葉というものを，おれはそう高く尊重することはできぬ。
おれが正しく霊の光に照らされているなら，
これと違った風に訳さなくてはなるまい。
こう書いてみる，「太初に意味ありき。」
軽率に筆を滑らせぬよう，
第一句を慎重に考えねばならぬ。
一切のものを創り成すのは，はたして意味であろうか。
こう書いてあるべきだ，「太初に力ありき。」
ところが，おれがこう書き記しているうちに，
早くもこれでは物足りないと警告するものがある。
霊の助けだ。おれは咄嗟に思いついて，
確信をもって書く。「太初に業ありき。」

— *Goethe*
Faust I, 1224–1237
（The Arndt translation 1976 W. W. Norton）
［相良守峯訳『ファウスト 第一部』（岩波文庫，1958/2012，p.86）］

社会学専攻の学部学生時代，わたしは，人間の普遍性と特殊性との区別に混乱していた。パーソンズ流の構造-機能主義社会学を教えられたわたしは，教師たちが一定の特性を人間の普遍特性だと主張した直後に，さまざまな文化の特殊性についてくわしく語ることを訝しく思ったことがある。たとえば，家族はすべての社会に存在すると断言したすぐ後に，インドのナーヤル族，オーストラリアのティウィ族，そして現代西洋の家族のあいだの魅惑的な相違を取りあげて話されると，もうわたしはうんざりした。人間社会について知れば知るほど，わたしは，なぜ家族が普遍的であり，なぜたとえばサッカーチームあるいはステレオ装置を生産する企業が普遍的でないかについて知りたいと思うようになった。わたしは，何が普遍特性と特殊特性の相違を引き起こすのか，そしてなぜわれわれはそうした研究を怠ってきたのかを知りたいと思うようになったのだ。なぜわれわれは，人間における特性の変異を普遍特性そのものと考え，それを他の普遍特性とともに検討しようとしなかったのだろうか。わたしは，何が人間を弁別するのかより，何が人間すべてに共通しているのかに興味を抱いたのだ。

　かなり前のことだが，ある学生が，特定の個人的相違は社会形態あるいは文化的特性の全体性を歪めるものではないと指摘した。教授たちは彼の意見に同意しつつも，しかし「個人」は心理学の準拠枠に属しているのであって，社会学者には立ち入り禁止だと説明した。もし別の学生が，ある生物的変数がある行動形態を司る可能性を提起したのだとすれば，教授たちの受け答えはもっととげとげしいものになったはずである。社会学的調査研究の原型は，デュルケム（1952）の『自殺論』にある。その研究において彼は，すべての生物学的あるいは心理学的要因を排除し，自殺のような社会変数はアノミー*のような別の社会変数にのみ係属すると自信たっぷりに公言した。社会学の基礎的単位，すなわち学習された社会行為は，誕生から死にいたるまで個人を社会集団に堅く結びつけているのである。

　というわけで，人間個人は消え失せてしまった。個人の行動は，社会制度や文化規範に従属する変数とみなされたのである。その一方で，社会制度や文化規範は社会ごと文化ごとに異なると記述された。しかし，異なる文化に所属している

第1章　はじめに

複数の個人が類似した，あるいはまったく同じ方法で行動することがある。それは，別々の社会の文化規範が同一であることを意味しているのだろうか。その答えは，肯定と否定のいずれでもある。人間の普遍性は存在するが，しかし各文化で別々に考案された同一の規範もある。そのような訳で，人びとは彼ら自身の文化を通じて人間の普遍性に遭遇する。

　インセスト禁止はこうした普遍特性であり，わたしはこれに自分の文化——ユダヤ教——を通じて遭遇した。1935年，わたしは13歳で，ブタペストでバルミッツバーの成人式を迎える準備をしていた。わたしはユダヤ教の根本原理を学び，本章の序で引用しているバビロニアのタルムードの文章を読んだ。われわれのラビは，ユダヤ人が犯す3つの極悪罪は偶像崇拝，殺人，近親相姦であると説明した。「そんな罪を犯すぐらいなら，むしろ死を選ぶべきだ」とラビは要求した。けれども彼はその罪がいかなるものかを説明しなかった。わたしが理解したのは，3つの罪のうち2つだけだった。偶像崇拝は，改宗を表す専門用語で，迫害から自らを救済したいと願ったハンガリーのユダヤ人のあいだで実際に起こったことである。今でもわたしは，改宗した人の話になると，わたしの家族が表した恐怖感を思い起こす。2つ目の罪，つまり殺人も，その当時のわたしにとってきわめて現実的であった。しかし3つ目のインセストはどうだろうか。わたしはヘブライ語もハンガリー語も理解できなかった。わたしは辞書を引いてみた。すると「同じ家族内のメンバー同士，すなわち母親と息子，兄弟と姉妹，父親と娘の性的交渉」と書かれてあった。わたしの感情的反応はある種の嘲りと嫌悪であったが，知的反応は「間違いに決まっている！」だった。偶像崇拝あるいは殺人は，人びとが得をするか，あるいは少なくともそうしようと考えるという意味で，人びとが引き起こす事件である。しかしインセストはどうであろうか。誰がそのような間抜けな，また気持ちの悪いことをするだろうか。わたしは質問を携えてラビを訪ねた。しかし1935年当時，ブタペストのラビも教師も，まして親は，13歳の少年のこうした疑問について語ってくれることはなかった。彼らは「大きくなれば，わかることだ」と言い放つだけだった。

　それから4年後，ギムナジュムの7年生に進級したわたしは，その説明をジー

グムント.フロイトの『トーテムとタブー』（1913）と『性理論への3つの貢献』（1910）のなかにみつけた。なんとわたしは初心だったことか。わたしはそれまで，インセストについて考えたこともなかった。それは，わたしがそうした性的欲求を意識下にうまく抑え込んでいたからだ。母親へのわたしの幼児性愛欲求に対する父親の激しい反応を思い出そうとしたが，成功しなかった。自分の無意識の切望を暴露するかもしれない象徴的な夢想と憧憬に警戒したのだが，……失敗した。

インセスト理論にみられる基本的な議論争点は，フロイトとウェスターマーク両人のあいだにある。フロイトは，人間はインセストを欲するが，しかしインセストはよくない（その理由はこのさい重要ではない）ので，禁止されなければならないと考えた。他方ウェスターマークは，人間はインセストを欲しないが，インセストはよくないことなので，抑止されると考えた。わずか13歳の幼いわたしはウェスターマークに賛同したが，しかし17歳になるとフロイトに賛同するようになっていた。科学界はフロイトを支持していた。ウェスターマークの議論に反駁するためにフロイトが用いた，ジェイムズ.フレーザー卿の皮肉な批評がいくども繰り返し引用された。もしインセスト回避が本能であるなら，なぜインセストが禁止されなければならないか，というのがフレーザー卿の批評であった。

その論争は，抑止対禁止という疑問よりも深刻になった。それは行動科学の中心に位置する論争，すなわち自然と愛育をめぐる論争になったのだ。抑止，あるいはウェスターマークが最初に名づけた本能は，内部に，つまり自然に起源をもつ。それは「獣性」に根ざしている。これに対して禁止は，文化に由来し，したがって学習しなければならない。人間性は必然的に文化を意味するのだろうか。人間と動物のあいだには，埋められない断絶があるのか，それともそれは漸次的で連続的な移行なのだろうか。

こうなると，人間性に関する根本的な疑問に言及せざるをえない。人間は，地球上の他のすべての生命形態と同じように，進化過程の産物なのだろうか。そうだとすると，文化が進化の法則からわれわれを免除したのだろうか。文化は，われわれが完全に異なる法則に従うようにさせたのだろうか。つまり，それぞれの

第1章　はじめに

文化が，われわれのパーソナリティ，そして究極的にはわれわれの運命の唯一の規定因なのだろうか——そう信じたがっているように——。それともわれわれの文化そのものは，何百万年もかけて進化したわれわれの本性がもつ基礎的パターンと限界を順守するのだろうか。

　インセスト研究は，折々に新しい見解を生み出した。レヴィ＝ストロースは，普遍的現象は単なる文化的現象ではありえないと主張することによって，自然と文化に橋を架ける考えを導入した。多くの研究者は，インセストのダイアドすべてを同一の方法によっては分析できないと認識してきた。ほとんどの科学者は，その議論がどうであれ，インセスト規制の中心的な重要性について意見の一致をみている。規制の重要性として，マリノフスキーは家族による社会秩序の維持を指摘し，またフロイトはそれを人間道徳と宗教の基盤とみなした。ホワイトは，インセスト規制は人間協同の源泉，したがって経済的および政治的制度の基本的な接着剤であると論じた。レヴィ＝ストロースは，インセスト・タブーは「基本規則」であり，互恵性と交換の要因であると宣言した。

　歴史的にみると，インセスト理論に貢献した人類学者の多くは，インセストが普遍的に禁止されていることを前提にすることから研究に着手している。彼らはなぜインセストが禁止されているかに答えをえようとして，禁止されないとインセスト関係が常習になると仮定した。多くの人類学者は，人びとはインセストの有害な結果を理解し，したがってそれを拒否したのだと確信した。別の者たちは，人びとはインセスト回避をせざるをえなかったと信じている。わたしの考えでは，インセスト回避は外部からの強制や知的理解のいずれにも先行している。ファウストの文章によれば，「太初に業ありき」なのだ。禁止自体——すなわち言葉，意味，権力——は，その後に出現したのである。

　インセストを研究する人たちにとっては，2つの方法論的な問題が頭痛の種であった。すなわち，経験的研究の機会が限られていること，および基本変数の普遍性の問題である。人間行動についての経験的研究は，最良の状況下でも容易ではない。研究主題が人間の性行為に関係する場合には難しさが増すし，調査がインセストのようなタブーとみなされる行動に焦点を合わせている場合には，ほと

んど実施不能となる。部分的な解決法は通文化的な比較研究の実施である。なぜならそれは，民族誌データ，つまり調査研究単位として「文化」を認め，研究対象となっている特徴をもつ文化を数えあげることが可能だからである。しかし，通文化的研究は問題を解決できなかった。というのも，従属変数も独立変数も普遍的だからだ。もし調査研究者が「自明な」因果要因，つまり家族（独立変数）によってインセスト・タブー（従属変数）の起源や機能を説明したいと思っても，彼らはインセスト・タブーあるいは家族をもたない社会をみつけられないのである。

　幸運にもわたしは，インセスト自体ではないが，確実にインセストに類似する行動について調査研究を実施できた。その調査研究については第5章で詳細に考察するが，ある程度はここで言及しておくべきであろう。わたしが考察したのはキブツで生活したことのある思春期の若者と成人であるが，その考察から，誕生から6歳になるまで一緒に育てられた男女が，婚前の性交渉をもつことも結婚もしないという事実をみつけた。こうした行動はタブーでなかったけれども，しかし発生しなかったのである。キブツで一緒に保育された子どもたちは，親族関係になかったが，血のつながっている兄弟姉妹にみられると同じ行動を明らかにしめした。つまりこの調査研究は，独立変数であるかもしれない家族を完全に除外できたのだ。このように，キブツはわれわれがインセスト回避について新鮮な結論を引きだすことのできる一種の「自然実験室」を提供する。

　要するに，わたしの調査研究は方法論的な行き詰まりから部分的に抜け出せる手段を与えた。部分的というのは，この研究がインセスト的ダイアドの1つ，兄弟と姉妹のそれだけしか扱っていないからである。本書においてわたしは，この突破口を拡充するつもりである。

　まずはわたしの基本的な理論枠組みを設定し（第2章），次に若干の重要な方法論上の疑問を取りあげる（第3章）。それに続いて，インセストについての統合的な生物社会的な展望への途を切り開いた諸研究について概説する（第4章から第6章）。第7章では，インセストの生物社会的な展望を提示する。この章は，本研究中，決定的に重要な提案になると考えられる。第8章から第10章では，

第1章　はじめに

インセストの古典理論を概説する。最後に，第11章で，異なる展望を統合していく。こうした統合は，何世代にもわたって人間が自己を理解しようと尽力していることへの一助になるかもしれない。

　つまり，本書の目標は2つある。1つ目はインセストの生物社会的な展望の提示であり，2つ目はインセストに関する理論的文献の包括的な考察である。そうした文献は著書や論文という形で数百におよんで散在しているが，それらが体系だって考察されることはこれまでなかった。わたしの仮定あるいは方法を受け入れがたいと思う読者も，この考察から得るものはあるだろうし，提示する諸理論のなかから何を選択しても自由なのだ。

　インセスト理論を完全に探査するためには，少なくとも3冊の書物を執筆する必要がある。モーガン，シュタルケ，コーラー，マクレナン，ルボックのような初期の進化論は，中心的な研究者にごく限られた影響を与えたに過ぎなかったので，本書に含めなかった。デュルケム，ブリフォルト，ロード.ラグランたちの「奇妙な」理論も，他の研究者の思考に影響を与えることが少なかったので，含めなかった。さらに，一文化に限定されたインセスト研究も本書から除外した。たとえばアンダマン島人について研究したラドクリフ＝ブラウン，ヌア族を研究したエヴァンス.プリチャード，ラカール族についてのリーチの研究成果などである。いうまでもなく，ここに収録したのは最終的にわたしがもっとも重要と考える研究成果だけであり，したがってその選択には議論の余地が残る。

　生物社会的な理論には多数の仮説が含まれており，したがって本書はそれら仮説のいくつかを証明しているにすぎない。残余の仮説についての証明は，より困難な作業をともなう。事実，生物社会的な理論は，実直な社会科学者たちに彼らの仮説の多くについて，わたしがそうしているように，その再検証を強いることになる。確実に社会科学者たちは，この強力で新しい理論を受容するか，それとも拒絶するかの決断を迫られることになるだろうが，しかしそれを無視することは現状では次第に難しくなっている。

> 理論は，その仮定が単純であるほど受ける感銘は深く，関連する
> 事象の種別が異なるほど，その適用可能性は広がる。
> —— Albert Einstein

2

生物社会的な展望

　社会生物学については，多数の著名な業績（たとえば，Barash 1977, 1979; Caplan 1978; Gregory and Silvers 1978; Clutton-Brock and Harvey 1978; Ruse 1979; Alexander 1979; Barlow and Silverberg 1980）によって紹介されているが，インセストという特定の疑問を解析するにあたっては，この理論の基本的な考えの簡潔な要約が必要だろう。社会生物学は社会行動の進化に関する包括的な理論である。つまりそれは，群落する微生物や無脊椎動物からはじまって人間にいたるまで，全動物界を取りあげる（Wilson 1975）。しかしながら本書は，人間の問題としてインセストを取りあげるので，ここでの要約は人間の社会生物学に限定する。

　人間を対象にする社会生物学の基本的前提は，人間が自然の一部だということである。人間の身体は，他のすべての生物体の身体と同じく，同一素材が同一原則に従って組織されてつくられたものである。その構成は，われわれが植物界やモネラ界（バクテリアや藻類），原生物（鞭毛虫類やその他の原虫）によりも，動物界の生物により大きく類似していることをしめしている。動物界の部分としてわれわれは，哺乳類のなかの霊長目*に分類される。こうした分類は，生物分類学者には自明であるかもしれないが，しかし社会科学者たちはおうおうにして忘れている。

　すべての種と同じく，人間は進化を重ねてきたし，また現在も進化を継続している。ホモ・サピエンス・サピエンスは，ヒト科のどちらかといえば最近の種である。ホモ・サピエンス・サピエンスの出現を導いた進化の道筋については，い

14

第2章 生物社会的な展望

まなお専門家のあいだで激論が闘わされている。ヨハンソンとエディ（1981）が提唱しているのは，以下のような系統樹である。

類人猿とホミニドの特性を合わせもったアウストラロピテクス・アファレンシスというホミニドは，2つの属，すなわちアウストラロピテクスとホモ属の祖先である。それは370万年から300万年前に生存していた。その個体群は2つの系統に進化した。1つはアウストラロピテクス・アフリカヌスであり，その最古の化石は270万年前に遡る。もう1つのホモ・ハビリスは220万年前に遡る。その最初に枝分かれした系統はアウストラロピテクス・ロバストスで，これは120万年前頃に絶滅した特殊型である。ホモ・ハビリスはホモ・エレクトゥスに進化した。ホモ・エレクトゥスはアフリカからアジアとヨーロッパに分布し，しかもホモ・サピエンスの直接の祖先であり，最古の化石は40万年前に遡る。ホモ・サピエンス・サピエンスという分類名称は，3万年前に生存したクロマニョン人に与えられる。

多くの化石人類学者は，中新世期*（1400万年前）に存在したラマピテクスという属はいくつかのホミニドに類似した特性をもっていたと考えている。しかしながらヨハンソンとエディは，アウストラロピテクス・アファレンシスとホモ・ハビリスとのあいだの80万年の空白と同様，ラマピテクスとアウストラロピテクス・アファレンシスとのあいだの1000万年におよぶ空白は，「ブラックホール」だと考えている。別の論者たちはこれに代る系統樹を提示している（たとえば，Leakey and Lewin 1977; Brace and Mantaque 1979; Campbell 1976）。

ホミニドが象徴文化を創始したとき，それはこの種に特有だったのだろうか。この点で，専門家たちは見解を異にしている。一部の論者によれば，アウストラロピテクスは言語を使用し，社会規則を有していたという。別の論者は，こうした文化標識の獲得をホモ・エレクトゥスにまで延期する。しかしわれわれのあいだにいつ文化が出現したにせよ，われわれが道具を製造・使用し，象徴言語を用い，社会規則を発明したことは，われわれを自然領域から排除することにはならない。自然環境に適応し，生息域を拡張し，そしてそれを徐々に変えるために，われわれは文化要素を用いた（われわれはそのようにする唯一の動物ではない

が，しかしアリやシロアリやビーバーよりも完全に，しかもうまく用いる）。大切なのは，文化の獲得が生物学的実質を変えることはないということである。すなわち，われわれは哺乳類であり霊長目に属している。

　人類は，別の生物と同じように自然選択を経験し，その遺伝的適応度は，繁殖の相違によって環境に発現され，特定の人口集群ごとに特定の遺伝子プールをつくりあげた。文化は，この過程に強力な新しい要因，つまり社会文化的要因をつけ足した。この社会文化的要因は，われわれの遺伝的素因に基づく行動と環境（多くの種の場合は社会的環境）とのあいだにすでに存在する複雑な交互作用に割り込んだ。個人たち，したがって人口集群は示差的に繁殖をつづけ，そうして一定の遺伝子*型が別の型よりも多く繁殖した。一部の人口集群と彼らの行動が表現した文化は消滅し，別の一部が繁栄し，変化し，そして持続した。その方程式の諸要因，すなわち遺伝子，環境，社会文化の相対的な重み付けについては，われわれの誰もが，振り返って正確にはもちろん，おおざっぱにさえ言明することはできない（とはいえ，Alexander 1979 と Lumsden and Wilson 1981 は少しばかり楽観的である）。古代ローマ帝国の没落や「民族大移動*」をしたゲルマン民族の台頭は，遺伝的適応度の相違，地中海気候の変化，消耗に抗しえなかった社会文化的活力，あるいは多数のこうした要因の絶望的に錯綜した交互作用の結果だったのだろうか。

　自然選択はたいてい，遺伝子を運搬し，それを別個体に伝達する個体の水準で作用する。人口集群は，この個体間における交互作用を注視するための便利なマクロな全体を研究者に提供しているにすぎない。遺伝子は，個体の形態的変化と直接に関係する。たとえば，人の目の色はその人の祖先の遺伝子の寄与によって決定される。もしある人口集群において目の色の画一性が見出されるなら，それはその人口集群の遺伝子プールのせいだといってほぼ間違いない。では，ある人口集群の文化内部における行動の均一性を説明するには何を探索すればよいのか。正統派ユダヤ教徒が豚肉を食さないことを知っているからといって，われわれは，豚肉を嫌いにさせる遺伝子を探すようなことはしない（とはいえ遺伝子が嗜好を制御していることは知っている）。豚肉を嫌いにさせる遺伝子を探す代わ

りにわれわれは，『モーゼ五書』に目を向け，そこに豚肉摂食の禁止をみつける。しかし，種全体に拡がる行動の均一性をみつけた場合，この均一性を文化のせいにはできないだろう。なぜなら文化は変異そのものであり，普遍物の原因になりえないからである。普遍物は，文化に関わりなく存在するのだ。

　この論理的帰結は，遺伝子が普遍的行動の究極因であるということにつきる。この帰結は空想的で，受け入れがたいと思われるだろう。家族形成の遺伝子はあるのか，支配階統の遺伝子はあるのか，正義感の遺伝子はあるのだろうか。こうした遺伝子の存在は立証できるはずがない。しかしわれわれは，たとえばミツバチの尾振りダンスの遺伝子の存在を証明しろと生物学者に要求することはない。ミツバチが尾振りダンスをすると，誰もがこの行動を，この種に特有な，遺伝的に受け継がれた行動として受け入れ，尾振りダンスの単一の遺伝子を探究することなどしない。しかし人間行動の一部，たとえば縄張り性が生物的にあらかじめ組み込まれているとか，「縄張りの遺伝子はあるのか」という問いに挑戦する人はいるかもしれない。確かに，縄張り性を決定する単一の遺伝子は存在しない。もっとも単純な形態上の特性でさえ，1つの遺伝子によって決定されることはなく，多数の遺伝子の交互作用によって決定されること，そしてこのことはとくに，動物における別々の系（神経系，神経ホルモン系，筋骨格系）の複雑な調整から起こる行動についてあてはまることをわれわれは知っている。しかしたぶん，他の人間が容易には利用できないとか，接近に許可を必要とするような縄張りを線引きできない場合には，人間動物に著しい不快感を抱かせるような，ひとまとまりの遺伝子は存在するのだろう。すべての文化において人びとは，この縄張りの排他性を得ようと努力する。西欧人は，閉鎖的で私的な家屋に居住している。しかしアフリカのナエナエ・ブッシュマンの場合はどうだろうか。彼らが「家屋」をもっているとはほとんどいいがたい。彼らがもっているのは，みすぼらしい待避所と風が吹けば簡単に消えてしまう焚き火である。そうだとしても，このみすぼらしい待避所は私的なものであり，「誰か他の者の待避所に入ることの回避は『クン・ブッシュマンが予約された行動を示威するための象徴として待避所を保有する』ことをしめしている」［Marshall 1976: 250］。ヴァン＝デン＝ベ

ルジェ (1975) は,近代的な娯楽分野における予約された行動について記述している。強制収容所においても,囚人の寝床は不法侵入者から守られるべき私的な「縄張り」になる。

われわれが素因について語るときに生じるもうひとつの問題は,均一性の問題である。生物社会人類学の批判者たちは,「例外」を著しく頼りにしていて,例外は特性が文化的であることを確証すると論じる。しかしここでもまた,生物社会人類学者は生物学者よりも多くのことを期待されている。人間はいうまでもなく動物のあいだでも,象徴文化がないと生物的素因が均一な行動を引き起こすことはできない。動物行動学*の専門誌はいずれも,ゲノム*が有意な頻度で行動のパターンをつくりだすことを明示している。たとえばロイ (1971) は,ケヨ・サンチャゴにおけるアカゲザルの場合,メスの年齢上昇と,その性的パートナーであるオスの支配力増大とのあいだに相関関係があることをみいだした。この相関関係は絶対的にはほど遠い (.60) が,しかしわれわれは,アカゲザルは高齢のメスが高い地位のオスに惹きつけられるという特定の文化を発達させているわけではないと了解している。われわれはまた,人間の縄張り行動について例外をみつけることができる。たとえばヒューリット (1971) は,アメリカ西海岸の共同体について次のように記述している。その共同体のメンバーは,イデオロギーのゆえに「開放的」であること,すなわち,居住地全体についても,またその家屋群のいずれについても,いかなる縄張り権も要求しないと決めていた。その共同体は急速に解体したが,しかししばらくのあいだその共同体は,生物的にあらかじめ組み込まれた縄張り意識を文化的手段によって克服していたのである。

2.1 後成規則

こうした生物的素因とは,いったいいかなるものなのだろうか。人間にとって普遍であるものの究極因は遺伝子のなかにみいだされるはずだという前提が正しいとすれば,遺伝子における均一性が人間にとって普遍なものとしてどのように表現されるようになるかが説明されなければならない。遺伝子は,タンパク質の

第2章 生物社会的な展望

組成を調節する DNA 配列である。その一部は構造的配列で，身体の器官を組成する。その他は調節的配列で，生物体の異なる局面（発達，環境刺激への反応，内部組成）を方向づけている。これらすべての機能は，生化学反応によって達成される。

　すでにみたように，行動は身体の異なる系，すなわち神経系，神経ホルモン系，筋骨格系の複雑な交互作用の結果である。高等動物一般，とくに人間における多数の行動表現は，学習されたものである。学習は，異なる個体間の相互作用の結果である。しかしながら学習によって獲得された行動パターンは，文化領域に属する——したがって後に議論するように，それらは生物的変数によって説明できない。それでもクルーク（1980: 10）は，適切に次のように述べている。「学習に対する自然制約の研究によると，何がいつ学習されるかは遺伝子の監視下にあるだろうこと，したがって学習は通常，進化的な安定戦略の外部では起こらないことが示唆されている」（Gould and Gould 1981 もみよ）。いかなる行動パターンも当該の生物体なしには発生しえないが，一部のパターンは他のパターンよりも遺伝子の監視下にある。

　学習についてのこの遺伝子監視は，後成規則という形をとる。ラムスデンとウィルソン（1981: 7）によれば，後成規則は次のように定義される。すなわちそれは，「精神の組み立てを方向づける遺伝子的に決定された手順であり，ここでいう精神の組み立てには末梢性感覚フィルター処理による刺激の予備選別，介在細胞の組織化過程，および方向づけられた認知の深層過程が含まれる。後成規則は，遺伝子が発達に課す制約から成る（それゆえ後成と表現される）」。

　このように，学習の柔軟性は不定ではない。われわれは，特定の社会生活の領域において特定の文化特性（ラムスデンとウィルソンの表現法によれば，カルチャジェン【culturgen, 文化遺伝子あるいは文化素】を選好するよう方向づけられる。これらが偏った形態の民族誌曲線となる。たとえば，人間の配偶体系における配偶相手の数についての論理的可能性は4つある。1人の男性と1人の女性（一夫一妻婚），1人の男性と複数の女性（一夫多妻婚*），1人の女性と複数の男性（一妻多夫婚*），複数の男性と複数の女性（多夫多妻婚*）の4つである。し

かしながら人間の配偶体系に関する調査は，既存の人間文化における配偶パターンがきわめて不均等な分布をしめすことを明らかにしている。すなわち，一妻多夫婚と多夫多妻婚はきわめて稀にしか存在しないし，一夫多妻婚は80％以上の文化において規範的であり，一夫一妻婚は20％以下なのである。この偏った民族誌曲線の背後にある後成規則は，親の投資に関する男性と女性の非対称性である。どの個人も4つすべてのパターンを学習できるが，そのうち2つを教える文化すらほとんどない。

2.2　繁殖の重要性

　人類は進化を前提としている。進化は，生物体変化の配列である。自然選択は，他の生物体よりも適応している生物体が生き残り，それゆえ競合する生物体よりも多くの子孫を残す過程である。遺伝子適応度*，つまりより多くの子孫を残すことは，繁殖を進化過程の焦点とする。しかしながら繁殖の概念は，性よりも幅広い概念である。高等動物の場合，繁殖はセクシュアリティだけでなく，子孫が性的に成熟して繁殖を行えるように彼らを社会化することを含んでいる。繁殖は競争も含んでおり，そしてこの競争が支配体系および巣づくり行動を引き起こす。経済生活や稀少資源の適切な分配も，繁殖の前提条件かもしれない。

　生物学者は，繁殖上の諸行動をきわめて明瞭に理解している。彼らは摂食，縄張りでの巣づくり，そして繁殖をめぐる闘いの内に反復的な関係をみいだしている。しかし人間行動の場合，そうした関係は不明瞭である。文化が繁殖行動のすべての側面を入念につくりかえたからである。実際のところ，いまや人間は産児制限という効果的な方法をもっており，われわれは時に，繁殖はかつて中心的な意義をもっていたけれども，もはや取るに足らないものになってしまったと思ってしまう。しかし，繁殖がいまなお中心的な重要性をもつことは，くり返し立証されている（Alexander 1979）。

　狩猟・採集民の社会生活についての研究は，狩猟・採集の成功と，社会的地位および繁殖との相関関係を十分に立証している（Chagnon and Irons 1979）。この

相関関係は，別の文化ではあまり明瞭でないが，しかし繁殖が中心であることに変わりはない。文化は，自らが「生き残る」ために，また発達し変化するために，生存している人口集団によって伝達されなければならない。考古学的遺跡やその他の記録のなかでのみ保存されている文化は，事実上死んでいる。いいかえればそれは，停止し，石灰化している。文化はある人口集団によって放棄され，別の人口集団によって引き継がれるかもしれないが，運搬にあたる人口集団は生きて発達をつづける文化の前提条件である。

2.3 包括的適応度と親族選択

ドーキンス（1976）は，生命体を「生存機械」と呼んでいる。この機械のなかで，遺伝子は運ばれ方を「選択する」。これは，どのように遺伝子が生命を運び，その持続を確実にするかを強調する修辞法である。遺伝子という運搬者が，生存し繁殖できる特性あるいは行動を植え付けられれば，その遺伝子は自ら生き残ることができるだろう。それはともかく，個体は進化過程の基本単位であるとしても，実際には繁殖しないかもしれない。個体は，彼自身の遺伝子の一部を共有する近親の繁殖を促進するかもしれない。自らの繁殖を放棄し，親族の繁殖を促進することによって，個体は利他主義*的な行為を遂行する。ハミルトン（1964）によれば，利他主義的行為は，ダーウィンが個体の示差的繁殖のみを記述するために用いた「適応度」の着想を「包括的適応度」へと拡張する。利他主義という着想はまた，自然選択が個体水準だけでなく，ある割合の同一遺伝子を運ぶ親族の集団水準でも作用するかもしれないという点で，選択の概念をも拡張する。自然選択の集団水準での作用とは，すなわち親族選択である。ハミルトンの理論は，人間以外の動物界に容易に適用できる。親族選択の論理は，一部昆虫の社会組織においてとくに顕著である（Wilson 1971; Hamilton 1972; Trivers and Hare 1976 をみよ）。しかしその理論は，人間にあてはまるだろうか。

2.4　親族関係の利他主義（縁故主義）：人間社会性の核心

　人間の利他主義は主として縁故主義，すなわち他人よりも親族，そして遠い親族よりも近親を有意に優先することである。この傾向は普遍的に存在するが，しかし例外もある。たとえば平和部隊のボランティア，アルバート．シュバイツァーやフローレンス．ナイチンゲール，シェーカー教徒の共同体である。このシェーカー教徒の共同体は，メンバーがその生物学的親族との結合を断ち切る代わりに，共同体における「兄弟」と「姉妹」へ献身することによって，200年以上にわたって持続してきた。もちろん，アルバート．シュバイツァーの世界はごく少数派であり，またシェーカー教徒は何百もの文化の1つでしかない。ほとんどの文化におけるほとんどの個人は，縁故主義である。

　たいていの前産業社会においては，明らかに縁故主義が存在している。人は，他人よりも自分の親族に便宜を図るよう文化的に義務づけられる。一部の文化は，父系親族＊・母系親族のいずれかに対して規範的な縁故主義を強く要求するが，日常行動はその規範と矛盾する。たとえばゲーリー．ウィザースプーンは，『ナバホ族の親族と婚姻』(1975) における親族関係の分析のなかで，その文化次元について論じている。ウィザースプーンによれば，ナバホは母系社会であるが，そこでさえも「父親は血縁と姻縁の双方によって自分の子どもたちと関係している」[34]。子どもの父親は，親族関係の中心的な連結環である母親と性的関係を維持しているという事実によって，その子どもたちに対して姻族＊である。こうした父親と子どもたちとの親族関係は，実際の（生殖）行動と，母系社会では子どもたちは父親と関係できないと伝える文化規範とが矛盾しているために生じる。その反対に，父系社会における子どもたちと母親との関係はさらにいっそう明白である。母性という不変な事実を隠したり，歪めたり，あるいは否定するような文化の定義はありえない。ほとんどの父系社会において，子どもとその母方親族との関係は非常に重要であり，またきわめて温かい (Homans and Schneider 1955)。ヴァン＝デン＝ベルジェ (1979) は，包括的適応理論と単系出

自*とのあいだに矛盾はないと確信をもって述べている。

　産業社会では，経済的および政治的活動が親族に基づく関係をしばしば不鮮明にする。しかし最強の社会的裁可でさえ，人びとがその親族を選好することをとめることはできない。イスラエルでは，大学教員と政府役人の子どもたちは大学の授業料を払わない。アメリカ合衆国では，有名医大に入学した学生の一部は，当該大学に寄付をした親をもっている。アメリカ合衆国の一部の下位文化——ユダヤ，イタリア，中国，日本——は，それ以上に目に見える形で縁故主義を維持している。

　人間は，実際に強い凝集と利他主義が必要であるときに親族用語を用いるという興味深い傾向をもっている。「兄」「姉」，「父」「母」は，教会，宗派，軍隊，そして革命運動において，とくに緊急時には聞き慣れた用語である。スターリンは第二次世界大戦中，「ソ連邦の人民の父」と呼ばれていた。

　利他主義的行動の基本型はまず家族において学習されるので，縁故主義は進化的（系統発生*的）であるだけでなく，発達的（存在論的）論理である。個人は利他主義的関係を，家族から外部の友人，そして後には配偶者を含めるまでに拡張する。関係が密になるほど，個人はその関係を家族関係に近づけるようにする。文化は親族用語や親族関係を，男子学生友愛会や女子学生友愛会（これはアメリカの大学に限らない），血盟の義兄弟，仲間集団，修道会，青年運動に拡張し，これらすべてが親族間の利他主義を模倣する。この傾向は，一部の事例では家族紐帯にとって代わる。初期のキブツと，その創設者たちが教育を受けた青年運動は，生物的家族に対して計画的な反乱を起こした。若者たちは，「われわれは背後にある橋梁を焼き尽くした」と歌い，家族よりも同志を選びとったのである。しかし，この熱狂は一世代だけで終わった。その後，家族が不死鳥のように甦ったのである（Tiger and Shepher 1975; Shepher 1977）。マサイ族は，若い男性の家族的結合をある期間断ち切るが，その男性が新しい年齢集団に移行したあとは家族的結合を更新する。別のいくつかの遊牧社会も同様のパターンをしめしている（Eisenstadt 1956）。とはいえ，人間社会において，否，人間以外の動物社会においてさえ，縁故主義は利他主義の唯一の形態ではない。

2.5 互恵的利他主義

　トリヴァース（1971）は，縁故主義が動物界において利他主義の唯一の形態であるかどうかを問題とした。親族関係のない（同種あるいは異種）動物に向けられる利他主義的行動は，どのように進化できるだろうか。一対の利他主義者が利他主義的状況に自動的に露出されるなら，それぞれは利他主義的な行動から互恵的に便益を受けることになり，互恵的利他主義は個体集群に拡張できる，と彼は論じる。トリヴァースによる動物の事例には，水生動物の浄化共生や鳥類の警告音が含まれている。彼はとくに人間の互恵的利他主義を強調し，この利他主義にともなう主要な問題は不正行為であると指摘している。不正行為問題の解決は，文化的に進化した複雑な支配体系においても，また人間の互恵的利他主義に基づく心理学的体系においてもみいだせるはずである。人間の社会秩序の発展における互恵的利他主義の中心的な重要性については，後に言及する。

2.6 配偶者選択と親の投資

　親族選択がきわめて重要な要因であり，繁殖がそれほど中心的であるのならば，配偶者選択も非常に重要であるに違いない。配偶者選択は，基本的にある個体の遺伝子の将来に影響する。配偶をすると，親たちはそれぞれ，その遺伝子の半分を子孫の遺伝子全体に寄与する。優勢で有害な遺伝子をもつ相手との組み合わせは，その子孫を運命づける。相手がもつ劣勢で有害な同一遺伝子に関して異型接合体*である配偶者は，身体障害児を産むか，あるいはまったく子孫をもてないかもしれない。こうした危険には気づくことが難しいし，その一部はたとえ遺伝子水準でもまったくわからない。

　個人は，遺伝子の健全さだけを理由にして配偶者を選択することはない。配偶することの意図は再生産であるから，配偶者選択はまた，親としての相手についての暗黙の判断に依存する。トリヴァース（1972）が理論化したように，それぞ

れの親が自分たち2人の子どもにどれほど投資するかが，彼らの性戦略を規定する。より大きな投資を受けもつ者の方が，配偶者を限定する。またより大きな投資を受けもつ者の方が，ふつう，配偶者を探し出す。いいかえれば，投資が少ない方は通常，相手を求めて闘わねばならない。

親の投資の相違は，性細胞の相対的な大きさからはじまる。通常，メスの性細胞はオスよりもはるかに大きい（人間の場合，その比率はおおよそ1対50,000である）。体内妊娠を行う動物では，メスが長期間にわたり胎児を体内に保ちつづける。哺乳動物では，体内妊娠は母親からの巨大なエネルギーを要求する。メスは子どもの出産，授乳，身体の世話，そして保育も実行する。

したがって哺乳動物の場合，双親の投資はふつうきわめて不均等である。メスはより多く投資し，そして交尾権を賭けて戦うオスを限定する。オスの投資は相対的に低く，性細胞を提供するだけという場合もある。こうした場合，メスの唯一の「問題」は，遺伝的にいえば，オスの適応度である。メスは競争相手を打ち負かしたオスと交尾する。サイモンズ (1979) は「生殖上もっとも成功を収めるオスが賭けの勝者である。つまり，性的選択はオスの競争に含まれる計算された危険負担に有利に作用する」[23] と述べている。

考慮すべきもうひとつの要因は，両性は複数のパートナーと交尾することによって遺伝的にどれほど得をするかである。メスはふつう，複数のオスと交尾をしても，より多くの子どもを産めるわけではない。しかしオスは，妊娠させたすべてのメスからの子どもを期待できる。哺乳類の一般的傾向は，一夫多妻婚に向かう。一夫一妻婚と一妻多夫婚は稀である（Daly and Wilson 1978）。

別の箇所（Shepher 1978）でしめしたように，人間の父親はその子どもたちに非常に大きな投資を行う。この傾向が進化するにつれて，人間の女性は配偶者を選択するための重要な2つの基準を発達させた。すなわち遺伝子の健全さと将来の親の投資である。男性の親としての投資はさらに，(a) 誠実，つまり女性と彼女の子どもに支援しつづける男性の粘り強さと，(b) 食料や居所や防衛を女性と子どもに与える男性の能力の2つに分類される。後者は，遺伝的健全さの結果かどうかは一概にいえない能力である。

人間の男性がもつ性戦略は，女性のそれに類似しているが，彼の親としての投資の基準は女性ほど重要ではない。男性は，自分の子どもに適切に投資する女性を望むけれども，少なくとも彼は，彼女の早期の投資は子どもの放置や遺棄——彼女の損失はあまりに大きい——を阻むほど十分に大きいとみなしている。それとは対照的に，男性の初期投資ははるかに低いので，男性は女性よりも頻繁に子どもを遺棄する。女性は，最初の男性の子どもに投資するために次の男性を捉えることもある。男性は，初期投資が低いので，妊娠させるために別の女性を探すこともある。

　しかし人間の場合，一夫多妻婚は条件つきである。男性の女性に対する比率は誕生時において男性にわずかに有利（性比*は加齢とともに減少する）なので，一夫多妻婚は以下の3つの条件のうち，1つ以上がないと発達しそうにない。

1. 組織だった男児殺し，男性の去勢，あるいは多数の若い男性を殺す戦争など，性比が効果的にひっくり返る条件。
2. 生涯独身，長期にわたる兵役など，男性のかなりの割合が結婚できにくくなる条件。
3. 結婚を，高齢男性と若い女性に限定する条件。

　一夫多妻婚はこれらの条件下で発生するだろう。しかしこうした条件下でも，すべての男性が同時に複数の妻をもてるわけではないので，やはり一夫多妻婚は限定される。男性たちは，権力や支配の均衡が急激にひっくり返らなければ，互いに多妻傾向を規制しがちである。国王，支配者，首長は，過度に多くの女性を獲得する資格を付与される。同様に男性奴隷主は，女奴隷と性関係をもち，多くの男奴隷を配偶させないままにしておく。上昇婚*は，低いカスト出身の女性たちを取り込む高いカストによって助長されるのかもしれない（Dickemann 1979）。上昇婚をした低いカストの女性たちは，一夫多妻婚を行う機会を有する息子をもち，そして多くの孫たちをその母親たちに残すことを期待できる（洗練された一夫多妻婚の特定の形態についての詳細な分析については，Hartung 1982 をみよ）。

　高い初期投資をする女性たちは，通常，配偶者を慎重に選ぶと考えられている（Symons 1979）。女性とその親族は，この慎重さをあらゆる種類の行動において

表現する。ふつう女性（あるいは彼女の親または兄弟）は，その資質をよく知り，あるいはたやすく調べることのできる地元の相手を好ましく思うだろう。未来の夫が余所者である場合には，彼は親しみを獲得するために花嫁奉仕をすることになるかもしれない。その反対の事例，つまり花婿の家での花嫁奉仕の事例は稀有である（Wolf 1968 をみよ）。女性に比べて男性は，遠方出身の配偶者を求める傾向がある。別の関連する行動は，女性の内気さである。これは多数の社会において規範である。婚前性交渉がきわめて自由である社会においても，生殖はほとんどつねに結婚に限られるので，女性は夫を選ぶ際に注意深くあることを求められる。若い女性が配偶者を選択することに十分慎重でないとみなされる場合には，彼女の親あるいは兄弟が彼女に代わって行動することもある。

　女性の内気さと用心深さは，子どもをもつ母親としての自分を支援しようとするか，それとも遺棄しようとするかのいずれかの行動を男性から引き出すことになる。貞節と持続的支援は，ふつう遺伝的な健全さよりも予測しやすい。さらに，遺伝的に非常に健全にみえる男性が，きわめて貧しい保護者である場合もある。こうした状況は，女性が若いマッチョ系の男性――女性の不倫行動のいつもながらのモデル――と通じて密かに子どもを産み，そうすることによって金持ちの強力な男性を裏切ることを勧めるかもしれない。しかしながら最近の霊長類学*の研究は，メスの繁殖戦略は従来考えられていたよりも柔軟であることを立証している（Hrdy 1981）。

　これまで長いあいだ，女性は別の子どもをもつことよりも，すでにいる子どもたちを保育すること――過去の投資を保守すること――を優先するとみなされてきた。女性は，ふたたび妊娠できる場合でさえ，すでにいる子どもたちを保育することと，まだ生まれていない子どもとのあいだで選択をしなければならない。この選択のなかに親と子の対立の中心があるが，これについては後に取りあげる。

　包括的適応度と親の投資は，きわめて多くのことをよく説明できる。象徴的に抽象化する人間の能力は，時にきわめて奇妙な形態を表す。ナーヤルの有名な事例（Gough 1959）を取りあげてみよう。彼らのあいだでは，遺伝的適応と父親の投資，この2つの基準が分離している。女性たちは，内気ではまったくないし，

また少なくとも18世紀と19世紀にあった社会規範によれば，彼女たち自身の，あるいはより高いカスト出身の恋人を欲しいだけ多数選ぶことができた。残念ながらわれわれは，女性各自が選んだ男性の実数に関する良質のデータをもちあわせていない。夫（当該の女性と公的に結婚している男性）および生物学的父親（彼女の恋人）による親としての投資は，双方とも最小で，助産婦へ名ばかりの贈り物と支払いをするだけである。夫も恋人も，その女性と彼女の子どもたちからなる世帯で生活してもいないし，彼女たちの経済に貢献してもいない。父親，すなわちペーターという社会学的役割は，女性の兄弟（および，あるいは）母方のオジに移っている。よくいわれるように，生物学的父親の不確実さは事実なので，女性の兄弟と母方のオジは，他の男性たちよりもはるかに密接に彼女の子どもと関係している。ナーヤルの女性の類い希な行動は説明を要する。それは，ナーヤルの男性が親としての投資が難しい戦士のカストであったことに起源をもつだろう。われわれは，女性が高い頻度で婚外ならびに婚前の性関係をもつ社会と並んで，一妻多夫婚的，母系的-妻方居住的，そして母親中心的社会に関するすべての文献研究を行う必要がある（Kurland 1979; Greene 1978）。

2.7 近代社会

性交渉と生殖とが意図的に切り離されている近代社会を考察すると，より多くの問題に遭遇する。この分離は，出生率の低下に寄与しているのかもしれない。ウェストホフ（1978）は，（特定年の出生率から1人の女性が生涯において期待される出生の平均数を投影することによって）近代社会における出生率の定常的な低下を予測している。ウェストホフは，同様の予測値は過去においても低かったことを明らかにしつつ，出生率を引き下げるいくつかの深刻かつ不可逆な社会変動を列挙している。すなわち，就業女性数の増加，離婚率の上昇と再婚率の低下，そして未婚男女の同棲の増加である。

性交渉と生殖の分離は，わたしの議論の土台を切り崩す。もし子どもがいなければ，遺伝子の健全さあるいは親の投資を気にかける理由はなくなる。性交渉が

生殖よりも快楽のためにあるとするなら，人びとは官能的な快楽に集中するだろう。多ければ多いほどよいし，楽しければ楽しいほどよい。われわれは，それのひとつの即時的な結果は男性および女性による性戦略の「両性化」だと予測できる。女性は男性と同様に性的冒険家になるはずだ。つまり両性とも，「快楽原則」に従って相手を試すだろう。女性は男性よりもたやすくいくつかのオルガスムを達成できるから，男性は不利な立場にたつことになる。もはや結婚を契約することに大した意味はなくなる。たぶん個人の自立や関与の欠如が，エロチックな緊張を高めるだろう。いったん互いに満足のできる性関係が成立すると，それは一方がうんざりするまで継続し，そしてうんざりした時点で双方が別のパートナーに切り替えることが期待されることになる。ほとんどの人たちはこれらの標準に従って行為するだろうから，一夫一妻婚に敵対する規範が徐々に固まっていくだろう。

このシナリオは，読者にオルダス.ハクスレー（1932/1969）の『すばらしい新世界』を思い起こさせるだろう。

> 「しかし万人は万人のものである」と総統は……いった[26]。

> 「でもほんとうに冗談でなしに，あんたはもっと用心しなくちゃいけないと思うのよ。こんな具合にたった一人の男の人をいつまでも相手にしつづけているのは，ほんとうにひどい不品行なんだから。……ほかの男は一人もなしに，ヘンリー.フォスターと四ヶ月も――ほんとうに彼【人工孵化・条件反射育成所所長】に知れたらそれこそひどいご立腹よ……」[27]。

乱交パーティの場面も取りあげてみよう。

> ジャカジャカ，ドンドン，フォードとなぐさみ，
> 娘にキスして，みんなを一つに。
> 男も女も安らかに一つになって，
> ジャカジャカ，ドンドンで救われる[56]。

[松村達雄訳『すばらしい新世界』講談社文庫，1974，49-50，101]

われわれがこのユートピアにどれほど近づいたかははっきりしない。どれほどの人たちがそのようにして生きているかを知る良質な人口誌的研究はない。たとえば，アメリカ人口の23％をしめる14歳以上の女性のうち，どれほどがすば̇ら̇し̇い̇新世界で生きているのか，あるいはどれほどの女性が結婚を待っているかについて，われわれは知らない。マスコミ情報だけが，とりわけ東海岸と西海岸の大都市圏において一部の経済的に自立した女性たちが乱交的であることを明らかにしている（Constantine and Constantine 1973）。それでもまだ，子どもの出生と核家族が，乱交と不妊にとって代わられた徴候はない。

　多くの要因がハクスレーのユートピアの到来を促進している。まだ人間の胎児は人工的に培養できないが，しかし人びとはすでにそれに取り組んでいる。人口零成長の促進要因があることは確かであり，もしウェストホフ（1978）が正しければ，ほどなく負の人口成長が訪れる。産業社会において，子どものいないことは個別家族にとって巨大な経済的恩恵であることは明らかである。そのため多くの産業国家の政府は，現金給付や租税優遇策によって出生率の低下と闘いはじめた。たとえば，1975年の死亡率が出生率よりもはるかに高かった旧東ドイツでは，家族は1万ドルを無利子で借りて，3人の子どもをもった後にそれを返却することが可能だった（Westoff 1978）。

　それでも，長期にわたる観察は，アメリカ合衆国およびイギリスでは1890年から1960年のあいだ，結婚率が恒常的に上昇していたことをはっきりとしめしている。次の15年における変化は，一過性的なのかもしれない（1970年版アメリカ合衆国歴史統計，イギリス歴史統計の第2次摘要）。同様の傾向は，少なくとも1970年代を通じて他の近代社会でも確認されている（U.N.人口年鑑）。さらにいえば，低下する出生率は事実上個人の生殖戦略の変化を隠している。既婚の母親1,000人あたりの出生率は，アメリカ合衆国の場合，1910年から1970年のあいだに一貫して減少しつづけたけれども，われわれはそのうちどれほどの数の子どもが性的成熟期に到達したかも問うてみなければならない。これらのデータが既婚女性に生まれた子どもであることにも注意したい。アメリカ合衆国において未婚女性から生まれた子ども数は，1945年には1,000人につき11，1970年にはそ

表 2.1　アメリカ合衆国における出生力と性的成熟期に到達する子どもたち

	1910 年	1970 年
既婚女性 1,000 人あたりの出生児数	2,870	2,360
24 歳以上に到達する推定子ども数	2,430	2,300

出典：U.S. 商務省『アメリカ合衆国歴史統計』1975, 54

れが 24 に増加した。この傾向は継続している。キタガワ（1981）の推定によれば，未婚女性の出生率は人口 1,000 人につき 14.8，また 1976 年に 15 歳から 44 歳までの未婚女性 1,000 人については 24 になる（Herzog 1966 もみよ）。未婚女性から生まれる子ども数の増加は，1910 年から 1970 年までの出生率のギャップを縮めている。

要するに，1910 年から 1970 年にかけて人口出生力は劇的に低下したけれども，個々の新しい生殖戦略が現れたのかもしれないのだ。つまり生まれた子どもは少なくなったが，その間に性的成熟期に到達した子どもの割合は高くなった（表 2.1，またやや異なる分析だが Robinson, Woods and Williams 1980 もみよ）。

この点に関しては，多少異なる疑問を問うことが可能である。つまり，ピルによる産児制限の大きな社会的効果にもかかわらず，なぜわれわれの種のメンバーのほとんどは再生産を欲し，親の投資の緊急性に反応して進化した性戦略を実行するのか，という疑問である。人口のある部分における許容的なセクシュアリティと低い出生率を選好する社会規範と同時に，出生力を増加する圧力も存在するのだ。たとえばオニール（1977）は，大都市圏地域で，閉経後の女性たちが自分の息子や娘に対して「わたしを祖母にさせて」といってかなりの圧力を行使していることを観察している。

もちろん，ピルによる産児制限が性戦略に影響をおよぼしたことは否定できない。どれほどの人びとが新しい状況に反応し適応するかという疑問に対しては，生物学者，心理学者，社会学者，人口誌学者を含む学際的な研究によって答えをださねばならない（Tiger 1975 をみよ）。

2.8　親子間および兄弟姉妹間の対立

　男性と女性が異なる性戦略をもつと考えるなら，親と子どものあいだにも戦略の相違があると考えられるだろうか。
　夫と妻——あるいは配偶者同士——は親と子どもほど互いに密に関係していない（インセストの場合を除く）ので，親と子どもの戦略上の相違は，配偶者間におけるほどには顕著ではないと期待されるかもしれない。しかし相違，それどころか対立さえ存在するのだ（Trivers 1974）。すでに議論したように，ふつう女性は，生まれている子どもとまだ生まれていない子どもへの投資をどのようにするかを決めねばならない。時にそのジレンマは非常に残酷である。通常の出生間隔（3年から4年）より前に子どもをもつクン・ブッシュマンの女性は，幼児殺し*を実行するほどである（Howell 1976: 147; Marshall 1976: 156-166）。
　子どもの戦略は生き残ること，そして自立できるようになるまで母親からできるだけ多くの投資を引きだすことである。子どもが母親による自分への投資の低下に何か抵抗を試みることは予測されるし，また事実，離乳と兄弟姉妹におけるライバル関係は哺乳類の世界を通じての問題である。いくらか違ういい方をすれば，子どもは，自身の遺伝子のすべてを「共有」しているという意味で，1つの要因によって自らと関係している。子どもは，その同父同母の兄弟姉妹に対して遺伝子の半分だけで関係している。しかし母親は，同じ2分の1の遺伝子によってだが，すべての子どもと成熟期まで関わり，そして彼女の関心は，子どもたちすべてを成熟させることにある。したがって彼女は，子どもたちが成熟期に到達できる機会を危うくするかもしれない彼ら同士の利己主義的な競争行動を阻止し，子どもたちが互いに利他的に行為をするよう圧力をかける。彼女は，子どもたちが必要とする資源を制御しているので，通常成功を収める。人びとはまず兄弟姉妹に対して利他的に行動することを学習し，そして後に，より遠くの「兄弟」や「姉妹」に愛情，保護，世話を拡大する。子どもたちに，兄弟姉妹に対して利他的に行動するようにし向ける母親は，自分と彼らとの対立も同様に弱化で

きる。この学習過程は，独りっ子には不利である。独りっ子のパーソナリティの問題は，心理学者や教育学者によく知られている。

　子どもに対する投資が母親よりも少ない父親は，子どもとの対立も経験することが少ない。しかし，対立はあることはある。もし子どもたちの首尾よい誕生が，母親よりも父親と彼の資源にかなり依存する場合には，父子間の対立が後になって現れる。時にその対立は，直接的で明瞭である。多くの遊牧社会では，息子が自分の子どもをもつことに成功することは，父親あるいは父方親族から十分な家畜を受けることに直接依存している。しかし，もし父親がそのときに家畜を手離して配偶者を迎えようとすると，父親と息子の対立は鋭く，しかも明白になる。娘との対立は，彼女が将来の遺伝子の健全さに関心をもち，父親がそれ以上に経済力の問題に関心をもつならば，彼女の花婿を選択する際に噴出するかもしれない。息子も娘も，彼らがいつ結婚（配偶）するか，どれほどの期間，親が彼らの教育（近代社会では最終的に家族を設立するための経済的基盤）に投資するか，あるいは衣服，自動車，現金の入手など，結婚までの交際期間がうまくいくための要件に親がどれほど投資すべきかをめぐって，父親と衝突するかもしれない。

　もちろん親と子どもとの対立は，とくに資源が通常限られている場合には，兄弟姉妹の対立と連結している。たとえば相続規則は，対立が切迫するような場合に精巧になる。ハルトゥンク（1976, 1982）は，一般的に父親が息子を相続人として選好することについて，父親がY染色体を息子だけに伝えるという事実から説明しようとしている。また，父親が相続人として息子を優先するのは，親からの投資を多くもつ女性たちは普遍的に男性よりも配偶者をみつける良好な機会をもつからなのかもしれない（ほとんどの伝統社会では生涯未婚女性がなく，また近代社会では未婚男性の数はつねに未婚女性よりも多い）。母親も，とくに複婚社会においてはそうである（Hartung 1982）。相続財産は，息子が配偶し，そして富の提供者に対して孫を再生産する機会を増大するかもしれない。父親の利害関心は，息子に財産を贈与し，また同じ思惑をもって計算する父親をもつ義理の息子を探すことにある。

2.9 攻撃と社会秩序

しかしながら，対立はふつう攻撃をもたらす。われわれは有史以来すべての世紀における戦争の証拠を，また有史以前においても不十分ながらその証拠をもっている (Bigelow 1969)。攻撃行動は，霊長目やその他の哺乳類において普遍的である。人間は常時攻撃的であるわけではなく，したがって人間が闘争「本能」をもつという考えは拒絶されなければならない。それでも，人間は一定の条件下で攻撃的に行動する生物的素因をもっていることは想定できる。すべての普遍的な人間行動と同じく，攻撃は生物的素因と物理的社会的環境とのあいだの複雑な交互作用の帰結である。攻撃は，「もしハムシン［日中温度が68度，夜間温度が65度になるような乾燥した熱い砂漠の風］が止むことなく7日間もつづくなら，ベッドウィン族は妻を殺しても裁かれない」(Edholm 1978: 48; Briggs 1975: 111 もみよ) というベッドウィン族の諺にあるように，物理的環境によって引き起こされる。社会環境における脅迫，差別，抑圧，あるいは物理的要因と社会的要因との組み合わせもまた，攻撃を強化するかもしれない。

文化は攻撃を変更し，時には攻撃を助長し，時にはそれを抑制する。文化は原子爆弾や毒ガス室を造るが，しかし文化は命取りになるような個人間の衝突の数を減らす傾向をもつ。利他主義についてのわれわれの最初の学びでは，自分の兄弟姉妹を愛し，彼ら——最初の競争相手——に対する攻撃傾向を克服することが教えられる。「汝を愛するごとく兄弟を愛せよ」という強制命令は，象徴的に「汝を愛するごとく隣人を愛せよ」に拡大される。

社会秩序の起源は，社会学理論の主要な疑問の1つである (Eisenstadt and Curelaru 1976)。アレクザンダー (1979) は，その疑問を社会生物学用語で再分析している。彼の主要な議論は，人間社会は社会秩序の問題に対処する努力において，縁故主義的親族利他主義と互恵的利他主義とのあいだで調和をみつけなければならないということである。集団生活の規則，資源の公正な分配規則，「詐欺師」に対処する手続を正確に指示する法体系，宗教的イデオロギー的信念体系

は，社会秩序の主要な構成要素となる。これらは，親族利他主義と互恵的利他主義に割り当てられる相対的な比重が異なるために，バンド，部族，首長制，国民国家においてそれぞれ違って発達した。

2.10 まとめ：文化についての生物社会的な展望

わたしの展望を提示するにあたって，インセスト問題を説明するために必要と考えられる論題だけを選びだした。それでも社会生物理論は，人間活動のすべての領域に光明を投じるに十分な力を保っている。より最近の書物のいくつか——たとえば，Wilson 1978; Tiger 1979; Alexander 1979; Crook 1980——は，宗教，法律，倫理，政治秩序，意識，哲学について，その社会生物的基盤を取りあげている。わたしが思いきって取りあげたいくつかの要点からさえ，文化の生物社会的な展望を提供できる。

文化は，人間という種に特定的な適応である。人間は生物的に進化してきた。すなわち人間は，基礎的な生物的素因，あるいは後成規則，そして他の場合よりも統計的に頻繁な一定形態の行動結果に従っている。文化は時に後成規則と対立するパターンを創りだすが，こうした逸脱はある程度限定され，比較的短い期間しか持続しない。

アレクザンダー（1979）は，この展望を以下のように定式化している。「文化とは，ハミルトン（1964）が命をつないだすべての人間による包括的適応度を最大にする行動と呼んだものの累積のことである。包括適応度を最大化する行動とは，いいかえればすべての社会的に有用な子孫・非子孫の親族を経由した繁殖の最大化のことである。わたしはこれを，文化の存在と性質，およびその変化の速度と方向を説明するための合理的な理論とみなす」[68]。

人びとは文化を自らの利益のために使用するべく，戦略を変えることによって，文化内で付随的に引き起こされる変化に反応する。文化変動は，斬新さと必要とのあいだの正のフィードバック＊を含む。これは，遺伝的進化よりもはるかに急速な変化である。これら2つの進化の基本型は絶えず交互作用をする。いいかえれ

ば，一定の条件下できわめて安定した文化形態は，人間生物体が遺伝的に適応しなければならない環境の部分と考えられうるのである（Lumsden and Wilson 1981: 295）。

　生物的進化と文化的進化との恒常的な交互作用は，きわめて挑戦的な一部の提案，すなわちリチャーソンとボイド (1978)，ウィルソン (1978)，ダーハム (1979)，アレクザンダー (1979)，クルーク (1980)，ラムスデンとウィルソン (1981)，ウェブスターとグッドウィン (1982) の主題であった。これらの文献は，人間性を理解しなければ，人間文化を適切に理解できないことを明確にしめすものである。

> 一般的にいって，言葉は人間を考察する際の重要な対象であるが，すべての命題が言葉についてのものだというのは真実ではない。ほとんどの命題は，太陽と星，地球とその容積，われわれ同胞の創造物とそれの状況といった対象についてのものであり，命題間の密接な関係，いいかえれば論理の主題は，こうしたすべての対象間のありうる関係を扱わねばならない。論理が対象に対して，その正確な機能を査定し，推論の誤謬を見破るために細心の注意を払わねばならないのは，言葉が命題の言明や表現において必要な用具である場合に限られる。
>
> —— M. R. COHEN and E. NAGEL
> *An Introduction to Logic and Scientific Method* (1934)

3 インセスト：概念，定義，そして問題

過去100年間に，多数の科学者がインセスト禁止の普遍性に関わってきた。これらの論者は，多くの概念を用い，それらを異なる形で定義し，そしてこの問題をさまざまな次元に沿って考察した。その結果，彼らは多数の異なる回答を思いつき，しばしば激しい論争を展開した。同一集合の疑問が合意にいたらないため，議論は数多くの回答に焦点を合わせた。

したがってインセストの生物社会的な展望を提示し，そしてそれを，それ以外のもっとも重要な理論と比較する前に，概念，定義，そして争点を明確にする必要がある。

3.1 定　義

われわれはまずインセストそのものが一般に意味することに合意することから着手しなければならない。もっとも広く使用されている3つのインセストの定義を比較してみよう。

> インセストは，社会的に定義された規定によって，性的関係から除外され

る血族親等内にある人びと同士の不法な性的関係である。——Reo Fortune, *Encyclopedia of the Social Sciences*, Vol. 2, 1953: 620

インセストは，核家族のメンバー間，そこから広げて核家族を越える家族メンバー間の異性間関係と定義できる。——David M. Schneider, Gould and Kolb, eds. *A Dictionary of the Social Sciences* 1964: 322

インセストは，夫と妻を除く核家族のいずれか2人のメンバー，すなわち親と子ども，あるいは兄弟と姉妹のペア間の性的関係に関するタブーという違反行為である。——Margaret Mead, *International Encyclopedia of the Social Sciences*, Vol. 7, 1968: 115

これらの定義の構成要素を考察してみよう。
1. フォーチュンとミードは，異性関係と同性関係とを明示的に区別していない。シュナイダーは，この関係を異性間関係に限定している。
2. フォーチュンとミードは，インセストを社会文化的規定に結びつけているが，シュナイダーは結びつけていない。
3. フォーチュンは，社会的規制によって定義されたすべての血縁親族をインセスト的カテゴリーに含めている。シュナイダーは，中心親族とその拡張親族とを区別し，ミードは正確には核家族メンバーだけを含めている。

表3.1　インセストの3つの定義の比較

定義の構成要素	フォーチュン	シュナイダー	ミード
関係の性格	性的関係	異性関係	性的関係
社会統制の必要条件	社会的に定義された規制による不法	開放的	タブーの違反行為
関係の参加者	規制によって規定されたすべての血縁親族	核家族のメンバー，拡大して，核家族外の家族メンバー	夫と妻を除く，核家族内のいずれか2人のメンバー

これらの定義のなかで選択をすることは容易ではない。すべての定義は，重要な方法論的問題と関連している。すなわち，

第3章 インセスト：概念，定義，そして問題

1. すべての性的関係を考えるべきか，それとも性交渉だけを考えるべきか。性的関係はキス，抱擁，愛撫を含むだろう。もしこれらをインセストと考えるならば，インセスト関係をもたない核家族はほとんどありえない。インセストは性交渉であることに同意するほうがよさそうだ。
2. すべての性交渉を含めるか，それとも異性間性交渉だけにすべきか。この決断は，われわれの理論的アプローチに依存している。たとえば，インセスト規制の機能が核家族内の社会秩序を維持することだと考えるならば，同性間性交渉は異性間性交渉に劣らず核家族の調和を乱すので，それも含めるべきである。しかし，インセスト規制は同系交配を阻止することだと考えるならば，同性間性交渉は妊娠をもたらさず，同系交配を結果しないので，無視することができる。正当な理論を探究するにあたっては，同性間性交渉をアプリオリに拒否できない。
3. シュナイダーの開放的な定義は，インセストの概念を，禁止，タブーあるいは社会的に定義された他のすべての規制に結びつけていない。しかしインセストという単語は，語源的に禁止という観念を必然的にともなっている。すなわち，インセストは「不貞」を意味するラテン語の *incestus* に起源をもち，不法行為を暗示する。インセストという言葉がラテン語から派生していないヨーロッパの言語においては，インセストはしばしば血，汚染，あるいは恥の概念を含み，この場合でも不法行為を暗示している。たとえばドイツ語では *blutschande*（血の汚れ），オランダ語では *blodskam*，スウェーデン語では *blodskam*，チェコ語では *Krvesmilstvo*（krv＝血），ハンガリー語では *vérfertözés*（血の汚染）である。

・イ・ン・セ・ス・トという言葉が不法行為の観念を包含するという事実は，禁止は近親者間の性交渉を稀有にさせる唯一の規制形態だとわたしが論じるとすれば，たぶん多少問題を含むことになる。ロフラー（1972: 332）は，ドイツ語のインツェスト（*inzest*）とインヅヒト（*inzucht*）を区別し，後者が「同系交配」の意味だとしている。わたしはロフラーの区別を受け入れることができるが，しかしわたしには，個体群遺伝学において非常に広い意

味合いをもっている同系交配という語を用いるのがよいと思われる。家族内配偶という語を用いることもできるが，しかしこれはあらたな問題を提起する。すなわち第1に，これを使用する場合にはいつも「夫と妻を除く」と限定しなければならない。またもっと深刻なことだが，そうする場合には家族の存在，とくに核家族の存在を前提にしていることになろう。インセスト研究の問題のほとんどは，家族とインセスト禁止とが普遍的に共存し，また相互依存しているとの前提から発生している。インセストの規制を説明するためには，われわれはまずこの仮定を拒否しなければならないことを立証しよう。したがってインセスタスという用語は保持することにするが，しかしその用法には論理的問題があることに留意しなければならない。
4. われわれはいまや，性交渉への参加者という複雑な問題に遭遇している。これについてわたしは，どちらかといえばミードの正確な定義を支持するが，しかし彼女は核家族へのメンバー所属を強調している。核家族とインセストとの相互関連性の問題を解決することは先延ばしにし，インセスト的ダイアド（性交渉には2人だけが参加すると仮定して）を明確にしてみよう。

インセストの概念にすべてのダイアドを含めてしまうことは不適当である。われわれはダイアドを区別しなければならない。こうした区別の重要性について，3つの基本的なダイアド——母親と息子，父親と娘，同父同母の兄弟と姉妹——を用いて説明しよう。これらのうち最初のダイアドの事例，すなわち母親と息子の場合，男性パートナーはより若く，女性パートナーはより年長である。いいかえれば男性パートナーは子どもで，女性パートナーは親である。父親と娘のダイアドの場合，その構成はまったく逆となる。男性パートナーは年長の，しかも親である。女性パートナーはより若く，しかも子どもである。第3のダイアドでは，男性と女性パートナーのどちらかがより年長か，あるいはまた双生児という稀有な場合だと双方同年齢である。同父同母の兄弟姉妹の場合，双方が子どもで

第3章　インセスト：概念，定義，そして問題

あり，（子どもという）社会的役割を互いにもっているが，しかしジェンダーが異なる。親と子どものダイアドでは，パートナー同士は社会的役割も年齢集団も共有していない。これらの相違は表3.2に要約してある。もちろん，同じ区別が別のダイアドについてもなされうる。

　カウント（1973: 150）は，表3.3の形式であらゆる可能な関係を——自己性愛も——含めている。その他の点では明快なカウントの提示に含まれる問題点は，彼が以下のことを前提にしていることである。
1. 母親の夫は，母親の子どもの父親である。
2. 夫の妻は，彼の子どもの母親である。
3. 兄弟と姉妹は，母方親族（同じ母親をもつ）でもあり父方親族（同じ父親をもつ）でもある。

表3.2　異なるインセスト的ダイアド間の区別

	性別	地位—親・子の軸	地位—年齢の軸
母親と息子	異なる	異なる 女性＝親，男性＝子ども	異なる 女性＝年長，男性＝若い
父親と娘	異なる	異なる 男性＝親，女性＝子ども	異なる 男性＝年長，女性＝若い
兄弟と姉妹	異なる	同等 男性も女性も＝子ども	異なるか同等 男女のどちらかが年長

表3.3　核家族内の諸関係

	HF	WM	(BS) 1	(BS) 2	(DS) 1	(DS) 2
HF	自己性愛的	正当的 自己性愛的	同性愛的 インセスト的 自己性愛的	同性愛的 インセスト的 同性愛的 自己性愛的	インセスト的 同性愛的 インセスト的 インセスト的 自己性愛的	インセスト的 同性愛的 インセスト的 インセスト的 同性愛的 自己性愛的
WM						
(BS)1						
(BS)2						
(DS)1						
(DS)2						

注：カウントは，同性のインセスト関係の可能性を強調するため，兄弟―息子と姉妹―娘を各二様使用している（HFは夫―父親，WMは妻―母親，BSは兄弟―息子，DSは娘―姉妹を指す）。

しかしながら，こうした仮定は必ずしも支持されるわけではない。

まず，すでにみたように，生殖には基本的な「非対称性」が存在する。男性の不可欠な寄与は彼の精液であり，これは性交渉（あるいは人工授精の場合にはそれさえない）という比較的に簡便な行為によって女性に伝達される。これに対して女性の寄与は，9ヵ月間の妊娠，出産，およびほとんどの社会では数ヵ年におよぶ授乳期間である。したがって，母性はたやすく認知でき，また世間から観察できる。法律上それの存在が争われることは稀である。しかし父性の不確実性は，人類史を通じてよく知られている。父性の不確実性は，性交渉がほとんどつねに私的な行為であり，参加者だけが目撃するものだからである。数え切れないほどの父性確認訴訟からすると，聖書（旧約聖書，列王記1：16-28）における有名な背教者告発訴訟は例外的である。

したがって，母方親族は父方親族よりもたやすく同定できると思えるし，またカウントの軸は，生物的血縁的であるかどうかは別にして，核家族内のすべてのありうる関係を含むよう拡張できる。父親を同じくする兄弟姉妹と母親を同じくする兄弟姉妹，養子，継父，継母を含めることができるのだ。わたしは表3.4で，性交渉をもつ家族メンバー間の関係について7つの異なる用語を区別している。わたしがインセストという用語を用いるのは，すべての社会がその関係をインセスト的とみなしていると想定される場合である。全部の社会ではなく，一部の社会においてインセスト的とみなされている性交渉には，類別的インセストという用語（核家族外関係においても用いられる用語）を用いる。

どちらかといえば大きなこの表3.4（44-45頁）によれば，生物的に関係する者同士間のありうる「インセスト的」関係の数量は，可能性のある総数の極小部分（わずか17％）であることがしめされている。他方，類別的インセストには多くの形態がある。たとえば，男性と，かつての彼の配偶者の娘との性交渉は，類別的インセストを構成する。それはインセスト的と定義できるが，しかし正当とも考えられうる（もっともこれは稀にしか起こらない）。同様に，ある男性の妻と，その男性が別の女性とのあいだにもうけた息子との性交渉は，（聖書におけるルベンとビルハの場合のように［旧約聖書，創世記35：22］）インセスト的と定義で

第3章　インセスト：概念，定義，そして問題

きるが，しかしそれもまた正当とも考えられる。

　われわれは，以下の基準にしたがってダイアドを区別しなければならない。(a) 異性愛なのか同性愛なのか，(b) 当該ダイアドにおける性交渉相手同士の遺伝子的関係あるいは血縁の程度，そして (c) 違反への社会的反応の重大度，である。そうすればわれわれの座標軸は，表3.5にみられるように単純化できる。セルの内には，違反に対する社会的反応の重大度，すなわち従属変数を指定できる（社会的反応がどのようにして独立変数でありうるかを想像することはむずかしい。たとえば，社会的反応はどのようにして同性愛あるいは遺伝子関係度の原因でありうるのか）。

　この新しい座標軸は，異なる諸理論を考察する場合に大いに役立つだろう。遺伝子関係度は順序尺度なので，もしインセスト規制が遺伝子関係度となにか関係をもつならば，違反に対する反応の重大度はこうした関係度を反映するはずである。しかしインセスト規制が完全に，あるいはほぼ，遺伝子関係度から独立しているならば，重大度は座標軸のなかの，異性愛対同性愛と遺伝子関係度双方から独立している部分に分布するはずである。

　しかしながら，すでにみたように，関係度は推定であり，だから各セルは再分割が可能である。たとえば，上部左側のセルにおいては，同父同母の兄弟姉妹間の性交渉に対する社会的反応と，養取した兄弟姉妹間の性交渉に対する社会的反応とを比較できる。

　こうしたことすべては，次のようなジレンマを引き起こす。すなわち，わたしが定義に関して決定をしないと，わたしは読者との知的なコミュニケーションの可能性を閉じることになる。また，もし1つの定義を決定してしまうと，わたしは一部の理論的アプローチの扉を閉じることになる。だから，たとえばわたしが「インセストは遺伝子関係度が4分の1から2分の1である人びとのあいだの異性性交渉である」という定義を受け入れると，こうした狭い定義を正当化する証拠を提示することなく，1つを除くすべての理論的アプローチを自らの考察から排除することになる。他方，フォーチュンの定義を受け入れるならば，普遍的なパターンと稀な好奇心とを区別できないまま，無限に多様な規則を網羅しなけ

43

表 3.4 核家族内部の若干の関係——可能なすべての遺伝子的および役割上の変数

	HF	HF̃	WM	WM̃	W̃M	Ba	Bu	Bu	Bau	Za	Zu	Zau	Bad	Zad	Zad
HF	ae	hs	leg	leg	leg (ill)	hs (in)	hs (in)	hs (in)	hs (in)	in	(in) leg	in	hs (in)	hs (in)	(in) leg
HF̃		ae	hs	leg	imp	imp	hs	hs	imp	imp	(in)	imp	hs (in)	leg	(in)
HF̃			ae	imp	imp	leg	hs	hs	(in)	(in)	leg	in	hs	hs	leg
WM				ae	hs	(in)	(in)	(in)	hs (in)	hs (in)	hs (in)	in	hs (in)	hs (in)	hs (in)
WM̃					ae	hs	imp	imp	imp	hs (in)	hs (in)	hs	hs (in)	hs (in)	hs (in)
W̃M						ae	leg	in	in	in	hs (in)	hs (in)	hs	hs (in)	hs (in)	hs
Ba						ae	hs (in)	hs (in)	hs (in)	in	leg (in)	in	hs (in)	hs (in)	hs (in)
Ba							ae	hs (in)	hs (in)	in	leg (in)	in	hs (in)	hs (in)	hs (in)
Bu								ae	hs (in)	hs (in) (leg)	in	in	hs (in)	hs (in)	leg (in)
Bu									ae	leg (in)	in	in	hs (in)	leg (in)	leg (in)
Bau										ae (in)	in	in	hs (in)	leg (in)	leg (in)

第3章　インセスト：概念，定義，そして問題

Bau	ae	in	in	in	in	in	hs (in)	leg (in)	leg (in)	leg (in)
Za		ae	hs (in)	hs (in)	leg (in)	leg (in)	leg (in)	leg (in)	leg (in)	hs
Za			hs (in)	hs	hs	hs (in)	leg (in)	leg (in)	hs	hs
Zu				hs	hs	ae	leg (in)	leg (in)	leg (in)	hs
Zu					hs (in)	ae	hs (in)	leg (in)	leg (in)	hs
Zau						hs (in)	ae	leg (in)	leg (in)	hs
Zau							ae	ae	leg (in)	hs
Bad								ae	hs	leg (in)
Bad									ae	leg (in)
Zad										ae	hs
Zad											ae

略号　ae＝自己性愛，hs＝異性愛，leg＝正当，ill＝禁制，in＝インセスト的，(in)＝類別的インセスト，imp＝不可能．HF＝子どもの母親の夫でかつ子どもの父親，HF＝父親だが夫ではない，WM＝妻―母親，WM＝妻だが母親ではない，WM＝母親だが妻ではない，BauZau＝同父同母の兄弟姉妹，BaZa＝同父の兄弟姉妹，BuZu＝同母の兄弟姉妹，Bad, Zad＝養取の兄弟姉妹

表 3.5 異性愛的 対 同性愛的，遺伝子関係度，発生に対する社会的反応によるインセスト的ダイアドの区別

	GR1/2	GR1/4	GR1/8	GR1/16	GR1/32	GR0
異性愛的ダイアド						
同性愛的ダイアド						

注：GR（遺伝子関係度）
　　1/2−母親−息子，父親−娘，同父同母の兄弟−姉妹
　　1/4−オバ−甥，オジ−姪，片親を同じくする兄弟−姉妹，祖父母−孫，二重交差イトコ*
　　1/8−すべての第1イトコ
　　1/16−すべての段違いイトコ（Bodmer and Cavalli-Sforza 1976: 365）
　　1/32−第2イトコ

ればならなくなる。結局のところわたしは，最初の定義を受け入れるだろうが，定義によって理論的考察を限定することはしたくない。読者には，わたしの考察の道筋を辿ったうえで定義の選択に賛同してくれることを切望する。その時まで読者は，わたしが列挙した疑問を胸中にとどめておいてほしい（定義に関する同様な問題については，Meiselman 1978 をみよ）。

　議論を先に進める前に，わたしは性交渉——わたしの主題——と結婚との相違を強調しておかねばならない。結婚はつねに性交渉の意思を暗示するが，しかし性交渉は結婚の有無にかかわらず起こりうる。社会的および法的契約としての結婚は，正当化された性交渉を含むし，またもしその性交渉が保てないと，それは普遍的に結婚解消の十分条件である。ヌア族（Evans Pritchard 1951）のような一部の社会では，女性同士が結婚できるが，しかしその結婚は明らかに，その女性たちの相続権を保証するための，また彼女たちの子どもの男親を調整するための法的手段である。

　性交渉は，体内妊娠を行うすべての動物種に存在する生物的行為である。結婚は社会的および文化的に定義された行為であり，人間に限られる。動物界にも単婚ペアは存在するが，しかしそれらペアは権利や義務や裁可に従ってはいない。結婚は社会的・文化的手段によってのみ阻止され，また禁止される。これに対し性交渉は，生物的そして（あるいは）生物心理的な手段によって阻止され，また

第 3 章　インセスト：概念，定義，そして問題

抑制される。

3.2 インセスト的性交渉の規制

　インセストをどのように定義するかにかかわらず，インセスト的関係となる行動がランダムでない，すなわち必ずしも社会文化的規範ではないとしても，なにほどか規制されているという経験的一般化を疑う人は皆無だろう。したがってここでは，インセスト的性交渉を相対的に少なくさせる機構を指示するために，規制という用語を用いたい。

　こうしたインセスト規制は「負の同類配偶」と呼ぶことができる。そう呼ぶのは，インセスト的ダイアドの類別をどれほど広く定義するとしても，その類別内の配偶はつねに，その外での配偶より少ないからである。この相対的な頻度の低さがいかにして達成されるかが，われわれの処理しなければならない経験的な疑問である。行動はさまざまな方法で制限される。明らかに，身体の限界は1つの手段である。7.45メートル以上の高い跳躍をできる人は稀である。それは，そうすることを禁じられているからではない。ほとんどの人は身体的限界のためにそれを達成できないし，またそうするよう動機づけられていない。文化的制限はもう1つの手段である。種間の性交渉は強く防止され，また大多数の文化において稀である。しかし獣姦は，それが禁止されているからといって必ずしも稀ではない。行動頻度の低さは，広汎な原因からの帰結である。

1. 行動は阻止されうる。阻止は内的でも外的でもある。たとえば筆者は身体条件が劣っているため，100メートルを10秒以下で走ることを阻まれる。ほとんどのイスラエルの男性は，タヒチの女性と性交渉をもつことを阻まれている。双方を隔てる距離が非常に長いからだ。
2. 行動は抑制されうる。抑制は，多少とも動物の神経系に固定されている。たとえば記憶は，よくいわれる"舌先に浮かんでいるが表現できない"現象（TOT）のように抑制される（Brown and McNeill 1966）。われわれの攻

47

撃は抑制されているかもしれない（Lorenz 1960, 1966）。学習過程は，想像力がそうであるように抑制されうる（Lawrence 1968）。中枢神経系における一部の単純な感覚の抑制因子が研究されてきたものの，こうした抑制機構がどのように作用するかは明瞭でない（Granit 1963； Elkes 1968）。抑制は，生物的にプログラム化された種固有のものである。七面鳥のメスは巣に接近してくるすべての動物を攻撃するが，しかしヒヨコの聴覚信号は彼女の攻撃を抑制する。抑制が文化によって誘発される場合もある。豚肉を食べることの禁止を内面化している正統派のユダヤ教徒は，禁止に違反することへの反応として嘔吐することもある。

3. 行動は禁止される。禁止は，あらゆる形態の社会規範に現れる文化的規則である。規範は通常，適用の範囲と違反者に対する社会的裁可の厳しさによって分類される。きわめて一般的には，規範は表3.6のように分類できる。たとえばほとんどの近代社会においては，拾った（紛失した）物は元の所有者に戻すか，あるいは警察に届けるという規範が普及しており，したがって違反者はふつう軽い社会的制裁を受けることになる。他方，カトリックの司祭に結婚を避けることを義務づけている特定の規範の場合，それに対する違反者は厳しく裁かれるだろう。

表 3.6　適用の広さと違反者への社会的裁可による社会規範

適用	裁可	
	厳しい	軽い
特定的		
一般的		

行動の頻度が低いことの原因は，相互排他的ではない。たとえばイスラエルの男性がタヒチの女性との結婚を阻止されるのは，地理的条件だけではなく，ポリネシア人がユダヤ教徒でないからである。わたしが次回のオリンピック大会で

第3章　インセスト：概念，定義，そして問題

100メートルを10秒未満で走る準備をしたいと思っただけで，医者は確実にこの蛮行を禁止するだろう。われわれは死体とセックスすることはない。それは九分通り内的に抑制されているからだが，それにもかかわらず死体性愛は社会によって厳格に禁止されている。

これら3つの原因すべてが作用して一定形態の行動の頻度を制限する場合，われわれは新しく重要な2つの疑問に遭遇する。

1. 各原因の相対的な比重はどうであろうか。阻止は禁止よりも重要だろうか。抑制は禁止よりも重要だろうか。禁止は阻止および抑制の両者よりも重要だろうか。
2. どの原因が最初に現れたのか。われわれがいま観察する（経験的）現実は，どのような因果連鎖を提示するのか。

インセストに関して最初の疑問に答えるためには，3つの要因を分離しなければならない。いいかえれば，インセスト的行動が（a）阻止されているものの抑制も禁止もされていない状況，（b）抑制されているものの阻止も禁止もされていない状況，（c）禁止されているものの阻止も抑制もされていない状況，をみいださねばならない。インセストを鎮静するにあたって1つの要因が他の2つよりも重要であることがわかれば，結果的にそれを重みづけられる。

まず，阻止と抑制についてのわれわれの語法を明確にしておかねばならない。阻止とは，全体的な身体的阻止（たとえば赤血球の臨界数，生理的存在が不可能であるようなそれの不足）ではなく，発生確率が低い状況のことである。たとえば，先に挙げた例を用いると，イスラエルの男性がタヒチの女性と配偶するとしても，その確率は低い。同じことが抑制についても当てはまる。抑制とは，ある人口集団において発生確率の低いパターンを生みだす生物心理的機構のことである。獣姦は（事実上，種間のすべての交尾がそうであるように）たぶん抑制されているが，しかし低い確率で発生する。

3つの要因が完全に分離している状況をみつける作業は容易ではない。まずわれわれは，インセストの禁止は遍在しているとみなされていることに直面する。

しかしヴァン＝デン＝ベルジェ (1979) は，すべての人間社会がインセストの恐怖，つまり一般的にはインセスト・タブーをともなう心情をもっているわけではないと論じている。多くの社会においてインセストは，恐怖あるいは極悪というよりも，むしろ滑稽と思われている。さらに，ヴァン＝デン＝ベルジェが指摘しているように，インセストにせよ，別の種類の性交渉（同性愛，獣姦，死体性愛など）にせよ，その禁止が実質的にそれの発生率に影響をおよぼすかどうかを確かめなければならない。たとえば，同性愛に関するタブーがまったくない社会はあるが，しかしそれでも同性愛は稀に存在する。この罠を避け，また20世紀前半における不毛な論争に舞い戻ることを避けるために，われわれは以下の点を受け入れなければならない。

1. 禁止を除外するもっとも確実な方法は，動物，とくに霊長目を考察することである。というのも，動物は社会的あるいは文化的禁止をもたないことが一般的に受け入れられているからである。だから，もし動物種において母親と息子の性交渉が稀有であることを知るならば，この事実は禁止ではなく，抑制あるいは阻止のいずれか，もしくはその双方だとしなければならない。したがって動物の教材はわれわれの議論にとって欠かせない。
2. 洗練された合理的禁止と違って，抑制と阻止はより単純である。これについては後に検討する。

3.3 動物データの利用

人間を扱う場合に動物のデータを用いることの妥当性は，進化生物学者にとっては明白であるが，しかし社会科学者にとってはそうではない。多数の研究者が，哺乳動物や霊長目のデータを人間行動に不適切に適用してきた（たとえば，Ardrey 1961, 1966, 1970, 1976; Morris 1967, 1971）。現在では，動物行動から人間行動を論じるための1組のパラメータを構築することが可能である (Larsen 1974)。

1. 機能的類推を発見的目的のみに用いることが賢明である。たとえば1匹の

第3章 インセスト：概念，定義，そして問題

オスザルが支配的なオスに「贈り物をする」としても，この行動を人間の同性愛の根源とみなすことは間違っている。しかしその類推を発見的目的のために用いること，すなわち服従の合図がなぜメスの姿勢をとることなのかを考えることは受け入れられる。

2. 相同※関係として用いるのは，霊長目あるいは哺乳動物全般を通じて，進化的に安定した特性だけにすることが賢明である。たとえば母親と子どもの結合は，哺乳動物に共通する安定的な特性なので，動物から人間を推測するために活用できる。
3. 相同的特性であっても，人間において，少なくとも狩猟・採集民の水準において安定している特性のみに限定することが，賢明なやり方である。たとえば，霊長目のすべての配偶体系は狩猟・採集民に存在しないが，オス支配は霊長目において安定し，また狩猟・採集民のなかに必ずみられる (Wilson 1975)。
4. 動物から人間を論じることは，類推と相同関係に限定されねばならないわけではない。それは，驚くべき対照性へと展開しうる。霊長目において進化的に安定していた特性が「突如として」人間に欠けるということは，すべての相同関係と等しく十分に啓発的である。一例を挙げると，メスの発情は霊長目の安定した特性であるが，しかし人間には欠けている。この抜本的な欠落の説明は，人間らしさの理解に大きく貢献する。
5. 進化論的な議論においては，ある特性が持続し，別の特性が消失するなら，その機構，過程および条件を指摘しなければならない。

機械論的な公理をおおむね受け入れるとしても，自然が機械の精確さをもって作用するとは考えられない。それどころか，自然は行動上の統計的確率を浮き彫りにする。たとえば昆虫を餌にする一部の鳥には，有害なカリバチを口にすることを阻む機構が備わっている。その系統発生的に受け継がれた機構は，黄色と黒色のまだら模様をみることによって起動する。黄色と黒色のまだら模様をもつすべてが有害ではないし，あるいは逆もまた同様である。しかしその機構は，当該

の鳥類がカリバチを口にしない確率を高くする。その機構にはいくらかの無駄もある。たとえば，その鳥類は黒色と黄色のまだら模様をもつ無害な種を取り逃がすかもしれない。また，機構が効力を失ったり，失調したり，逆機能になることも時にある。ジョナス（1976）によれば，人間の狭心症*は人間進化の残飯漁りの局面においては非常に適応的であったという。ジョナスの仮定は，大型ネコ科動物は死体に触れないので，ホミニドは急性の心臓停止によってごく短い時間，心拍を停め，そうすることによって捕食動物から逃げる機構を発達させたというものである。これはいくぶん不自然な仮説であるが，しかしそれが事実だとしたら，それは，かつて機能的であった機構が逆機能的痕跡をもつにいたったことをしめしている。

　さらに，自然戦略は状況的である。いいかえれば，自然戦略は生物体と環境との相互作用に依存する。進化は動物に，その生命に定められたとおりの状況において一定の仕方で行動をさせたり，あるいは行動を控えさせる。しかし，もっとも特徴的状況ですら，遍在的でも永続的でもない。つねに例外があり，そしてもっとも安定した環境においてもつねに変化がある。生物的素因は高い確率の行動をうみだすにすぎない。

　ほとんどの行動パターンは，環境のなかで機構を解除することによって活性化される。ローレンツとティンバーゲンが1937年に実施した有名な実験は，アヒルが頭上にある一定のシルエットをみるとうずくまるという遺伝的性質をもつことを立証した。シルエットは多くの形態を取りうるので，アヒルは後になって特定形態のシルエットだけを恐れるようになり，それに反応して屈み込んだ (Wilson et al. 1973: 553)。

　この点に関するわれわれの議論を要約しておこう。
1. インセストを定義する際に，われわれがこの段階で同意しなければならない唯一の構成要素は，インセストは核家族のメンバー間における性交渉だということである。同性愛の性交渉対異性愛の性交渉，および（核）家族に含まれる人びとの範囲についての疑問は，未解決のままにしておく。
2. インセスト，インセスト的な性交渉，行動という用語は，社会文化的な禁

第3章 インセスト：概念，定義，そして問題

　止を暗示するという理解のもとで使用されるが，しかしわたしの考察は社会文化的領域に限定されない。
3. インセストを稀有にさせるすべての機構，つまり抑制，阻止，禁止を指示するために，規制という用語を用いる。
4. 抑制，阻止，禁止を分離するため，インセスト的性交渉の稀少性の欠如が抑制あるいは阻止に確実に帰属する場合に，動物のデータを慎重に利用することにする。

　ここで，これまでの文献において提起された3つの疑問，すなわち起源，持続，機能に話を戻すことにしよう。

3.4　起　　源

　起源は，個体行動における変化の原因である。インセスト規制の起源を探求するにあたっては，われわれの進化のある段階ではそうした規制は存在せず，そして何かが規制を生みだしたのだと論理的に仮定する。この何かが，インセスト規制の起源である。
　一部の論者は起源と機能を混同する危険に注意を払ったが（とくに，Aberle et al. 1963; Coult 1963），ほとんどの論者は，インセストの禁止は家族あるいは全体社会に利したので出現したと仮定した。こうした過程が生じるためには，単位としての家族あるいは社会がその禁止に先立って存在しなければならない。しかし，このことはほとんど理に適っていない。家族は多数の定義をもつけれども，家族研究者のほとんどは，家族は4組の重複的役割——父親と夫，母親と妻，息子と兄弟，娘と姉妹——からなる体系に基づく集団だととらえている。こうした体系は，それ自体が一部異性関係の規制の結果であり，そうでなければ役割集合ということは疑わしくなる。したがって，もし息子が彼の母親と配偶するならば，彼は，彼の母親に対して息子と夫であり，また彼の母親が産んだ彼の息子あるいは娘に対しては父親と兄弟になる。インセスト規制に先行し，したがって潜

53

在的にそれの原因だと仮定されうる明確な役割集合は，母親と子ども，そして母親を共通にする兄弟と姉妹のそれだけである。その他はすべて，（一部の鳥類や哺乳類でみられる一夫一妻婚や性的に成熟した子どもの排除のような）生物的起源，もしくは（インセスト禁止のような）文化的起源をもった異性配偶規制に基づいている。この重要な修正点に留意することによって，われわれはインセスト規制をもたらした行動の起源を探ることが可能になる。

　2つ目の誤謬は，次のような前提から発している。すなわち，個人は社会善を実現するために行為をする，あるいは社会はそのメンバーから独立してそれ自体の善のために社会規範を創出し，そしてそれにしたがって行動するようメンバーに強要するという前提である（たとえば，社会メンバーがその社会外部者と結婚することが社会にとって善であるならば，個人がその善を認めてそれに従って行為するか，それとも社会が規範や法律を制定して彼らを強制するかである）。しかし，もちろん社会集団あるいは社会は，個人によって組成されている。すなわち，それらが個人に先行するとか，個人の先手を打つと仮定することは絶対にできない。（こう述べたからといって，社会学が無用であるというわけではない。個人の行為が体系に組織化されるにあたっての規制は，研究に値する論題である。さらに，ひとたび社会規範が個人の行為から結果すると，その後それは個人の動機づけに影響をおよぼすのだ）。レイハウゼンは，動物寓話のなかで社会規範の起源をわかりやすく説明している。

> あるとても冷たい夜，ヤマアラシの一団が暖を取るために一緒に集まった。ところが，ヤマアラシの棘が相互の接近を不快にした。そのため彼らはふたたび離れたが，そのために冷え込んでしまった。接近したり離れたりをいくども繰り返した後に，彼らは最終的に，それぞれが棘に刺されない程度に近づきながら，しかも温かく快適になれる距離をみつけた。彼らはそれ以来，この距離を慎みと行儀よさと呼ぶことにした［ウィルソンによる引用，1975: 257］。

　ヤマアラシの場合と同様に，人間の個人的な距離は個人たちからはじまる。起源

を取り扱おうとするとき，われわれは「社会善のため」が原因だと先験的に仮定できない。

われわれが探求しなければならないのは，個人の行動における変化の原因である。ある社会集団内のほとんどの個人たちが，ある共通の要因（たとえば気象の変化）に反応してその行動を同じように修正するとき，結果として社会規範が生じるといえよう。

3.5 持　　続

行動は絶えず変化する。行動は発生し，変化し，消滅することもある。インセスト規制がどのように発生したかを説明するだけでは不十分で，それがなぜ持続するかが説明されなければならない。一神教が遊牧民の適応によってもたらされたと立証しようとすることは可能だ。しかしユダヤ教徒やイスラム教徒が遊牧民でなくなっても，一神教は持続している。一部の行動パターンは，まったくの慣性によって持続するのかもしれない。ズボンに折り返しを付けることは，たぶん，いまから100年以上前にイギリスの侍従たちがしたことの模倣である。当時侍従たちは，ズボンの裾が泥まみれになったり濡れたりしないようにするため，裾の部分を折りたたんだという。その慣習は，もはや必要な機能をもたない（ズボンの折り返しが埃を集めてしまう点で逆機能的ですらある）けれども，ヨーロッパやアメリカで持続している。規範を変えるためにはエネルギーが必要である。だから変化が決定的でない場合――すなわちその規範自体が大多数の個人にとってまったく便益をもたらさないとか，非常に有害でなければ――，規範はまったくの慣性によって持続する。

慣性による持続の特定形態は，儀礼化である。しばらくのあいだ機能的だったある社会パターンが，機能的でなくなった後でも持続することがある。ユダヤ人のバルミツバーの儀式（成人式）は，他の遊牧民の通過儀礼と同様，かつてはたぶん機能的だっただろうし，また，もともとはおそらく割礼の儀式を含んでいただろう（『出エジプト記』4: 24-26をみよ）。バルミツバーの儀式は，その当初の機

能のすべてとはいわないまでも，ほとんどが失われたにもかかわらず，近代都市のユダヤ人のあいだで持続している。とはいえ，たいていの場合，行動が持続するのはそれが個人の重要な欲求を充たしているからである。ほとんどの通過儀礼が持続するのは，それが役割変化をする個人を強化するからである。

　行動パターンは，その起源において完全に偶発的かもしれないが，しかしそうであっても，ほとんどの個人にとって有益であれば持続する。火の使用の起源は偶発的に起きたことのようだが，しかしそれがきわめて重要だと判明したために，今日まで火の使用は持続している。

3.6　機　　能

　機能は，社会科学が生物学から借用した概念である。生物学では，機能とはある器官の生物体への寄与を指示している。肺や鰓は，血液に酸素を供給する機能をもつ。社会科学の場合，機能とは，ある行動パターンの社会集団の維持への寄与を指示している。別のいい方をすれば，機能は行動の結果と考えられる。マートン（1949: 21-83）は，その概念のあまりに安易な適用に警告を発して，機能は意図される（顕在的）ことも，意図されない（潜在的）こともあると指摘した。この区別は，起源と機能の区別にヒントを与えるはずである。社会文化的領域において潜在的機能があるならば，それは，そのパターンの創設者の意図（起源）と，そのパターンの意図されない結果（機能）との区別の例となるかもしれない。たとえば，インフレーションの潜在的危険に関心をもち，過剰消費から市民を防衛したいと考える政府は，過剰消費が価格上昇の原因になることを説明するキャンペーンを展開するかもしれない。その結果は，価格高騰を恐れる人たちが慌てて消費に走り，そのことが価格をつり上げる結果を招くかもしれない。ここでの起源は，インフレーションを抑制する必要であり，その機能は実際にそれを強化することである。

　もちろん，機能が起源と一致することもある。意識的意志の水準では，こうした識別はふつうである。顧客に商品を購入するよう説得するセールスマンは，一

定の行動パターンをとる。そして，顧客に商品を購入させることに成功を収めるならば，その行動の起源とそれの機能とは一致している。

　機能と持続とを区別することはやや難しい。なぜなら，持続が不活発でなければ，機能は持続の原因となるからである。時にわれわれは，その起源あるいは機能のいずれかを知らないまま，持続を経験することがある。処女膜は，その明白な機能をもたないまま（わたしはその起源に関して何も知らない），人間女性における1つの生物的特徴として持続している。機能，起源，持続を区別することは問題含みであるけれども，その区別は，われわれがインセスト規制の起源に関する諸理論を取り扱う場合に有用なはずである。

　表3.7には，わたしが分析において使用するすべての変数が含まれている。これらの変数は，文献の調査および異なる理論についてのわたしの批判における基準でもある。

　理論的枠組みを提示し，重要な理論的問題を分析したので，次にはインセストに関する生物社会的な展望に導いた長い道程を記述しなければならない。まず，フィンランドの人類学者エドワード.ウェスターマークの研究を考察する。90年以上も前になされた彼の影響力ある業績は，インセストに関する最初の生物社会的

表3.7　インセストの変数

ダイアド	規制のメカニズム	起源	持続	機能
母親と息子	阻止			
	抑制			
	禁止			
兄弟と姉妹	阻止			
	抑制			
	禁止			
父親と娘	阻止			
	抑制			
	禁止			

注：この表はより多くのダイアドを含むよう拡張できる。

分析と考えられる。ついでわたしは，ウェスターマークの命題を検証する2つの経験的研究に焦点を合わせた1つの章をつくる。最後に，生物社会的な展望に傾斜した多数の科学者の業績，およびこの展望に立っていると明らかに識別される数少ない人びとの業績，を考察するつもりである。

　これらすべての論者は，まちがいなくわたし自身の思考を鼓舞した。それでも，わたしの思考の知的起源をこれらに限定することは誤りであろう。わたしは生物社会的アプローチを拒絶した人たちからも多くのことを学んだ。彼らの業績は，わたし自身の展望を提示した後に紹介することにする。

> もし結婚の起源をみつけたいと思うならば，われわれはもう1つの道に入り込まねばならない。それは真理を導くことのできる唯一の道だが，限られた人たちだけに，すなわち生物的性質が1つの連続する連鎖であり，その最後の，ほとんど完全な輪が人間であるとみなす人だけに開かれている道である。というのも，われわれの心理的ならびに社会的生活の根源をみつけようとすると，われわれ自身の種の限度内に立ち止まることなく，下等動物の身体条件を考慮に入れて人類の身体条件を理解する以外に手だてはないからである。したがって読者には，多くの人がとんでもないとみなすだろう領域，しかしわれわれが探究するものを発見するために必然的に考察しなければならない領域へと導くわたしに，どうか寄り添ってほしいと懇願しなければならない。
>
> —— EDWARD WESTERMARCK
> *The History of Human Marriage*（1891: 9）

4 エドワード．ウェスターマーク

　ウェスターマークはほとんど孤高状態のなかで，インセストは本能的に回避されるという信念を堅持した。ごく少数の人だけ——ホブハウス，ローウィ，そしてエリス——はその構想を受け入れたが，しかし誰もそれをさらに推敲しようとはしなかったし，またそれを支持する決定的な証拠を提示することもなかった。ウェスターマークがインセスト理論を提示したのは，『人類婚姻史』（1891）の初版においてであり，そのなかの2つの章（第14章と第15章）がインセストに割かれている。その30年後，彼はその書物を3巻本に拡張した（1921）。インセストに当てた章（第19章と第20章）は150ページ以上に達し，第2巻のかなりの部分を占めている。ウェスターマークは第一級の人類学者たちによる執拗な攻撃にさらされたけれども，しかし死にいたるまで自らの考えを堅守した。彼のその後の論文は，1934年に『性と結婚に関する3つの論文』として出版された。

　ウェスターマークは，世紀の転換期におけるヨーロッパ社会科学の異端児と考えられた。1888年，学位を取得するためにフィンランドのヘルシンキ大学からロンドンにやってきたウェスターマークは，人間家族とその起源を学問的に探究

するという荒海に飛び込んだ。19世紀の後半には，この問題に関する多数の書物が刊行されていた（Backhofen 1861; Tylor 1870; Giraud-Teulon 1874; Lubbock 1874; Maine 1874; Morgan 1877; Engels 1884; Spencer 1876-96; Starcke 1889）。ウェスターマークは，大英博物館の図書館に通い続け，ひたすら読書に没頭した。そして2年経たないうちに草稿を完成させ，その一部を学位請求論文としてヘルシンキ大学の評議委員会に提出した。ダーウィン理論に精通していた彼は，ダーウィンの同僚であり進化論の共同開発者であるアルフレッド.ワラスに面会した。ワラスはその草稿を読み，それを英語圏で公開する仲立ちをすることを了承した。1891年にマクミラン社から出版された書物は，英語圏の学術界に大反響を巻き起こし，ヨーロッパとアメリカにおける科学者たちの注目を集めた。

まちがいなくウェスターマークは，同時代人のほとんどと同様に，文献考証的な「安楽椅子」の人類学者であった。それから9年後，彼はモロッコで野外研究に着手し，それを数ヵ年継続した。その成果は多数の論文や著書として結実したけれども，彼はそうした執筆活動をするまで人類学の教育を受ける機会をもっていなかった。そうした教育は当時，東ヨーロッパでまったく行われていなかったのだ。文学や哲学は学んでいたから，おそらく彼は特定の学問分野に所属しているとは感じなかったのだろう。

ウェスターマークの基本的な理論枠組みは，ダーウィンのそれである。彼は，結婚と家族は自然選択によって進化し，人間男性が子どもに大きな投資を行うように彼らを回路づけたと主張する。「結婚と家族はこのように互いに密接に関連している。男性と女性が一緒に生活しつづけることは，幼い子どもたちの利益のためである。したがって，家族が結婚に根ざしているというよりもむしろ，結婚が家族に根ざしているのだ」[1891: 22]。しかしおそらく，彼の同時代人の反感をかった最たるものは，初期の乱交状態の仮説を攻撃した3つの章である。彼は，バッハオーフェン，モーガン，エンゲルス，スペンサー，マクレナン，そして類別体系学派の全員を裸の皇帝になぞらえた。原初の人間は乱交を行うバンドで生活し，そこからまず「母系制」，そしてその後に「父系制」が進化したというのが当時広く受け入れられていた見解であったが，ウェスターマークはその誤

第4章　エドワード.ウェスターマーク

謬を暴露した。彼は，人間の配偶体系は，それが一夫多妻婚として顕現しようと，一妻多夫婚として顕現しようと，ペア結合を中心にしていると確信していた。90年代のウェスターマークの議論は，現在われわれが知りうることと驚くほど合致している。バッハオーフェンやモーガンの素朴な進化論学派に対する彼の批判は，たちまちヨーロッパやアメリカの人類学者のあいだに波及していった。しかし，彼のインセストの起源に関する理論はそれほど普及しなかった。

　ウェスターマークは，彼の同時代人の多くと同じように，性交渉と結婚を区別しなかった。親族間の結婚の禁止を説明するにあたって，彼は次のように述べている。「人類にとってインセストの恐怖は，ほとんど普遍的特性である。この感情の完全な欠落をしめすと思われる事例は極度に少ないため，そうした事例は一般規則からのほとんど尋常でない逸脱だとみなされねばならない」［1891: 290］。彼は，インセストの禁止よりもはるかに拡がっている結婚の禁止を数えあげ，結婚が禁止される場合には性交渉も禁止されると仮定している。彼によれば，「原始社会」における結婚の禁止は，近代社会のそれよりはるかに広い。それでも彼は，外婚規制からインセストの禁止の由来を推論はできないと認識していた。なぜなら「人類学者たちは概して見過してきたが，注目すべき事実は，近親である人との結婚を禁止する法，どこにでもあると思われるこの法は，クラン*制度から生じ，また当然にも母親の関係にのみ適用される複数の禁止を基にして存在するということである」［1891: 300］。

　　　どのような観察がなされようとも，インセストの禁止は経験に基づく現象ではない。原始の男性は，近親同士の結婚によって生まれた子どもたちが，他の子どもたちと比べて健康でも強健でもないと察知したとしても，この知識を使って自分の熱情を抑えることはほとんどなかっただろう。なんらかの疾病をもっていたり，あるいは病気に罹りやすい傾向をもつ文明人の男性が，同じように不健康な女性との結婚に二の足を踏むことはほとんどないと考えると，原始人が大きな予見力と自制心をもち合わせていたと仮定することは確かに不合理かもしれない。しかし，人間は最初から賢明な計算によって近親者と結婚することを回避し，それが長期間つづいて，その慣習がやがて法律に発展したのだと了解したとしても，われわれは次

61

の局面には進めない。本章で考察する仮説の提示者たちは，人間はそうするべきという理由だけでインセスト結婚を回避する，と想定している。「もし兄弟と姉妹の結婚が容認されているとしたら，彼らが非常に幼いときにはそうするかもしれない可能性はある」とフュー氏は述べている。しかし法律や慣習は，行為におよぶ熱情を阻止しうるけれども，その内部的な力を完全に壊すことはできない。法律は，息子が母親と，兄弟が姉妹と結婚することを禁止できるとしても，しかしその欲求が自然であるとすれば，そうした結合への欲求を阻止することはできないだろう。その性欲はどこに存在しているのだろうか。家庭をインセストの汚穢から守って純粋にしているのは，法律でも慣習でも，また教育でもなく，通常の環境で近親者間の性愛を身体的に不能にさせる本能なのだ。プラトンによれば，不文律が，子どもとの近親的性交渉から親を，また姉妹との近親的性交渉から兄弟を「できるかぎり十分に」守っている。［それどころか，こうした性交渉の欲望はそもそも大衆に生じない］［1891: 318-319］。

　第15章で，ウェスターマークは新しい考えを導入する。すなわち，通常の環境で近親者間の性愛を身体的に不能にさせる本能は，親族関係そのものの帰結ではない。本能は親族と非親族を区別できない，と彼は主張する。一端引き離され，そしてその後に再会した兄弟と姉妹，および母親と息子のインセストについての事例を引き合いにだしながら，ウェスターマークは次のように述べている。

　　わたしが主張したいのは，幼児期から非常に近くで生活を共にしてきた個人たちのあいだでの性交渉に対しては，先天的な嫌悪感が存在するということだ。こうした個人たちはほとんどの場合に親族なので，この感情はそれ自体，主として近親者間の性交渉の恐怖として表れる。
　　　この種の先天的な嫌悪感の存在は，日常的な経験によって証明される心理学的事実として，さまざまな論者によって取りあげられてきた。つまり，それ以外には，親と子ども，兄弟と姉妹の関係をあらゆる性的興奮から完全に解放させる感情を説明することは不可能だと思われてきた。しかしその主要な証拠は，豊富な民族誌データによって供給される。それらによれば，血族結婚に対する禁止法が規定されたのは，まず血族度によってではなく，近接して一緒に生活していることによるということになる［321］。

第4章 エドワード.ウェスターマーク

要するに彼によれば，近親間のインセストは，親族関係よりもむしろ互いに近いという性質のゆえに本能的に回避されるのだ。彼は，核家族内のインセストと外婚禁止についての民族誌的データを提示する。彼は，平行イトコ*間の結婚が通常禁止され，交差イトコ*間の結婚が許容されるのは，一般に前者は一緒に生活し，後者は一緒に生活していないからだと論じる。この点においてウェスターマークは，自らに難題を投げかけることになった。というのも，ここでは本能的なインセスト回避も，こうした関係の明示的な禁止も，同じく共同生活に由来すると仮定されているからである。やがて考察するように，ウェスターマークの反論者たちはこの明白な矛盾を矢継ぎばやに攻撃した。ウェスターマークは自らの議論を以下のように要約した。

> ここで提唱した仮説は前章でしめしたすべての事実を説明できる，とわたしは考えている。この仮説は以下のことを説明する。すなわち，インセストの恐怖はどうして経験からも教育からも独立しているのか。なぜインセストの恐怖は血縁関係にだけでなく，きわめてしばしばそうした関係にまったくない人びとにもおよぶのか。なぜ血族結婚が禁止される親等がこれほどさまざまに異なるのか。それなのに，互いにもっとも近くで接触を保ちながら生活している人びとにはほとんど普遍的に禁止が適用されるのはなぜなのか。なぜこれほど一般的に，これらの禁止が父系と母系の他方の系より一方の系のほうでより遠くまで拡大しているのか。ここで生じる疑問はこうだ。もっとも近くで共同生活をしている人びとのあいだの結婚に対するこの本能的な嫌悪感は，どのように生じるようになったかである［1891: 334］。

ウェスターマークはそこで立ち止まり，人間の結婚についての別の問題に移るのだが，しかしダーウィンの進化論が彼自身に問うていること，すなわちこの本能はどのようにして，なぜ進化したのかについて考えざるをえなかった。

それより前の第13章においてウェスターマークは「類似の法則」，すなわち近代の社会学者たちが「同類婚の法則」と呼んでいるものを取り扱った。この法則は，人びとは文化的に，民族的に，宗教的に，また階級やカストのメンバー所属

の点で類似している人びと同士で，結婚または配偶する傾向があることを言明している。そこでウェスターマークは，なぜ男性たちはこの傾向をその論理的極限まで追い求め，自分の姉妹，母親あるいは娘と結婚・配偶しないのかと考えた。彼の簡単な答えは「類似性は大きすぎてはいけない」というものである。

ウェスターマークは，主としてダーウィンとワラスに依拠しながら，同系交配（彼はこれを誤って「異種交配」と呼んでいる）の有害な結果を説明する。彼は以下のように結論づけている。

> 人間以外の動物界にとっても植物界にとっても有効である法則が，人間には該当しないと考えることは不可能である。しかし，血族結婚の恐るべき効果について直接的な証拠を提示することは難しい。われわれは，最近親者間——兄弟と姉妹，親と子ども——以外の結びつきから，きわめて異彩を放つ結果を予期することはできない。そうした結合の有害な結果は，必ずしも一度しか現れないというわけではないだろう。J. セブライト卿は，同種繁殖しても大した損傷を受けることなく数世代を経過した家畜動物の家族があること，また自家受精した植物の子孫がその第一世代において必ずしも活力のなさをしめすものではないこと，を言明している。この点で人間は，他の動物の場合に実施されたような実験の対象にはなりえない。最近親者同士の常習的な結婚は，すでにみたようにきわめて稀なのである［1891: 339］。

その章の残余の部分は植物学，動物学，人類学，そして社会学からの証明に費やされている。ウェスターマークは起源，機構，機能を総合した自身の議論を次のように概説している。

> これらすべての事実を考慮に入れると，血族結婚なるものは多かれ少なかれその種に有害であると信じないわけにはいかない。そうだとすれば，インセストの恐怖についてかなり十分な説明をみいだせるかもしれないと考えている。すなわちそれは，人間が初期の段階で近親同士による内婚の有害な影響を認知したからなのでなく，自然選択の法則が不可避的に作用したからなのだ。人間の祖先たちには，他の動物と同じように，血縁関係が性交渉にとって障壁でなかった時期がまちがいなくあった。しかし当然

第4章　エドワード.ウェスターマーク

なことに，ここでも他の場合と同じように，変異が現れたのだろう。つまり，同系交配での繁殖を回避したわれわれの祖先が生き残り，そうでなかった祖先は次第に消え去り，最終的に絶滅したのだ。こうして本能は原則として，有害な結合を阻止するうえで十分なほど強力に発達したのだろう。もちろんその本能は，個人の側からすると，一緒に生活してきた人たちと結合することへの嫌悪感として単純に現れるが，しかしこうした人たちは実際問題として血縁関係にあるので，その結果が適者生存となったのだろう。

　人間がその感情を祖先から引き継いだかどうか，あるいはその感情が明らかなる人間性の進化の後に発達したかどうかはわからない。それは，家族結合が比較的強く，子どもたちが思春期，あるいはもっと遅くまで親元に残留する段階になって必然的に発生したにちがいない。この本能の自然的拡大としての外婚は，複数の単独家族が小さなホルドとして結合するときに発生したのかもしれない。互いに親密に関係している人たちのあいだの結合という考えが先天的な嫌悪の対象であるとすれば，その考えは成長するほかなかったのだ。多くの人類学者が仮定してきたと同様に，原始の人たちは小さな内婚的共同態で生活し，あらゆる親等のインセストを行ってきたと仮定すべき妥当な理由はみあたらない。その理論は，現存している未開の人たちの慣習についてわかっていることと合致しないし，そうでなければより満足できるように説明されるかもしれない事実について，何を語ることもできない。

　その反論は，たぶん次のようになされるだろう。すなわち，幼いときから非常に近くで生活してきた人たちのあいだの性交渉への嫌悪は，真の本能であるにはあまりに複雑に絡み合った精神現象であり，自然選択によって強化された自発的な変異によって獲得されたのだ，と。しかしこの感情とまったく同じ複雑な本能がある。この感情は，事実，欲求行為が当然にも問題にならない人生の初期から長期につづいた親密な関係のもとで一緒に生活した人たちのあいだの性交渉という考えと関連していることを意味しているにすぎない。この関連は当然のことではなく，また確かに新奇さへの単なる好みによって説明はできない。その感情は，現実的で強力な本能のあらゆる特徴をもち，明らかに，他種に属している個体との性交渉に対する嫌悪と非常に類似している［1891: 352-353］。

　この引用文の最初の部分には，古典的な集団選択*論者の議論が顔をみせている。血族結婚は種にとって有害であり，したがって本能はそれを阻止するように進化

した。しかし，1891年当時の西ヨーロッパにおいては，1860年代になされたメンデルの研究はまだ知られていなかった——この状態は20世紀の最初の10年まで継続した。ウェスターマークは，初版本においてメンデルに言及していないが，しかしその30年後，第5版において次のように述べている。「バウアーは，自家受精と同系交配に関係するあらゆる退化現象は劣性淘汰によって説明できるとする考えを否定している」[1921: 376]。ドイツ語の語呂合わせ（*Herausmendeln* = 淘汰）は，有害な劣性と同型である個体の除去を意味している。

　この30年のあいだ，ウェスターマークは手厳しく批判された。これに反応して彼は，民族誌データを補強しただけでなく，強力な逆襲のための準備を整えた。その重要な議論のいくつかについて，ここで再検討することにする。

　ウェスターマークは，ジェームズ.フレーザー卿はその大作『トーテミズムと外婚』(1910) において，またその後にジークムント.フロイトは『トーテムとタブー』(1913) において，法的禁止の起源を誤解していると確信していた。多くの人間行動の形態は，本能によって回避されるし，また同時に禁止される。ウェスターマークは2つの事例，すなわち獣姦と親殺しに言及している。

　ウェスターマークはまた，本能的回避理論はインセスト・タブーの拡張を説明できないとするフレーザーなどによる批判との争点を取りあげている。ウェスターマークがいうには，その拡張こそが彼が正しいこと，そして「連合の法則」が考慮されなければならないことを証明している。近親者との性的関係は稀有で，また耐えがたいことだとひとたび認識されると，血縁性と共住生活が完全に重ならない場合に発生するわずかな例外を阻止するために，禁止が付加されるのだ。インセスト禁止は，近親であれば誰にでも拡張される。もしイトコが「兄弟」あるいは「姉妹」と呼ばれるなら，彼あるいは彼女との結婚は，連合の法則によって禁じられる。しかしこうした類別的な近親者の多くは一緒に生活はせず，また抑制を感じることもないので，禁止はより重要になる。

　第5版のなかでウェスターマークは，先天的嫌悪という用語を支持し，本能と本能的という2つの用語を引っ込めている。その後の論文 (1934a: 40) で彼が説明しているように，そのようにしたのは主として本能という用語をめぐる無用な

第 4 章　エドワード. ウェスターマーク

論争を避けるためであった。
　ほぼ 30 年間にわたり，ウェスターマークは概して無視もしくは批判されたけれども，インセストの本能的な恐怖の可能性を取りあげた論者もいた。たとえば，イギリス社会学の父祖のひとりである L. T. ホブハウスは，『進化する道徳』(1912) において次のように書いている。

> では，インセストの恐怖は本能であろうか。この意見へのよくある反論は，本能の誤解に基づいている。恐怖は普遍的でないし，またそれが向けられる対象は人によっていちじるしく異なる。しかし動物界における本能の多くは，普遍性に欠け，その適用において修正可能である。またすでにみたように，人間性において本能的あるいは遺伝的であるものは，経験や，またとくに教育と社会的伝統から，その現実的な方向性を獲得したことを感じたり行動するという性格特徴，傾向あるいは性向になっていく。それゆえ，インセストの恐怖が本能的であるということは，そのなかにふつうの人びとが受け継ぐ性格に根ざす何かがあるということを述べているにすぎないが，しかしそれでもなおそれは，その何かを決定し，そしてこうしたさまざまな方法でそれがどのように発達できるかを理解させる［147-148］。

ホブハウスは，ウェスターマークに言及し，彼から民族誌データを借用しているけれども，インセスト回避についてのウェスターマークの説明は援用していない。もっとも影響力のあった文化人類学者のひとりであるローウィも，結局，本能的説明に落ち着いた。有名な著作『原始社会』(1920/1949) において，彼は以下のように述べている。

> わたしは個人的には，心情は本能的であるとするホブハウスの見解を受け入れるが，なぜ人間が深層に根ざしたインセストの恐怖をもつかを説明するのは，民族学者の役割ではなく，生物学者と心理学者の役割である。社会の研究者は，インセストの恐怖が，生物的に可能な結合数を制限する事実を考慮しなければならないだけである。社会の研究者はさらに，さまざまな地域社会がインセスト規則を認識する異なる方法を記録しなければならない。なぜなら，親と子ども，兄弟と姉妹は普遍的に配偶を禁じられて

いるが，多くの部族は一定の遠い親族との配偶を選好し，ほとんどの部族はそれを命じているからである。すなわち，最近親集団内の結婚への嫌悪は本能的であるかもしれないが，限定的な圏域を越えたその心情の拡張は慣習的であり，一部の部族は別の部族よりも厳格にその一線を画している [15]。

ローウィは，ウェスターマークにまったく言及していない。後の著述で彼は，明らかに同僚からの圧力のもと，本能的嫌悪という考えを放棄し，インセストの規制を「原初的な文化的適応」[1933: 67] と考えた。すなわち，「インセストの恐怖は，まちがいなくきわめて太古の文化的特徴であるが，先天的ではない」[1940: 232]。

まとめ

　ウェスターマークは，起源，機能，持続を取り扱った。彼は，抑制（彼はこれを時に「本能」，また時に「先天的嫌悪」と呼んだ），阻止，禁止の機構を区別してそれらの力学を論じたが，しかし性交渉と結婚とを区別することもなかったし，異なるダイアドでのそれら機構を考察してもいない。
　ホブハウスは起源に，またローウィは起源と機能の双方に集中したが，しかし両者にとってインセスト問題は末梢的でしかなかった。
　なぜウェスターマークの考えが半世紀以上も普及しなかったかの理由を説明しようとすると，知識社会学の書物が 1 冊必要となろう。キブツの奇妙な事例は，ウェスターマークの考えの試金石を提供する。次章では，この奇妙な事例に立ち戻る。

> 仮説検定のために利用できる最良の機会は,「自然実験」ができる場合に存在する。現地調査において仮説を適用する難しさは,定性との因果関係を精確に規定できないことである。というのも,われわれの尺度のほとんどは,一部の確認された独立変数における組織的変化に関するものではないからだ。いまや自然実験は,社会科学者によってではなく,政策立案者や実務者たちによって操作される非常に重要な変化なのだ。それは,社会工学者の観点よりもむしろ科学者の観点からみて,実験的である。しかし,変化は明瞭で事実上急激であるために,その変化を少なくとも総体的水準で独立変数と同定することになんら問題はないという前提にたてば,それは変化の効果を測定する機会を与える。
>
> ——DANIEL KATZ
> *Research Methods in the Behavioral Sciences*
> (*in Festinger and Katz,* 1953: 78)

5

キブツと養女婚: 母なる自然を惑わすこと

　第1章でしめしたように,インセスト研究における主要な方法論的問題の1つは,核家族を防御するため,あるいは核家族の社会的孤立を阻止するためにインセストが禁止されるとする仮説に,その源がある。家族は説明変数として,インセストの禁止は被説明変数として扱われている。しかしながら,家族をもたない社会,あるいはインセストの禁止をもたない社会をみつけることは不可能であった。この2つの変数は分離できないのだ。

　イスラエルのキブツと台湾の養女婚〔童養女息婚=新婦仔婚〕の事例は,1つの家族メンバーのように行動している人びとが実は家族でないという2つの社会状況を表している。それぞれの事例では,誰もメンバー間の性的関係を禁じていないという事実にもかかわらず,そうした関係は回避されている。それどころか,こうした関係は双方の社会において規範的に望ましいとみなされている。

　これら2つの状況について考察する理論的な意義は,以下の事実にある。すなわち,家族メンバーでない人びとが規範的な自由(キブツの場合),あるいは肯定的圧力(養女婚の場合)にもかかわらず,性的関係を回避するならば,回避の

原因論において本質的であるのは家族の存在ではない。本質的なのは，その状況である。

2つの文化は，それぞれまったく独立している。キブツは，イスラエルにある近代的，計画的，集合的な地域共同体である。養女婚は，台湾の伝統的な農民社会で慣行になっている。文化的拡散の確率は，実際に皆無である。さらにまた，2つの社会状況は完全に異なっている。異なる文化的配置が同じ結果——疑似家族状況下で親族関係のない子どもたちを一緒に保育する結果——を生じさせている。ヴァン＝デン＝ベルジェは，この2事例を「母なる自然を惑わす文化」と呼んでいる。

5.1　キブツ：集団教育

キブツはイスラエルの村落共同体である。最初のキブツは，東ヨーロッパからパレスチナに来たユダヤ人移住者によって1910年に創設された。彼らは，ディアスポラ*におけるユダヤ的生活や，東ヨーロッパのユダヤ人村落の社会構造，そこにおける宗教的で厳格な家父長制*的家族に幻滅していた。彼らは，新しい土地であらたな生活形態を希求した。そして聖書研究，人民主義，マルクス主義の影響下で，彼らは移住の前後の数年間に共同性の程度に関する実験を実施した。パレスチナは，厳しい環境——未開発状態，中世的な技術体系，年配のユダヤ人移住者と現地出身のアラブ人とが反目しあう社会環境——だった。移民たちは，集団的解決策を求め，キブツを建設するためにイデオロギーと現実とを結合した。それは，20世紀においてもっとも成功を収め，そして持続したコミューンであった。1910年に，12人足らずの若者によって創設された最初のキブツから，250ヵ所のキブツが展開し，その全人口は12万人を超えるまでになった（Shepher 1977; Tiger and Shepher 1975）。

長期にわたる実験を経て，キブツは固有の教育形態を実施することに成功を収めた。キブツ・メンバーの第2世代は，彼らが成人したとき，集団生活を「自然」とみなすよう社会化されねばならなかった。そのため子どもたちは，事実上

第 5 章　キブツと養女婚：母なる自然を惑わすこと

誕生直後から，6, 7 人からなる仲間集団単位で保育された。子どもたちは自分の母親からの世話を受けたけれども，彼らを社会化したのは，キブツの教育委員会によって任命された熟練の保母であった。子どもたちは，毎日午後 2 時間だけ親が住んでいるアパートメントで両親と面会し，その後は子どもの家に戻り，そこで両親か保母によって寝かしつけられた。

　わたしは以前，集合的な社会化過程についてくわしく記述したことがある (Shepher 1971b: 51-104; Tiger and Shepher 1975:159-165)。目下の論題にとって重要なことは，1940 年代に第 2 世代が成人期に達したとき，これら第 2 世代の成人たちが互いに性的に無関心であることをキブツのメンバーたちが認識していたことである。キブツのメンバーは，その現象にいかなる特別な意義ももたせなかった。キブツのメンバーにとって，兄弟姉妹のように育てられた子どもたちが相互に性的関心を発達させないのは「自明」で，ごく「自然」なことだと思われた。キブツの人びとは，彼らの生活様式の社会的特異性を強く意識し，これについて大量の文献を発行したけれども，わたしの知るかぎり，この回避現象を取りあげた文献はない。しかしながら，社会科学者たちはそれに注目した。

　1950 年代初頭，アメリカのユダヤ系の学者たちのあいだでキブツに対する関心が突然呼び起こされた。たぶんそれは，1948 年にイスラエルが建国され，その独立戦争におけるキブツの卓越した役割が注目されたために，若いユダヤ系社会科学者の集団がキブツ研究のためにイスラエルを訪ねるようになったことによる（E. Rosenfeld, H. Rosenfeld, Faigin, Spiro, and Diamond）。キブツは，主要な社会的ならびに心理学的理論に挑戦しているように思われた。キブツは無階級社会だと主張したが，デーヴィスとムーアは 1948 年に，無階級社会は機能的に不可能だとする有名な論文を公表した。キブツは，広く受け入れられている心理学的な事実にも挑戦し，母親と子どもは，子どもに障害を与えることなく分離できると主張した。メルフォード. スパイロとその妻は，キブツを訪れ，それにキルエット・ヤディディム（友人共同体）という仮名を付けた。スパイロは，執筆した書物のなかの 1 冊『キブツの子どもたち』(1958) において，回避現象を次のように記している。

１つの重要な特徴は，夫婦はキブツで一緒に育った人たち同士ではないということだ。つねに同一の教育上の仲間集団のメンバーであった学生たちが，互いに性的行動に関わったという事例は，ついぞ知られていなかった［338-339］。
　サブラ［スパイロの用法による第２世代のキブツ・メンバー］のセクシュアリティには，解説が必要な２つの側面がある。第１の側面は，性交渉のためか結婚のためかはともかく，性的な相手の選択にかかわっている。キルエット・ヤディディム出身のサブラがサブラ仲間と結婚した事例も，またわれわれの知る限りでは，サブラ仲間と性交渉をもった事例も，皆無である。もし付加的なデータを参照して，この一般化の後者の部分が正しくないとされるなら，わたしは以下のような再定式化の妥当性を強く確信する。すなわち，同一の教育上の仲間集団出身の人たちが相互に性的交渉をもつ事例はない，と［347］。

　スパイロは，成人になった第２世代についてあまり多くを研究していない。彼が研究対象としたキブツは，1921年に創設されたが，経済上および防衛上の問題のために長期にわたって子育ては妨げられていた。彼の１年におよぶ滞在中には，第２世代のほんの一部が20歳代に到達したに留まり，そのためスパイロの標本はおもに高校生に集中した。「彼らは相互に性的に魅せられていたが，しかし仮説によればこの魅惑を抑制し，したがってそれを表現することもなかった。もしこの解釈が正しいとすれば，彼らが相互に没性的感情をもつと主張するにもかかわらず，なぜ男女一緒にシャワーを浴びることの廃止を高校生時代に主張したかを説明できるだろう［348］」。
　スパイロは，自分のデータあるいは結論をさほど確信していなかったし，実のところ抑制についての彼の証拠は乏しい。スパイロは，「一般的でなく」，また「もっとも社交的で遠慮なく振る舞う」ひとりの男性を引き合いにだしている。その男性は，自分が第２世代の女性に惹かれないことを否定したそうだ。地元の一般女性は，自分が地元の男性に関心がないことをスパイロに認めているが，しかしスパイロは，彼女が地元の男性から魅力的と認められたという感情をもっているという「決定的な印象を得た」。このようにスパイロの証拠はあまりにも浅

第 5 章　キブツと養女婚：母なる自然を惑わすこと

薄であり，なぜ第 2 世代が，スパイロ自身が指摘しているように誰も禁止しなかったにもかかわらず，自らの性的感情を抑制したかは不明瞭である（1958: 220）。
　ラビン（1965）は，不特定多数のキブツ出身の幼児 24 人，学童 38 人，青年 30 人，若年の成人 31 人を抽出して，集団教育の考察を行った。彼らを，モシャブ（モシャブは共同購入と協同出荷ではなく，個人生産と消費に基づく農業協同体；Ben-David 1964; Weintraub et al. 1969 をみよ）の子どもたちと比較したのである。ラビンの主要な関心は，集団的に保育された子どもたちと個人的に保育された子どもたちのパーソナリティ発達であり，インセスト問題は簡単にしか触れられていない。

> 思春期において強化される本能的衝動に対する防衛作用のなかで，性的慎み深さが発達することは十分に考えられることだ。異性の身体を「自由」にみることができるにもかかわらず，性的遊戯や性的接触に関するキブツのタブーと禁止は，厳格でしかも容赦がなかった。こうしたタブーはまず，接触が長年にわたって継続する仲間集団のメンバーに適用される。このタブーは，慣習的な家族における兄弟と姉妹のタブーと似ていなくもない。それはおそらく，キブツにおいて同一集団のメンバー間の結婚がほとんどないという事実に現れている。こうした「インセスト的」関係は，集団外での結婚（他のキブツへの婚出が多い），あるいは都市から配偶者を連れてくることによって回避される［33］。

　ラビンは，仲間集団の外婚をタブーのせいにしているけれども，そうしたタブーの証拠が提示されているわけではない。ラビンは，高校卒業前の性交渉の抑制を仲間集団に特定的なタブーと誤解し，そしてこの性交渉（相手を問わず）の抑制と，子ども期の性的活動の抑制とを混同している。ラビンが働いていたキブツ連盟では，思春期の性交渉は禁止されていたが，しかし子ども期の性交渉は干渉されることも，また禁じられることもなかった。
　ベッテルハイム（1969）もまた，性的な慎み深さに関する分析のなかでインセストを取りあげている。

性交渉と身体については，幼児期からすべてが開放的であった。恥ずべきこととして隠さなければならないことは何もなかった。

実際にこうした仕組みは性的刺激の原因になる。この性的刺激は人びとに性的行動を起こさせる——典型的にはスラムの状況下で「開けっぴろげ」な生活を一緒にする子どもたちのあいだで発生するように——か，あるいは早期からの徹底的な抑制へ，そしてそれゆえ性に対する徹底して潔癖な態度へと導く。しかし，キブツの子どもたちはほとんど選択肢をもたなかった。彼らは自らの身体について「自然的で開放的」であることを求められているだけなので，このことが彼らを性的関係について「うぶ」にさせていると思われる。すなわち，彼らは性交渉をしないだけでなく，まったくそれを欲しないのだ。

実際に，少年と少女が相互に性的に惹かれ，恥ずかしいと感じ，そう感じることを抑圧するよう強いられるのは，彼らが日頃から寝室を共有し，シャワーを一緒に浴びているからである。こうした人たちが（文献が示唆しているように）「兄弟姉妹」であるという理由によるのではない。抑圧はそれほどきちんと作用するわけではないのだ。またそれは，一緒に育った異性と恋に落ちたり結婚したりしないのかと尋ねられたとき，彼らが答える理由でもない。子ども期にトイレで隣り合って用を足した異性と恋に落ちることはないというのがそう尋ねられたときの彼らの答えで，それをキブツの理論も支持している。つまり，これが文献にも認められている1つの説明である。

若者たちが罪意識（したがって恥ずかしさ）を感じるのは，トイレで隣り合って用を足したからでなく，そうして喚起された性的感情のせいである。自分がトイレに座っているところ，自慰行為をしている（そうしたいと思っている）ところ，陰茎が勃起しているところ，生理が来ているところなどを他人がみたときに，自分自身を抑圧しなければならなかった感情のせいである。それは，子どもたちの「多型倒錯的」な性的遊戯を特徴づける他の本能的行動をもちだすまでもなく，自分もまた抑圧しなければならなかった他者の感情——彼や彼女が排泄したり，自慰行為をしたり（そうしたいと思ったり），あるいは陰茎を勃起させたり，生理の始末をしていることを自分がみたときに，自分が他者について抱く感情——のためである [Bettelheim, B. *Children of the Dream*, 1969: 236-238]。

スパイロと同様に，ベッテルハイムは抑圧についての説明を用いる。すなわち，トイレで隣り合って用を足したよちよち歩きの幼児たちは，性的に興奮し，

第5章　キブツと養女婚：母なる自然を惑わすこと

そしてそのことを恥じる，という。にもかかわらずベッテルハイムは，誰が子どもたちに恥あるいは罪を感じさせるのかについて証拠を提示していない。この点では，スパイロが役に立つだろう。たとえば「全標本のなかで，子どもたちの性的活動に保育士の干渉をしめす事例はみつからなかった」[1958: 220]。

われわれの問題に研究の焦点を合わせた最初のイスラエル人は，キブツにおける社会科学的研究の創設者でもあった。ターマン (1964) は，1つの連盟に所属するキブツを代表する12の標本群から，基礎のしっかりした3つのキブツを抽出して考察している。ターマンの研究のために選択された3つのキブツだけが，結婚適齢期にある第2世代の人たちをかなり多く含んでいた。ターマンは125組の夫婦を研究対象とし，その結婚パターンに関する統計量を算出した。婚前の性的関係に関するデータは，ターマンによれば，「結婚に関するデータよりも不完全で，信頼できない」。つまりそのデータは，「誕生時から，あるいは子ども期のほとんどを通じて，共同に社会化された同一の仲間集団のメンバー間では，1例の情事すら，あるいは公に知られた性的関係の1例すら見つからなかった。ごく少数の情事が，異なる仲間集団のメンバー間で起きた」[493] ことを物語っていた。ターマンは，第2世代のメンバー間の結婚に関してはいかなるタブーの徴候も絶対になかった，と記している。こうした結合は，望ましいとさえ考えられていたのだ。

ターマンは，配偶者2人の元々の社会圏間の社会的距離に基づいて，結婚パターンの類型構成をつくり，それを提示した。彼女は論文の残余の部分を，もっぱらその現象の社会的−機能的および心理的−動機的な説明にあてている。彼女は，第2世代の外婚の社会的機能について以下のような結論をしめした。

1. 新規メンバーを補充すること
2. 大規模で強力な親族集団の出現と再編成を阻止すること
3. キブツの下位集団を連結し，世代間のギャップを埋めること
4. 成人期における仲間集団の連帯を弱めること
5. 創発してくる階層体系を弱めること
6. 他の地域社会と連結すること

7. 青年運動との関係を活性化すること
8. キブツと他の社会部門とのあいだのギャップを埋めること

しかし，ターマンが自認しているように，「観察者の観点から制度的パターンの有益あるいは悲惨な結末を列挙することは，行為者の態度や行動それ自体を説明するものではない」[1964: 449]。ターマンは，第2世代の青年あるいは成人のあいだの態度と行動を説明できる一定の制度的機構を列挙している。すなわち，(a) 地域の中等学校および職業学校，(b) 青年運動の活動，(c) キブツにおける訓練集団，(d) イデオロギーのセミナーと再教育講座，である。

これらすべての機構は，第2世代の青年たちに受け入れられうる価値を習得した配偶者候補を含んでいるかもしれない。しかし，ターマンの論文においてさらに重要なのは，個人たちがなぜ外婚という制度的パターンに従って行動するかの説明である。社会化過程が，彼らのなかに以下の価値を植えつける。すなわち，

1. 仲間集団という共同領域と，家族という私的領域との相違の認知
2. 仲間集団内の異性間にしめされるエロチックな感情の欠落
3. 親密さとプライバシーを求めて性生活および家族生活に戻ること
4. 個性への欲求
5. 両親への忠誠と，革命イデオロギーへの忠誠とのバランスをとる必要

ターマンは，1つの警告をつけ加えている。「これらの結果は暫定的であり，大きな警戒心をもってみるべきである」[1964: 495]。

わたしは自身の研究を開始したとき，ただ1つのキブツについてだが，そこの青年たちのあいだの婚前の性交渉を観察できることになっていた。しかしわたしは，3つの大規模キブツ連盟で結婚パターンについてのデータを収集できる機会を得た。そこでは，中心になりつつある第2世代の97.5％がカバーされるはずであった（残りの2.5％は宗教的キブツで生活しており，そのデータは利用できなかった）。遭遇することになる方法論上の困難は，十分に承知していた。つまり，

第5章　キブツと養女婚：母なる自然を惑わすこと

結婚は性交渉に基礎をおくが，しかし性交渉が結婚を帰結するわけではない，ということだ。211ヵ所のキブツから結婚に関する信頼しうるデータを入手することができたが，婚前の性交渉について信頼できるデータが得られたのは，わずか1つのキブツからだった。しかしながら，そのキブツ（これをわたしは「ヤアラ」と呼ぶ）での婚前の性行動パターンは，そこでの結婚パターンと同じであった。さらに，「ヤアラ」の結婚パターンは，他のキブツでのそれと近似していた。こうしてわたしは，すべてのキブツでの婚前の性行動パターンは「ヤアラ」におけるそれと類似していると想定することができたのである。この系統の推論は，結婚が形式的で公的であり，正確に記録されるのに対して，婚前の性交渉は私的かつ内密にされるという事実に内在する方法論的問題にとって，最良の解決策であった。

「ヤアラ」における第2世代42人の青年および成人における婚前の性交渉に関するデータは，同一の教育集団（kvutza）で保育された子ども同士のエロチックな行動が1事例でないことを明らかにした。異なる仲間集団で保育された第2世代の個人間に，異性愛活動の1事例がみつかったが，その男性は相手の女性よりも4歳年長であった。（そこで生まれたのでなく）生後何年かが経過した後に仲間集団に参入した少年や少女の場合，仲間集団メンバーへの異性愛的魅力は強く，しかも他の関係よりも選好された。このことは，抑止要因が年齢差の欠如でもなく，小集団における配偶者候補の人数でもないことをしめしている。

「ヤアラ」での結婚は，同じパターンをしめした。仲間集団内で結婚した男女は皆無だった。男性が7歳になってからそのキブツに参加した1例を除き，仲間集団間の結婚もなかった。ほとんどは，当該のキブツ外，つまり別のキブツもしくは都市出身の相手との結婚だった。ヤアラにおける婚前性交渉と結婚の両パターン間の相似性は完璧である。

全標本の結婚パターンについての考察は，コンピュータ分析に委ねられた。コンピュータは，地元の人たち同士の結婚をみつけ，そしてそれらを配偶者間の年齢差別に序列化した。1つの仲間集団における年齢幅は2年を超えないことを考慮すると，年齢差が2歳以内の夫婦は，同一の仲間集団のメンバーである可能性

77

をもつと考えられた。わたしは3つの連盟それぞれにおいて年齢差が2歳以内である20組の夫婦をみつけ，各夫婦が同一の仲間集団で社会化されたかどうかを確認するため，彼らの名前を各連盟の社会学研究施設に送付した。夫婦のうちのほとんどは，同一キブツの別の仲間集団の出身者であった。しかし14組の夫婦は同一の仲間集団の出身者であり，連盟別の分布は，第1連盟で4組，第2連盟で4組，そして第3連盟で6組であった。これらの夫婦に対して私は文書を送達し，それに対する彼らの回答が明らかになってきた。そうした回答のいくつかを紹介すれば，以下の通りである。

109411と109412の夫婦の場合
1,054組の夫婦のうちわれわれが特別な「4分の1」に属していることに興味を感じたので，質問にお答えしたいと思います。あなたの質問に関して申しますと，われわれは小学校3年生になるまで一緒にいたことはありませんでした。われわれの仲間集団はわれわれの3年生時に合流し，それからモサダ中学まで一緒に過ごしました。わたしの妻は彼女の両親と共に外国に移り，そこに1年半ほどいました。

このようにこの夫婦は，幼児期に同一仲間集団に属していなかった。彼らが8歳から9歳のときに彼らの仲間集団が合流し，その後彼らは4, 5年のあいだ一緒に生活した。

0109103と0109104の夫婦の場合
ご質問にお答えする前に，いくつかの事実についてお伝えします。わたしの妻は第7キブツで生まれましたが，しかし3歳の時に両親と一緒にハイファに移住しました。2年生時，つまり7歳の時に彼女の家族はわれわれのキブツに加入し，それ以来われわれは一緒に生活しました。
追伸 9歳になったとき，わたしは現在の妻に，大人になったら結婚しようと打ち明けました。ところが，彼女はわたしの告白にまったく関心をしめしませんでした。……通学していた時期，われわれはネコとネズミのおいかけっこをして遊びましたし，またよく喧嘩もしました。われわれは，軍隊に入った際に再会をはたし，満期除隊後に結婚しました。

第5章　キブツと養女婚：母なる自然を惑わすこと

　　　　興味深い事例を1つお知らせします。われわれのキブツには，空軍のパイロット訓練コースを首尾よく修了した3人の男性がいます。その全員が仲間集団の女性と結婚しています。彼らは，その女性たちと子ども期から高等学校終了時まで一緒に生活していました。　　　　ご成功を祈ります

この興味深い事例は，同じキブツ育ちの配偶者をもつ別の結婚についても記述している（この「興味深い事例」は，わたしを刺激してさらなる探求に向かわせた。Shepher 1971b をみよ）。

　　0215041 と 0215042 の夫婦の場合
　　　あなた方を失望させることになり申し訳ありませんが，あなた方の調査に手違いがあったのでしょう。われわれは同一集団の出身者同士ではありません。夫は年長集団で教育を受けました。われわれのあいだには1ヵ年の年齢差があります。9年生（14歳か15歳）になるまで，2つの集団には接触がありませんでした。　　　　　　　　　　　　　　　　　敬具

　　0210051 と 0210052 の夫婦の場合
　　　ここにあなた方が求めていらっしゃる情報があります。わたしと妻は，双方が4年生の時，つまり9歳になって出会いました（第10キブツは，メシャド・キブツの分裂後，2つのキブツによって設立されました）。それ以来入隊するまで，われわれは同一仲間集団にいて，その間は，2週間以上キブツを離れたことはありません。

これは，学童期（子ども中期）に出会った仲間集団メンバー同士の別の結婚事例である。
　第3連盟は，さらに興味深い事例を報告している。0308145 と 0308146 の夫婦の場合である。

　　　　わたしたちは，乳児の家でも幼児の家でも一緒だったことはありませんが，4歳の時，同じ幼稚園に入園しました。その幼稚園には，3つの年齢集団の合計26名の子どもたちがいました。わたしたちは学校でも一緒でし

> た。夫は，幼稚園にいたとき半年間，両親と一緒にキブツを離れたことがあります。
>
> 　　　　　　　　　　　　　　　　　　　　　　　　　　　　　　敬具

　これは興味深い事例である。この夫婦は出生後4年間，同一の仲間集団で社会化されたわけではなかった。しかし彼らは，3つの別の年齢集団に分けられる他の24人の子どもたちと共に約1年半，同じ幼稚園で過ごした。
　それとは対照的に，03026013と03026014の夫婦の場合，

> わたしたちは，乳児の家でも幼児の家でも一緒でした。3歳を過ぎたとき，われわれの集団は分離されました。そのキブツには2つの幼稚園があり，それぞれには15人の子どもがいました。わたしたちは学校で再び一緒になりました。2人とも，ある程度長期にわたってそのキブツを離れたことはありません。

この夫婦は，生後6年間のうち，最初の半分を一緒に過ごしたが，後の半分は離れていた。
　境界的な14事例は，表5.1に要約されている。14事例中，配偶者同士が生後6年までのいずれかの時点で同一仲間集団にいたのは5事例のみであり，しかもそのうち，6年間ずっと一緒に社会化された事例は皆無であった。つまり，同じキブツで生まれた配偶者同士が，中断することなく一緒に社会化された事例は1例もなかったのである（211キブツにおける2,769組の夫婦に関する完全データはShepher 1971b: 142にしめした）。すべてのキブツにおける結婚パターンは，ヤアラのそれと類似している。つまり，同一仲間集団内での結婚は存在しないのである。わたしの仮説は実証された。そうだとしても，そのデータはいったい何を意味しているのだろうか。そしてわれわれは，それをどのように説明すればよいのだろうか。
　ここには，ウェスターマークによる本能的回避理論を支持する強力な事例があるとみなされる。1つの社会化体系を共有したイスラエル全土におよぶ大規模な人口集群において，生後最初の6年間，持続して一緒に育てられた男女のあいだ

第 5 章　キブツと養女婚：母なる自然を惑わすこと

表 5.1　境界事例の要約　準仲間集団内の夫婦

	乳児期 0	幼児 1 2 3	幼稚園 4 5	小学校 6 7 8 9 10 11 12 13	高等学校 14 15 16 17 18
A				-------------------	------------------------
B				-------------------	------------------------
C					別々の仲間集団
D				-------------	
E					------------------------
F					
G				-------------	
H					------------------------
I					------------------------
J					
K	--
L		--
M		--
N	--

注：------ = 持続した共同社会化，-・-・- = 中断した共同社会化

の結婚はみいだせなかった。この回避と嫌悪は，禁止あるいはタブーのせいにはできない。わたしの現地調査は，スパイロとターマンがかつて考えたことを実証している。すなわち，第 2 世代のキブツ育ちの人たちのあいだの結婚は，それへのタブーがないにもかかわらず，みあたらないのだ。それどころか，こうした結婚は親やキブツの他のメンバーによって選好されていたとの証拠がある。選好される主たる理由は，同じキブツで育てられた配偶者同士は他所に定住する可能性が少ないだろうということである。たとえ生殖器の交接におよぶとしても，仲間集団間における子ども期の性的遊戯が，親や教師によって罰せられることもなかった。以下は，わたしの現地調査ノートからの抜粋である。

　　　離乳児の家の子どもたちは，24 時間のうち 22 時間も仲間たちと一緒にいる。彼らはほとんどなんでも一緒に行動する。一緒に食事をし，便器，後にはトイレを共に使い，入浴し，一緒に遊ぶ。2 人の子ども，とくに異性の子ども 2 人は，身体による接触を頻繁に繰り返す。子ども同士の身体

接触がどれほど行われているかの数量的証拠はないが，異性接触の頻度は，看護師や親が報告するよりもずっと多いために，わたしやわたしのインフォーマントには，同性接触よりも異性接触のほうが頻繁であるように思われた可能性はある。看護師も親も，またどんな大人も，それに干渉しない。幼児の家では，ベビーベッドがベッドに置き換えられるが，少年が少女のベッドに，また少女が少年のベッドにいることもしばしばである。そのようにしている子どもたちに対して，看護師による反応はなく，彼女はその親たちに，あれはほんの冗談ですよという。

　　看護師「わたしは今朝，イホラムがティムナのベッドの中にいるのをみました」。

　　イホラムの父親「奴はなんとませているんだ！　ダン（ティナムの父親）の所に，われわれはもうすぐ親戚になるかもしれないといいにいってこよう」。

　フォックス（1962: 132）は，仲間集団メンバー間におけるこの性的魅力の減退を，負の補強因の結果として説明しようとした。彼は，性的に興奮した子どもたちは安堵感をまったく得られず，したがってひどくイライラする，と推測している。しかし子どもたちは，幼児期から潜伏期*まで性的遊戯にふける。子どもたちは，こうした出会いに苦しむどころか楽しんでいるようであり，したがって繰り返しそれにのめり込んでいく。

　わたしのデータは，ソープ（1964）が指示し，広く受け入れられている刷り込みについての定義にあてはまる。刷り込みは，ある決定的な時期に限定され，環境における諸要因の集合によって引き起こされる。わたしのデータでは，決定的な時期が幼児期であり，子どもたちのスキンシップが環境的状況を構成している。ひとたび刷り込みが完成すると，それは非常に安定し，おそらく不可逆的である。確かにわれわれは，再婚でも３回目の結婚でも，同一仲間集団内の配偶をみつけることはなかった。刷り込みそれ自体は，６歳までに完了し，性的回避は14, 5歳までは現れない。さらに刷り込みは，種に広くいきわたっている特徴についての超個人的な学習である。キブツ運動のような画一的に制御された状況においては，例外がみいだされていないけれども，この事実だけでは，ソープの第４の要件（種の広汎な特徴）の証明にはならない。1971年にわたしのデータが出版されて

第 5 章　キブツと養女婚：母なる自然を惑わすこと

以来，わたしのデータにもわたしの解釈にも一致しない例はわずか 1 例しかみつかっていない。カフマン（1977）は，性革命は自らに課した外婚を廃止しなかったと認めているけれども，「集団内に絶対的な性的禁欲の示唆があったとはいえない」と主張している [216]。彼は青年たちの「赤裸々な報告」を引用している。その報告によると，同一集団の少年と少女のあいだに性的無関心，回避，あるいはインセストの嫌悪は存在しない。彼は，以下のように，仲間集団内で持続するロマンチックな関係や結婚の稀少性を説明する。

1. 集団は小さく，ふつうは 16 人以下である。したがって，その選択範囲は集団外でパートナーをみつける可能性と比べて限られる。さらに，少女はより早く成熟するので，自分の核的集団内でパートナーをみつける確率は限定される。
2. 心理学的にいって，習慣，態度，そして幼児期から同一の集団内で育てられた仲間によって演じられる役割についての期待を逆転させることは難しい。
3. 日常生活を共にするなかで培われる仲間集団内関係の親密さは，仲間への性的魅力を排除しないとはいえ，ロマンチックな愛情の重要な要素である錯覚，興奮，相互的な理想化を促進しそうにない。恋に落ちるほとんどの青少年は，ロマンチックな興奮の波と愛する異性を理想化することによって我を忘れる。共通する日常のルーティンと日々親密であることの年月は，ロマンチックな期待と盲目的な熱情の発達にほとんど役立たないと思われる [216]。

しかし，彼の説明には欠陥がある。第 1 に，ランダムな配偶の条件下でさえも，仲間集団内の配偶は低いかもしれないものの一定の割合で発生するだろうが，しかしそれはまったく見いだせなかったのである（たとえば，5 つの連続する年齢集団がランダム配偶の母集団であり，各集団が 4 人の男性と 4 人の女性をもっていると仮定すると，仲間集団内での結婚が生じうる割合は 400 分の 16，つまり 4％である）。さらに，結婚が外婚的である場合，少女は同年齢のパートナーか，あるいは年下のパートナーとすら結婚する。カフマンの第 2 点は，わたしの議論を強化し，彼の議論を弱めると考えられる。彼の第 3 点は，6 歳以降に同一仲

83

間集団で一緒に育てられた者同士の結婚事例が多くあることによって否定される。ロマンチックな愛情への障害の決定的な要因が日常的な接触であるとすれば，日常接触をつづける12年間は，どのようなロマンチックな愛情も壊すに十分な年月だろう。リビングストン（1980）は，カフマンの疑問を支持している。ビクスラー（1981b）は，リビングストンの議論に致命的な過誤をみつけている。「彼ら（シェファーとウルフ）の研究の否認は，不合理な推論を別にすれば，そっと扱われるべきである」[274]。

5.2 養女婚

キブツのそれとは完全に違うある社会装置が，兄弟姉妹インセストの回避を説明するウェスターマーク仮説にとって証拠となるもうひとつの「自然実験」を提示している。人類学者のP. ウルフは，一連の出版物（Wolf 1966, 1968, 1970; Wolf and Huang 1980）において養女婚の事例を提示した。

ウルフは，台湾北部の北后店村で福建語を話す中国農民の民族誌的研究を実施した。その調査で彼は，中国本土南部におけると同様に，3つの主要な結婚形態のあることを見いだした。すなわち，夫方居住婚*，妻方居住婚*，養女婚である。妻方居住婚はまれで，花嫁の家族に息子がいない場合に行われ，花婿が花嫁の家屋に移り住む。この型の結婚では，夫方居住婚と同様に，夫婦は互いに成人してから出会う。ウルフは，この2つの型の結婚を「通常の」結婚と指示している。他方，養女（幼い嫁）婚は，将来の花嫁との養子縁組から始まる。通常，彼女は3歳以下，時には1歳になっていない場合もある。将来の義母（姑）は，この幼い少女を息子，つまり将来の花婿と一緒に育てる。

　　　少女がその家族に加入したときから，彼女と少年は1日のほとんどを一緒に過ごすようになる。7歳もしくは8歳時まで，彼らは息子の両親と共に同じ畳敷きの部屋で眠り，一緒に食事をとり，一緒に遊び，他の子どもたちも一緒に同じ浴槽で入浴する。彼らは同じ畑で働き，また同じ学校に通って勉強する。10歳か11歳になって，自分たちの法的身分の意味を知

第 5 章　キブツと養女婚：母なる自然を惑わすこと

るようになると，彼らは互いに避けるようになるが，しかしそれは社会的に命じられたことではない。「それは，彼らがきまり悪いと感じるからにほかならない」。その社会全体に関するかぎり，彼らは，夫と妻だと指名されるまで，兄弟姉妹として自由に振る舞えるはずである［Wolf, A. P., "Childhood Association, Sexual Attraction and the Incest Taboo: A Chinese Case." *American Anthropologist* 1966, 68: 884］。

彼らは成人に達すると，質素で目立たない儀式のなかで結婚する。この儀式はふつう，旧暦の大晦日に挙行される。家長は，息子と養女に，これ以降彼らは夫婦なのだと告知する。その夫婦は，極度な嫌気といえる反応をしめす。

> わたしは，インフォーマントに夫婦の反応を描写するよう求めた。1人の年配の男性は，自分は，結婚したばかりの夫婦が逃げ出さないように棍棒をもって彼らの寝室の扉の外で見張っていなければならなかった，とわたしに語った。別の男性の養女は，実家に逃げ帰り，婚家に戻ることを拒否したが，父親に殴打されてようやく戻った。息子のために養女婚を調整した3番目のインフォーマントは，彼らの反応を次のように話した。「わたしは，杖で脅して彼らをそこに入らせ，彼らがそこから出ないように杖をもって扉の前に立っていなければならなかった」。こうしたことは，一般的というよりもむしろ例外的であるが，しかし証拠としては特別に重視される。わたしが話をしたほとんどの人は，父親が息子と養女に同じ寝室を使わせるために彼らを叩いたという事例を少なくとも一度は聞いたことがある，と述べている。そうしたことが通常の結婚の場合に起こったと聞いたことがあるかどうかと尋ねると，彼らはただ笑うだけだった［Wolf, A. P. "Childhood Association and Sexual Attraction: A Further Test of the Westermarck Hypothesis." *American Anthropologist* 1970, 72: 508］。

ウルフは，こうした結婚を成就することへの夫婦の嫌気について，ありうる社会学的説明を注意深く排除した。彼は，次の5つの説明を精査し，そしてそれらを拒絶している（1966, 887-888）。

1. 養女婚の拒絶は，親の過剰な権威に対するより一般的な拒絶の下位カテゴリーである。

2. 養女婚は,「通常の」夫方居住婚に比べて低い社会身分で行われる。
3. 養女婚をすることによって, 若い人びとは重要な儀式的な出来事で中心的な役割をはたす機会を失う。
4. 「通常の」結婚は, 養女婚よりも重要な物質的な利点をもつ。
5. 「通常の」結婚は, 社会的経済的意義をもつ同盟をつくりだすことによって, 養女婚よりも重要な戦略的利点をもつ。

彼の結論は, 夫婦の嫌気の原因はセクシュアリティの領域にあるというものである。つまり, 若者たちは互いに性的な魅力を感じないということだ。彼はこの結論を支持する広汎な証拠を提示している。

ふつう, 親の強制力は夫婦の嫌気に勝り, だから夫婦は結局のところ結婚生活に入るが, 性的魅力の欠如——ウルフはこう仮定する——は頻繁な婚外関係を結果することになる。ウルフは, 異なる結婚パターン別に, 男性（夫）の売春宿通いについての調査を実施している。その結果, 養女婚をした男性は他の形態の結婚をした男性よりも「売春宿」を訪ねる傾向の高いことが確認された（表5.2）。その相違は.01の水準（$df = 2 ; X^2 = 9.1$）で統計的に有意だった。彼はこれと同じ相違を, 愛人のために妻を顧みない夫を調査した際にも見いだしている（表5.3）。その相違は.001の水準（$df = 2 ; X^2 = 17.66$）で統計的に有意だった。

中国人の場合, 既婚男性の婚外関係はきわめて一般的だが, 既婚女性のそれはきわめてまれである。ウルフは, 近くのある地域から女性の婚外関係に関するデ

表5.2　北后店村における売春婦の利用, 結婚パターン別

	売春宿へいく N	売春宿へいかない N	合計 N
夫方居住婚	10	60	70
妻方居住婚	4	22	26
養女婚	11	12	23
合計	25	94	119

注：「夫方」はかつての「父方」に代わる用語。

第5章 キブツと養女婚：母なる自然を惑わすこと

表5.3 北后店村における内縁関係，結婚パターン別

	内縁者と同棲 N	同棲者なし N	合計 N
夫方居住婚	3	67	70
妻方居住婚	2	24	26
養女婚	8	15	23
合計	13	106	119

表5.4 台湾北部における女性の不貞，結婚パターン別

	養女婚	主要な結婚
合計女性数	127	159
不貞をしている数	42	18
不貞をしている%	33.1	11.3

ータを収集しており，表5.4にはそのデータがしめされている。

　同一の傾向が，他の2つの指標にしめされている。ウルフは，もし性的魅力が欠けているのなら，養女婚が離婚に至る頻度は通常の結婚よりも多いと仮定した。彼はまた，養女婚での出生率は，通常の結婚でのそれよりもかなり低いだろうと述べている。彼の知見は次のようであった。養女婚のうち24.1％は離婚もしくは別居に至ったが，対照的に通常結婚でのそれは1.2％であった。また養女婚をした女性の出生率は，通常結婚で結婚した女性のそれより約30ポイント低かった（Wolf 1970: 511, 513）。ウルフは，台湾北部の1905年から1945年までの世帯台帳を取得することに成功した。1,478家族に関するその台帳は，日本統治下において保管されていたものだが，ここからも，養女婚の妻が出産する割合は他の結婚をした妻より30ポイント低いことがわかった（Wolf and Huang 1980）。

　このように証拠は多すぎる感がある。にもかかわらず，性的嫌悪についてのウルフの心理学的説明を読むと，いくつかの疑問がでてくる。

フランク．ビーチは，本能的行動と生殖活動についての再検討において，「哺乳動物のオスは，以前に罰を受けた環境での交尾に失敗することがしばしばある。実験の対象になった結果'神経症的'になった犬は，実験が行われた部屋に入れられた発情中のメスになかなか反応しないが，同じオスが犬舎では容易に交尾する」と記している（Beach 1951: 408）。こうした知見は，彼らが一緒に社会化された事実それ自体が，同一家族で成長した人びとの相互的嫌悪を説明できる可能性を示唆している。社会化過程は，必然的にかなりの罰と痛みを含んでおり，一緒に社会化された子どもたちはこの経験を互いに関連づけざるをえない。ネズミや犬のような哺乳動物は，自分の置かれた環境をその物理的な特徴で識別するが，人間はふつう自分を取り巻く環境を，主として自分と交流した人びとによって認知する。だから，家族の文脈での経験が家族という概念によって一般化されると仮定することは，理にかなわないわけではない。

　この考えは，もう一歩先に進められるかもしれない。同一家族のメンバーとして成長した子どもたちは，一緒に社会化されただけでなく，お互いに関係し合って社会化されてもいるのだ。子どもの社会的世界は概してその親と兄弟姉妹から構成されているという単純な理由で，子どもが自分の衝動を統制するよう学習するのは，通常，こうした人びととの関係においてである。親は，子どもに「他人」をぶってはいけないというかもしれないが，子どもがもっとも頻繁に罰せられるのは，親や兄弟姉妹をぶったときである。子どもは，強い自然的衝動を充足させるために，家族メンバーの活用を含む多くの状況で予期的な罰や痛みを学習するといえるだろう。その際親が，家族の他のメンバーに性的接近をする子どもを罰するかどうかにかかわらず，その子どもの経験は，家族メンバーに関してある衝動を充足させるのは危険であることを教える効果をもつはずである。われわれに唯一必要なのは，性交渉や攻撃性のような自然的衝動は一般化の基盤として役立ちうるような共通の主観的要素をもつと想定することだけである。すべての人間社会では，子どもは家族の他のメンバーに対する攻撃的な強い衝動を制御することを学習するよう要請されるので，どの社会の人びとも，家族内で性的欲求を充足する可能性への嫌悪をしめすと予想できよう［Wolf 1966: 892-893］。

　2つの説明がうまく整合しない事実に加えて，この説明はキブツの事例にもあてはまらない。集団的教育制度において，体罰はきわめて稀である。厳格で自由

第5章　キブツと養女婚：母なる自然を惑わすこと

主義的な看護師によって育てられた仲間集団間に，相違はみられない。キブツの子どもたちは，家族で育ったわけではないし，性的接近が罰せられることもなかったにもかかわらず，思春期に到達したとき互いに性的に回避する。それでもウルフは，キブツ研究の事例に気づき，1966年の論文の中では，フォックス(1962)，ターマン（1964），スパイロ（1958）を引用している。

しかしながらより重要なことは，共同に社会化された夫婦の年齢に関するデータが欠落していることだ。ウルフは1968年の論文のなかで，1979年に福州にあるキリスト教系の学校を訪問したことを記述した女性伝道師の言を引用している。その婦人は，女の赤ん坊を抱いている8歳の少年に出会い，その赤ん坊は妹かと少年に尋ねたそうだ。恥ずかしがり屋の少年は答えなかったが，その兄が「彼女は彼の妻です」と答えたという。もし負の刷り込み仮説が正しいとすれば，わたしは，その少年は問題なく彼の結婚を完全なものにさせるだろうと思う。

ウルフがもし共同に社会化された子どもたちの年齢に関するデータをもっていたなら，彼の証拠におけるかなりの変異を説明できたはずである。養女形式で結婚した男性の52％，女性の67％が婚外の性関係をもっていないことは，8歳の少年と赤ん坊の妻のように，彼らの年齢がその配偶者の年齢とかなり開いて（4歳以上）いたのかもしれない。ウルフは，いくつかの地域では40ポイント強ほど，養女婚は出生力を弱めると論じている（Wolf 1968: 865）。だとすると，台湾人口の高出生力はどのように説明できるのだろうか。ウルフは，1905年から1925年のあいだに行われた結婚を分析している。平均的な中国女性は15歳以前に第一子を産むことがないとすると，1920年以降の台湾人口に生じたことを知ることができる。1925年から1935年のあいだに，台湾の人口は3,655,308人から5,212,426人に増加しているのだ。各年の自然増加率は，ほぼ3％であった (*Encyclopaedia Britannica,* 1959, Vol.9, 521)。

こうしたことはすべて，ウルフによって記述されたパターンにあてはまるのは養女婚の一部（その割合は不明）にすぎないことをしめしている。ウルフが取り上げたパターンはおそらく，配偶者たちが，負の刷り込みにとって決定的な数年を共同で社会化された事例なのだろう。その結果が，成人期における性的嫌悪あ

るいは無関心なのである。いくつかのオーストラリア先住民文化では，将来の妻は夫の家族によって育てられる。配偶者間のかなりの年齢差のせいで，性的嫌悪の問題は起こらない（Hart and Pilling 1960）。

5.3 まとめ

われわれは，2つの文化的に定義された社会状況がどのようにして2つの自然実験をつくりだしてきたかを考察してきた。それらの実験は，核家族のようなパターンが，血縁関係による核家族の範囲を超えることのシミュレーションであった。そのシミュレーションは，「母なる自然を惑わす」ものであった。その結果は，キブツの仲間集団の少年と少女，養女婚を行う花婿と花嫁が本当の兄弟姉妹のようであったということだ。これらの子どもたちは，思春期に達したとき互いに性的に無関心であった。彼らは，互いを配偶者として受け入れることができず，どこか別のところで性的パートナーを求める。キブツでは内婚が高く評価され，また台湾では当該夫婦に重い社会的文化的圧力が加えられるにもかかわらず，こうしたことが起こるのだ。

こうした自然的実験の理論的意義はきわめて大きい。兄弟姉妹のインセストは，生物心理的な機構によって前文化的に回避される。この機構は，種を特徴づけている統計的に広く普及している社会状況によって引き起こされる。ウェスターマークは，少なくとも兄弟姉妹のインセストについては，正しかった。

> 要するに基本的な疑問はこうなのだ。全般的にいって，なぜ人間はインセストをさほど望まないのか。ほとんどの人間はおそらくインセスト的結合にのめり込みはしないのだが，なぜ圧倒的多数の社会では，人びとがそうした結合を阻止するために，漠然とであれ苦労をするのか。われわれが殺人を大いに嫌う理由はたぶん明白であるが，しかし，われわれがもっとも愛している人とセックスしないのはなぜなのか。その思いは，少なくともわれわれを不安にさせるし――とはいえわれわれは少数の高貴な特権身分の者にはそれを是認するかもしれない――，またそれは最悪の場合われわれを恐怖で満たす。不安と回避は，より激しい裁可によって我慢させられるさほど激しくない欲望，あるいはタブーの力によって抑制される強い熱情の共通分母であるかのようだ。普遍的な根源的現象は，われわれの不安を和らげる自然さなのかもしれない。
>
> ――ROBIN FOX
> *The Red Lamp of Incest*（1980: 8-9）

6 インセストの生物社会的な理論開発への貢献

　この章でわたしは，インセストについての生物社会的な展望に関連する最近25年間の科学者たちの貢献を考察する。これら研究者の多くは，社会生物学者と名指しされたならば，たぶん抗議するだろう。それでも，わたしの見方からすれば，彼らはインセストの生物社会的な理論の形成に大きく貢献した。彼らの全員が，社会文化的変数をインセスト規制の決定的な要因とみなすことを拒絶した。彼らは，インセスト規制の有益な結果と起源とを同一視する素朴な機能主義を批判した。彼らはその対案を提示し，一般に人びとは，たとえ禁止されないとしても，インセストを冒さないだろうという結論に達した。彼らは比較可能な動物の証拠にあえて注目した。そして人口誌的データを分析し，複数の文化を比較し，前文化的な仮説を検定したのである。彼らは，そもそもインセストが回避されるとするなら，なぜ禁止が必要かという疑問に対する解答は，学習性向を指示する生物的な諸素因の共進化過程のどこかにあると予測した。

3人の科学者，すなわちR. D. アレグザンダー（1974, 1975, 1977, 1979, n.d.），P. ヴァン＝デン＝ベルジェ（1979, 1980a, 1980b ［with Mesher and in press］），および R. H. ビィクスラー（1980, 1981a, 1981b, 1981c）は，ここでの考察からはずされている。彼らの思考はわたし自身の思考とほぼ同じなので，彼らの研究についての議論は次章に組み込むことにした。

6.1 ミリアム. クライセルマン. スレーター：人口誌的説明

ミリアム. クライセルマン. スレーターの論文「インセストの起源に関わる生態的要因」は，1959年に［人類学の専門誌］『アメリカン・アンソロポロジスト』に掲載された。彼女は人口誌的という語の代わりに生態的という語を使用しているが，しかし彼女は人口誌学をインセスト問題に適用した最初の研究者ではなかった。ウィルソン. D. ウォリスは，1950年，『アメリカン・アンソロポロジスト』誌の編集者に宛てた手紙のなかでレスリー. A. ホワイトの有名な論文を批判している。ウォリスは，その確率計算は間違っていたけれども，各6人の子どもをもつ家族たちという仮定的状況において，ありうる性別分布のせいで，子どもたちのほぼ3分の1は婚出しなければならないことを立証した。1家族あたりの兄弟姉妹数が少ないほど，外婚の割合は上昇する。死亡率，子どもの出生間隔，男女の出生順位などの付加的要因が，さらに兄弟姉妹のインセスト確率を低くする。ウォリスは，重要な結論に到達した。すなわち「そうだとすると，その利点についての認知が，この広く普及している型の［外婚的］結婚をもたらした可能性が高いといえよう」［278］。

スレーターの研究は，ウォリスのそれよりも裏付けがあり，また徹底的である。彼女は方法論的な根拠に基づいて，インセストについてのホワイト，セリグマン，レヴィ＝ストロースの理論的アプローチを批判した（以下の第8章と第9章をみよ）。彼女は，アリストテレスの4原因論を応用することによって，4つの理論が何か実質的なことを説明しそこなったと結論づけている。スレーターは，彼女が交互作用理論と呼んでいるものを用いることによって，ある文化パターン

第6章　インセストの生物社会的な理論開発への貢献

の発達においては，まず先に行為があり，その後に，有用かつ共通な行為をめぐって価値が結晶化すると論じる。

　次なる疑問は，どのような種類の動物が，親や兄弟姉妹を配偶相手として回避するという配偶行為のパターンを発達させるのか，ということである。その答えは，生態的理由から親および兄弟姉妹のなかに配偶相手を見つけることができない動物，である。スレーターは，原初的な人間の人口誌的特徴に目を向け，以下のような共通の特性をみつけた。すなわち，(a) 短命な生涯，(b) 思春期女子の不妊，(c) 長期の育児と授乳期間中の黄体刺激ホルモン*による女性ホルモン物質*抑制のための出生間隔の広さ，そして (d) 乳幼児死亡率の高さである。

　こうした事実から，スレーターは2つの図式を組み立てた。1つは，初潮時年齢15歳，思春期不妊期間2ヵ年，授乳期間2ヵ年，に基づく。第2の図式は，初潮時年齢13歳，不妊期間なし，そして授乳期間2ヵ年，に基づく。子どもは，最初の図式では4年間隔で，第2の図式では3年間隔で生まれる。スレーターは，正常な性比，子どもの死亡率50％，平均寿命35年を仮定したうえで，妥当な結論に到達した。すなわち，母親と息子のインセストは前者の体系ではほとんど不可能であり，第2の体系ではきわめて起こりにくいということだ。父親と娘のインセストは，母親と息子の場合よりも起こりやすい。父親は娘を妊娠させた後に死亡するかもしれないが，父親が死んでしまうと，授乳中の母親とその子どもを保護する男性はいなくなり，その子どもも死んでしまうかもしれない。兄弟と姉妹のインセストは，男女の出生順位に大きく依存する。兄弟姉妹間の配偶は，3つのインセスト的ダイアドのなかでもっともありうることだが，しかしそれは外婚よりもはるかに頻度が低いだろう。

　スレーターは議論を要約するなかで，「協同的な結合は配偶パターンによって決定されるのであって，その逆ではない」[1058]，また配偶パターンそのものは生態的特徴によって形成されると結論づけた。（スレーターは一貫して人口誌学の用語を回避し，生態学の術語を採用する。しかしその議論におけるいくつかの重要な変数——たとえば性比——は，生態学とほとんど関連しないという事実を無視している）。スレーターはまた，コマンチ族とタレンシ族を事例として，彼

らがどのようにしてインセストを不可能で，また信じがたいと考えているかを説明しようとした。スレーターの研究が重要であるのは，阻止の決定的な機構が取り入れられ，注目されているからである。

6.2 ロビン．フォックス

　ロビン．フォックスは，ほぼ20年間にわたってインセスト研究に専念した。彼は，最初の論文「兄弟姉妹のインセスト」(1962) につづいて，いくつかの論文 (1967a, 1967b, 1967c, 1968, 1972) と『インセストの赤ランプ』(1980) と題する書物を公表した。『インセストの赤ランプ』は，彼のそれまでの研究を要約し統合したものである。フォックスの著述は，精神分析学への強い関心，新ダーウィン主義進化論のほとんど弁解がましい受容，そしてフロイト，ウェスターマーク，レヴィ＝ストロース，マルクス，ピアジェ，グーディによる諸理論を総合しようとする願望をはっきりしめしている。1980年の書物にはフォックスのインセストに関する公開済みの研究すべてが網羅されているので，それをわれわれの議論の焦点に据えることにする。

　フォックスは，フロイトとウェスターマークのあいだの埋めることの難しい亀裂に興味を抱き，事実，1962年の論文はその亀裂に橋を架けるのに役立っている。ウェスターマークは一緒に育てられた兄弟姉妹は互いに無関心であると仮定したが，フロイトは兄弟姉妹は強く惹かれると仮定した。フォックスは，この魅力は子ども期における近接性に依存すると説明する。近接性が嫌悪を生み，分離が魅力を生む，と彼は説明する。加えて，違反者への処罰は魅力に比例する，という。すなわち，強い魅力には厳しい処罰が，そして嫌悪にはゆるやかな禁止がもたらされる。

　フォックスは，彼の命題を支持する通文化的証拠を提示している。キブツ，タレンシ族，ポンド族，アラペシュ族，これらすべてがウェスターマークの主張を裏づけている。その一方で，アパッチ族とトロブリアンド島民はフロイト理論を確認し，またティコピア人はそれらの過渡的な事例である。

第6章　インセストの生物社会的な理論開発への貢献

　1962年に発表した論文のなかでフォックスは，キブツで確立した抑制をスキナーの「負の強化」によって説明したが，しかし1980年に刊行した『インセストの赤ランプ』では，系統発生的にプログラム化された負の刷り込みというわたしの考えを受け入れているようである（Fox 1980: 48）。彼は確信をもって次のように主張している。すなわち，異なる社会構成体が，人間の系統発生的なレパートリーのなかで異なってプログラム化された学習能力を始動させる，いいかえれば，われわれはある条件下で刷り込まれ，別の条件下で罪を感じるようプログラムされている，というのである。

　フォックスは，人びとがインセストを回避あるいは阻止すると主張して，次にフロイトの原初ホルド理論の分析に移る。「集合心」はどのように伝達されるのだろうか，と彼は問う（フロイトとウェスターマークのこの明白な意見の合致にはじめて注目したのは，このわたしであると確信している。Shepher 1971b: 240-241をみよ）。彼は，チャンス（1962）の「平衡化」および熱情と激怒に対する皮質*制御の進化を用いて，答えをしめした。

　　　　若いオスザルはいくつかの欲求によって行動する。食料を欲し，配偶ゲームに参加し，かなり安易に攻撃をしかける。彼はこれらをいともたやすく実行に移すのだ。彼は，集団のなかを闊歩し，欲しいときに欲しい物を食べることができるし，発情していればどのようなメスにでも交尾をしかけることができ，また妨害しようとする別のオスに激怒して飛びかかり，襲いかかることができる。サルや類人猿の集団と一緒になにほどかの時間を過ごした人なら誰でも，こうした戦略の結末を知っている。若ザルは，よくて大なる不幸に陥るか，最悪の場合には死に追いやられるか追放されるかである。年長のオスザル（たち）は，若ザルに我慢がならないだけであり，それで若ザルは攻撃され，叩きのめされる。メスたちは彼を拒絶する。というのも，彼女たちは将来性のない敗北者に関心をもたないし，また彼が優秀な遺伝子の持ち主だと彼女たちにイメージされないからである。こうした著しく社会的な種における若いオスザルの明らかに反社会的行動は，災い以外の何も彼にもたらしはしない。むき出しの体力と攻撃性が彼を突っ走らせるのだろうが，その意味で個体としてもっとも強力なオスが，最終的にオスの頂点に君臨することはまずありえない。彼は，結局は孤立者

となり，社会的配偶体系に自らの場所をもちつづけられず，そのため彼自身の目的を果たすことなく終わるだろう。この反対の状態とはどのようであろうか。一言でいえば，それは，より知的なサル（類人猿）である。それほど遠くまでいきたくなければ，より制御されたサルだろう［Robin Fox, *The Red Lamp of Incest* 1980: 113］。

フォックスは，チャンスの平衡化理論を人間進化に適用しているが，その適用にはいくつかの欠陥がある。
1. それは，多数のオスを含むヒヒの配偶体系に依存しすぎている。
2. それは，進化過程におけるメスの役割を看過している。
3. それは，新皮質制御の進化を十分に実証しそこねている。

しかしその後の適用において，フォックスは満足のいく答えを提示している。彼は，次のようなことの効果に関する証拠をしめした。すなわち，初期ホミニドがたぶんさまざまな配偶体系を実験しただろうこと，メスの選択が進化過程において強力だったこと，そして近年における神経生理学的証拠が扁桃体＊と海馬＊と皮質のあいだの複雑な交互作用をしめしていること，の効果についての証拠である。フォックスによれば，この200万年間における脳のきわめて急速な成長が，狩猟・採集の出現，道具と象徴言語の創造と使用，および親族関係の類別化と結合して，この平衡化をもたらしたという。霊長目について，1頭のオスを含む社会構造と多数のオスから成る社会構造とを分析して，人間は出自体系（すでに多数のオスから成る霊長目集団で存在）と，同盟（1頭のオスによって支配される霊長目ハーレムで初歩的形態として存在）とを結びつけた，とフォックスは議論する。

この出自プラス同盟の考えはおそらく，人間進化の研究に対するフォックスのもっとも重要な貢献であろう。かなり初期の著述（1972, 1975ab）では，この組み合わせがどのように進化したかの説明はなかったが，しかし1980年に刊行された書物のなかでは，それを，狩猟・採集の到来，両性間における植物と動物の食料交換，および周辺にいるオスたちのなかでの新候補者の秩序だった互選，に

第6章　インセストの生物社会的な理論開発への貢献

帰属させている（Fox 1980: 150-154）。わたしはこの解釈に基本的に合意するけれども，それはあまりに複雑すぎるかもしれない。その組み合わせは，狩猟・採集への適応が人間の男性に子どもたちに対する投資を多くするよう強いたときに進化した，というだけで十分事足りる（わたしはかつてこの過程におけるペア結合の役割を強調しすぎたかもしれないが［Shepher 1978］，いまでも，人間の男性はほとんどが不本意ながら単婚あるいは時系列的な単婚に甘んじているものの，基本的には複婚的であると確信している。狩猟・採集が子どもたちやその母親にもっと投資をするよう男たちに強いたとき，彼らは「規則的な配偶者分配」の方法［Fox 1980: 246, 脚注6をみよ］，すなわち同盟と出自の組み合わせの本質，をみつけねばならなかった）。

フォックスの書物は秀逸かつ機知に富んでいるが，その他の点で一言だけ付け加えておこう。彼は，近代進化理論の枠組み内で研究すると公言しているけれども，ハミルトン，トリヴァース，ウィルソンを看過している。彼らの方法は，フォックスの洞察に大きな支援を与え，そしてそれの科学的精度を高めるはずである。フロイトとウェスターマーク，レヴィ＝ストロースとマルクスのような両極間の「恒久平和」を創造しようとする試みに代えて，包括適応度と親の投資モデルを活用していたならば，フォックスの書物はさらに価値を高めたにちがいない。しかしそれでも，この書物は過去100年におけるインセストに関する文献のなかでもっとも重要なものである。

6.3　アバールほか：体系と方法論的革新

アバールを代表者とする著者たち（1963）は，インセスト問題に取り組むという明確な目的をもって参集した。当初集まった7人の科学者たち——デヴィッド.F. アバール，ユーリー.ブロンフェンブレナー，エックハルト.H. ヘス，アルフレッド.L. クローバー，ダニエル.R. アール.ミラー，デヴィッド.M. シュナイダー，ジェームズ.N. スプーラー——は，5つの大学に所属していたが，1956年にスタンフォード大学で一堂に会した（クローバーは報告書を準備する以前に他

界したので，その寄稿者として名を連ねていない）。この優れた集団は，いくつかの専門科学——人類学，社会学，心理学，動物行動学——を代表している。その学際的な性格は，それ自体，重大な革新であった。

著者たちは基本的な方法論上の問題を提起した。「理論を選択するための基準は，美学的および論理的一貫性を除けばなにもない。なぜなら，もしＡとＢの双方が普遍的に，また恒常的に存在するならば，ＡがＢとともに変化することを明示する可能性はないからである」[254]。還元主義的——その学際的な性格ゆえに認められる特性——である以外に，この悪循環を断ち切る方法はない。インセスト研究に動物の交尾パターンをあえて含めたのは，ウェスターマーク以後，彼らが最初である。彼らはまた，既存のほとんどの理論に含まれている素朴な機能主義を批判した。

> インセスト・タブーに関する理論のほとんどは，それが何らかの意味で適応的であることの証拠を提示し，そのためにしばしば，起源の問題と持続の問題とを混同している。ある現象が適応的であるがゆえに存在するようになると主張することは，論理的に受け入れがたい。それは，人間が鼻を発達させたのは眼鏡をかけるためだというのと同じである。もし，優れた適応可能性をもつなにかが存在するようになるとすれば，それは持続し，また普及することになろう。しかしながら，その起源の原因の問題は未解決のまま残る [254]。

こう述べたうえで著者たちは，6つの理論を列挙している。

1. 同系交配理論（ウェスターマーク，ミューラー，モーガン）
2. 社会化理論（パーソンズとベールズ）
3. 家族理論（フロイト，マリノフスキー，セリグマン）
4. 社会文化体系理論（タイラー，フォーチュン，ホワイト，マードック）
5. 無関心あるいは嫌悪理論（ウェスターマーク）
6. 人口誌的理論（スレーター）

ウェスターマークを，同系交配理論および無関心−嫌悪理論の双方に位置づけ

第6章 インセストの生物社会的な理論開発への貢献

ることによって，著者たちは別の問題を明らかにした。すなわち，ウェスターマークは彼の同時代人や後の論者たちとは対照的に，機能と起源とを弁別していた。彼は，タブーの起源は無関心と嫌悪の機構にあるが，その機能は同系交配を阻止することにあると主張した，という。

著者たちは，3つの基準に従って6つの理論を批判しようと企てている。
1. 適応的価値は否定されてもよい。
2. 適応的価値は受け入れてもよいが，しかしそれを起源と同定することは否定される。
3. 適応的価値は受け入れてもよいが，しかしその結果はインセスト・タブーがあるので否定されてもよい。

著者たちは同系交配理論を受け入れるが，しかしその受容の根拠を明示してはいない。彼らは，同系交配は人間などの動物に生物的な損傷をもたらすと結論づけ，交差イトコ婚の容認と平行イトコ婚の禁止とにみられる通文化的な相違は重要でないと述べることによって，その反論を拒絶する。しかし彼らは，機能主義に対する根本的批判を同系交配理論に拡張することなく，また人びとを適応的に行動するよう動機づけたりづけなかったりする機構の説明はしていない。

ウェスターマークの嫌悪説は，それが論理的ならびに経験的な難点を含むことを理由に，いとも簡単に退けられている。ところがここで著名な6人の著者たちは，フレーザーとフロイトの両人が陥ったと同じ罠に捕まってしまった。「もし何かが当然に不快であるとすれば，なぜそれがタブーによってわざわざ不法とされなければならないのか」という問いである。

スレーターの人口誌的理論について，著者たちはわずか1つの所見を，すなわち，初期人間の人口誌的特徴に関する仮説は動物行動学的および考古学的証拠を必要とする，と述べているだけである。

ついで著者たちは，動物についての証拠を考察すべく探求の範囲を拡大する。おもしろいことに，この証拠はウェスターマークの嫌悪仮説（そしてもっと最近におけるキブツ研究）に匹敵するのだ。著者たちの1人，エックハルト. H. ヘス

99

が確認したのは,カナダガンおよびハイイロガンが兄弟姉妹の交尾に抵抗するよう刷り込まれ,また世代間の交尾も人口誌的に阻止されていることであった。その当時不足していた霊長目の資料を論評した後で,彼らは次のような結論を下している。

> 安定した愛着が期待できる家族集団で生活している,より知的で,ゆるやかに成熟する動物と,同じように安定した愛着が期待できる家族集団内で生活する人間は,家族的な同系交配を制限するパターン,すなわち無性的な刷り込み,世代間競争,そして家族内のインセスト・タブー,をはっきりしめしている。人間進化の経路において,文化の出現と共に,おそらくそれより前ではないだろうが,相対的に安定した家族の集団化が家族内の同系交配に対しなんらかの制限を必要とした,とわれわれは推測する。しかしながらこの推論からだけで,家族内のインセスト・タブーを予測することはできない [265]。

著者たちは,インセスト規制の3つの基本形態,すなわち抑制(刷り込み),阻止(世代間競争),そして禁止(タブー)をみいだしている。しかし彼らは,その前年にフォックスが確信を抱いてその反対のことを言明しているにもかかわらず,人間には無性的刷り込みは存在しないと主張した。彼らはまた,成熟と完全な社会的能力とのあいだにギャップが存在するような人間には,思春期の男性の排除は不適切だと主張する。抑制と阻止を欠くホモ・サピエンスは,ただ1つの選択肢しかもたなかった。禁止,すなわちタブーである。彼らは,インセスト・タブーが文化現象であると論じたが,文化現象とは,文化の創出と共に,あるいはそれに付随して発現したとみなされたはずである。

このように著者たちによれば,家族内配偶の問題を解決するには2つの方法,すなわち制度化とインセスト・タブー,があることになる。前者は秩序問題を解決し,後者は家族間を連結することによって,さらなる利得をうみだす。

彼らは重要な貢献,とくに動物の交尾習性を研究することに寄与したが,しかし最終的には基本的な諸問題を未解決のまま残してしまった。

第 6 章　インセストの生物社会的な理論開発への貢献

6.4　ガードナー．リンゼイ

　1967 年，ガードナー．リンゼイはインセストに関する進化論的視点を支持する重要な論文を発表した。この論文は，アメリカ心理学会第 75 回大会での会長就任講演として提示されたものであるが，そのなかでリンゼイは以下のように明確に宣言した。

> 　わたしが提示しようとしているきわめて単純な定式化によれば，同系交配の生物的結果は適応度の低下である。このような適応度の低下は，すべての動物に現れるが，しかし人間の場合，性的成熟への到達が遅いことや子孫の人数が限定されていることなど多数の理由によって，とくにそれが際だっている。こうした適応度の低下を考慮すると，インセストを実行する人間集団は，異系交配を行う人間集団との競合において選択的不利を被り，最終的に生き延びられそうにない。逆に，同系交配を禁止する（たぶんインセスト・タブーのような形態による）集団は，同系交配を容認している集団と比べて有利だろう［1051］。

　リンゼイの言明は，多くの理由から攻撃を受ける。同系交配を容認する集団と，それを禁止する集団に対して，自然選択はどのような影響をおよぼしたのか。インセストの禁止に導く突然変異が一方の集団に発生し，そしてその選択的有利のために，それがその集団内に普及したのだろうか。しかし，こうしたことは起こりそうにない。なぜなら，禁止は本質的に集団現象であり，1 個体の遺伝子に依存できないからである。禁止が根づくためには，権力者がそれを強要し，その他の人たちがそれに呼応しなければならない。そもそも人間はどうしてインセストを禁止したのだろうか。人間は，インセストの禁止が集団にとって有利な結果をもたらすと予測できたのだろうか。これは，非常に脆弱な仮説である。リンゼイの言明は，文化的進化と生物的進化とを混同している。文化的進化は集団と禁止に関連するのに対して，生物的進化は個体，遺伝子，あるいは学習の素因のようなきわめて単純な行動機構のほうにより関係しており，両者は異なる。フロイト

は，禁止やタブーに対立するものとして「継承された心理的傾向」(1913/1950: 158) という表現を用いているが，この偉大なフロイトの崇拝者であるリンゼイは，この慎重な表現には追随しなかった。

　リンゼイの論文のほとんどは，同系交配の不適応を立証することに当てられている。禁止とタブーを，自然選択によって損傷の原因になる同系交配を阻止する機構とみなすことによって，リンゼイは重大な矛盾に陥っている。もし自然選択が禁止をもたらすならば，またリンゼイ（および彼に先行する多くの論者も同様に）が述べているように，もし「禁止された行為を表出しようとする広汎な衝動がなかったとしたら，こうしたタブーに荷担する普遍的な選択があったとはとても考えられない」[1055] とすると，自然はそれ自体を否定することになる。自然は，一方でインセスト・タブーと禁止を選択し，他方でインセスト的衝動を育てる。この２つの相互排他的な傾向は，同時に進化できたのだろうか。リンゼイはこの明白な矛盾に言及しないまま，「人間における選択的配偶*についてわれわれが知っているほとんどのことは，インセスト・タブーが存在しないと，核家族内の配偶選択が高い頻度で起こることを示唆する」[1056] と述べている。

　人間は自然選択によって同系交配を回避したと仮定した点で，リンゼイは正しいけれども，しかし自然選択が禁止とタブーをもたらしたと仮定した点では誤っている。次章でも取りあげることになる問題なのだが，禁止の欠如している場合の配偶に関する仮説でも，リンゼイは間違っている（同様の批判については，Fox 1980 をみよ）。

6.5　N. ビショッフ

　ドイツの心理学者ビショッフは，その最初の論文「インセスト・タブーの生物的基礎」のなかで，１つの古い仮定を無効にした。ホワイトやレヴィ＝ストロースのような論者が肩入れしたこの仮定は，インセストは動物のあいだでは自然であり，したがってインセスト・タブーは人間と他の動物とのあいだの決定的な区別だ，というものである。しかしながらビショッフは，インセストに関するさら

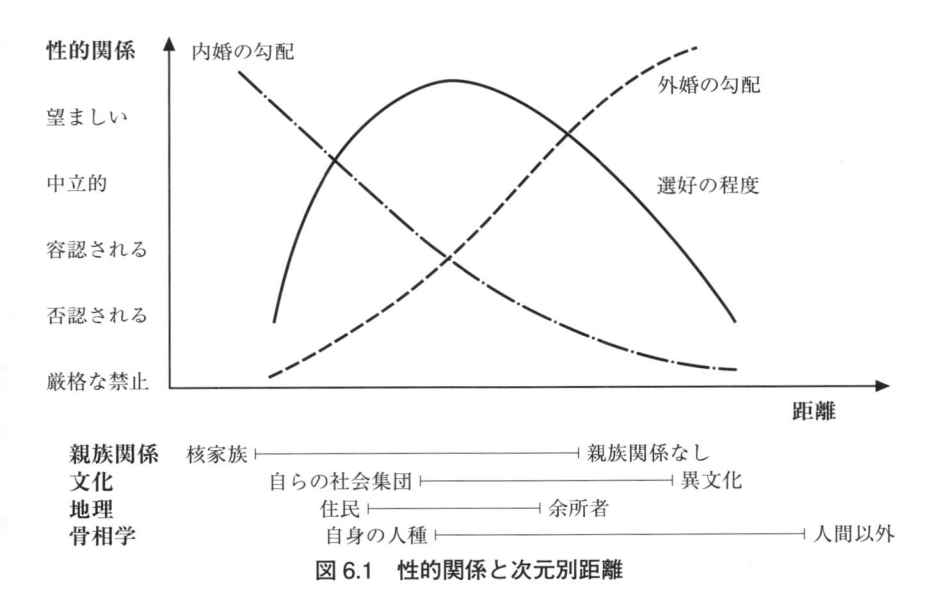

第6章 インセストの生物社会的な理論開発への貢献

図6.1 性的関係と次元別距離

（性的関係：望ましい／中立的／容認される／否認される／厳格な禁止）
（曲線：内婚の勾配、外婚の勾配、選好の程度）
（X軸：距離）

親族関係　核家族 ├────────────┤ 親族関係なし
文化　　　自らの社会集団 ├────────┤ 異文化
地理　　　住民 ├────┤ 余所者
骨相学　　自身の人種 ├──────────────┤ 人間以外

に重要な文献を検討したうえで，それらとは異なる結論に到達した。彼は，配偶者選択曲線という着想を提示した。逆U字型曲線は，内婚の勾配を表す1つの線と，外婚の勾配を表すもう1つの線，この2つの線が交差する点で最高になる（図6.1をみよ）。X軸は親族関係，文化，地理，骨相学による将来の配偶者との距離を表すし，Y軸は厳格に禁止された行動から許容される行動までの連続体を表す。内婚の勾配は包括的な「われわれ感情」を描出し，外婚の勾配は不信あるいは余所者嫌いの排他的感覚を表す（Bischof 1972b: 9）。

ビショッフ（1972b）は，インセストが動物に特有であるという命題を断固拒否する。「ごくわずかな例外を除き全動物界において，自然状態での同系交配がかなりの頻度発生する種は知られていない」[16]。結合する動物のあいだには，同系交配を阻止あるいは抑制する特別な機構が進化する。そうでないと，こうした動物における同系交配は，血の繋がりの物理的近さによって誘発されうる。こうした機構には，ビショッフが「家族解体の機構」と呼ぶいくつかのものが含ま

れている。すなわち，

1. 隔離：動物の結合しようとする欲求は性的に成熟するより前に妨げられる結果，若い動物は単独で成長する。
2. 対象の変化：結合欲求は単性的になる。これは性的に未熟なオスの間でとくに一般的な機構である。
3. 拉致：一般的には，動き回る若いオスによる若いメスの拉致。
4. 成体ならびに自由な青年による子ども（通常はオス，メスの場合もある）の排除。

家族が分解しない種——家族解体を経験しない種——のあいだでは，特定の生態的条件が家族内のセクシュアリティを抑え込む。具体的には，(*a*) 支配的な動物が若い動物を脅かす，(*b*) セクシュアリティがストレスや従順によって抑制される，(*c*) メスが交尾しようとする自分の兄弟をはねのける。

　その後ビショッフは，各種の配偶パターンごとに証拠を分類することによって，自らの着想を精巧化した (Bischof 1975: 43-53)。彼はまた，家畜や動物園で飼育されている動物には例外がみられると述べている。そうしたところでは，本能が畜産家や動物園の飼育係によって変えられるのだという。ビショッフは，インセストが完全に阻止される前に選択圧が弱まりうることを認めているが，しかしその機構は「あまりに習慣的な」同系交配のすべてを防止するに十分であるとした。ひるがえって人間については，「こうした機構は，この動物種における遺伝的に固定された不可欠の部分であるが，もし人間にその原初的痕跡がまったく残っていないとすれば，それは驚異というほかない」[24] と，述べている。

　人間にみられるこうした機構の証拠として，ビショッフは，成熟した人間における解放欲求，キブツの証拠，台湾の養女婚，そして文化的儀礼化に関するコーエン (1964) によるモノグラフを提示している。それによって彼は，文化規範がいかにしっかりと自然的性向を受け継いでいるかを検証している。文化規範の機能は，人間行動を決定するよりもむしろ動機づける自然的性向を保護すること

だ，というのがビショフの結論である。

　最近になってビショフは，チューリッヒ大学の彼の助手たちとともに，阻止は主に女性のなかで発動するという命題について研究を進めている。コンピュータ・シミュレーションが，両性間における戦略の区別——親の投資理論によって予測される区別——を検証したと伝えてきた（ビショフ，私信情報による）。

6.6　メルビン. エムバー

　まず1つの仮説を開発し，それからそれを通文化的データによって検定するという点において，エムバー（1975）は非常に優れている。彼は，同系交配理論がインセスト・タブーの普遍性に対する最良の説明であると仮定した。インセストの究極因（すなわち基本機能）を探求しながら，エムバーはすべての対案的な理論，とくに効果因（すなわち機構）を記述した理論を退けている。ウェスターマークの理論を拒否することにもなったエムバーの証拠は，以下のような仮説に基づく。すなわち，イトコたちが一緒に育てられやすい内婚社会では，第1イトコ同士の結婚はほとんど禁止されるが，外婚社会では第1イトコ婚は禁止されない。しかしエムバーは，抑制と禁止の相補性に関してウェスターマークを誤解していたようである（この相補性の存在については，フォックス［1962］が十分に明らかにしている）。

　抑制と禁止の相補性に関する通文化的研究は，きわめて困難かつ複雑である。ほとんどの民族誌資料の場合，相関する変数がないからである。たとえば，兄弟姉妹インセストの抑制の存在を証明する際に不可欠な，近接の変数が十分詳細に記述されていることは稀である。イトコの事例の記述には，それはほとんど欠落している。民族誌研究者は，通常すべてのことを記述していないからだ。ある変数の理論的な重要性が彼らにわかっていないか，あるいは無視されている場合，彼らはそれに注意を払わないのである。

　インセスト・タブーは再生産の機会を最大に確保するべく意図的に採用されたのだろう，というのがエムバーの最終の結論であるが，この結論はまったく的が

はずれている。神話学（Lindzey 1967）や民間伝承（Burton 1973）に表現されているインセストの有害性についての多くの主張にもかかわらず，エムバーの結論は，動物あるいは人間の証拠によって支持されない。ホミニド進化の相対的に遅い段階における同型接合性*の損傷に関する理解が，インセストを禁止する既存の傾向を強化したのかもしれない。しかしわたしが立証したいと願っているように，同系交配の仮説は究極因の仮説であり，したがって精巧化が必要である。近代人もまた更新世期*人も，長期にわたる利害関心によって行動したに違いないのだから，何かがこうした長期の利害関心を保護する行動を引き起こしたはずである。エムバーは，同系交配の阻止が究極因であり，子ども期の親密さが効果因であるとみなす機構についてのウェスターマークの考えを拒絶する。しかしこの2つは相補的であり，決して相互排他的ではないのだ。

6.7 ジェフリー. T. バーナム

ジェフリー. T. バーナム（1975）は，遺伝学的方法によって同系交配理論を考察している。彼の算定によれば，遺伝荷*が低い（たとえば有害な劣性遺伝子*が低頻度の）小集団では，同系交配が有益であることを立証している。なぜなら，自然選択が致死的な同型接合体を排除することにより，実際に人口集団内の致死遺伝子を減じるからである。原初ホミニドは，遺伝荷が同系交配の程度と均衡している小規模な同系交配集団で生活していたので，同系交配を回避することには遺伝上の利点はなかった。したがってインセスト回避は，別のどこかで発現したにちがいない。バーナムは，驚くべき弁証法的転換によって，ウェスターマークとフロイトの理論を受け入れ，複雑でより大きな人口集団においてなぜインセスト回避が再び必要となり，それが遺伝的に有益になるかを説明している。その後バーナムは，この理論に，統合と同盟の社会的便益をつけ足している。インセスト回避は，普遍的な社会文化的パターンに適合するとみなされたのである。

一見したところ，これは優雅でしゃれた議論と思われる。しかし，それはいくつかの問題を提起する。原初ホミニド（どれほど以前かは不明）が，低い遺伝荷

をもつ同系交配集団（どれほど同系交配的かは不明）で生活していた証拠は明確でない。近代の狩猟・採集民についての知識からみて，その集団は小さいと仮定されるが，そうした集団が，高度に同系交配的であるという理由で必然的に低い遺伝荷をもっていたと認めることは難しい。インセスト回避は人間に先行した。とはいえバーナムは，この点についての証拠は「不確実」だと主張する（十分な証拠は彼の注意を引かなかったようだ——たとえば，Koford 1963; 今西 1965; Bischof 1972ab; 伊谷 1972）。同系交配の「遺伝子浄化」が低い遺伝荷をもたらすという彼の仮説は，証明されていない。しかし，たとえ彼の仮説が正しいとしても，個人はどのようにしてこの「遺伝学的関数」に従うことができたのか。遺伝子浄化機能を議論することは集団選択を意味するし，またそれは，家畜飼育業者あるいはトウモロコシの遺伝学者にはもっともらしいとしても，人間の自然選択についての妥当な説明とはみなしがたい。

　均衡のとれている人口集群においては，有害な劣性遺伝形質を原因とする死亡数は一定であろう。しかし異系交配をする個人は，人口集群の遺伝荷にもかかわらず，同系交配をする個人よりもつねに多くの子孫を残すだろう。

6.8　パーカーほか

　定評のあるパーカー（1976）の研究は，後の文化的禁止と原初の行動発現とを明瞭に区別している。「文化的禁止」は禁止とタブーであり，「行動発現」は阻止や抑制などの回避である。パーカーは，ダアギリ（1972）の提示した遺伝子進化と文化進化の結合理論を慎重に棄却した後に，人間社会と動物社会におけるインセスト回避の証拠を列挙していく。彼は2つの仮説を立てることによって，そのデータを説明する。その仮説とは，(a) 性的興奮の可能性は，攻撃的および自己主張的な反応可能性と何らかの形で連結されている，(b) 初期からの長期の接触は，セクシュアリティをさらに抑圧する「刺激飽満*」に連結している，である。第1仮説のためのおびただしいほどの証拠は，おおむねオスに集中している。この機構は，兄弟と姉妹のインセスト，および母親と息子のインセストの抑

制に適用できる可能性は高いが，しかしその機構がどちらの性でどのように作用するかはいまだ明らかではない。アーバネシー（1974）は，性的機能活動に関するオスとメスの優位のさまざまな効果を記述しているけれども，こうした機構は，インセスト回避の理に適う説明として受け入れられている親の投資理論と統合される必要がある。

　回避からタブーへの展開を説明するために，パーカーは家族の起源に関する文献渉猟の長途についた（フォックス 1972 についての長い議論を含む）。彼はこの展開を以下のように説明する。

> 　文化的な生活様式が確立されると，この生物心理的傾向をインセスト・タブーとして制度化するような付加的な適応圧力が生じる。というのも，そのことが家族単位の安定性を増強し，より拡大した社会同盟を保証し，そして経済的に未熟な個人たちのために出生数を減少させるからである。インセスト・タブーは（定義上）文化現象であり，文化的事象によって説明できるはずである。しかし他の社会文化的側面と同じように，それは生物体の生物心理的欲求や潜在力，そして性向に「基づいて」いる。そうしたより古い個体発生的*な欲求の意味あるいは重要性は，それらが新しい体系（たとえば文化）と，それがそこで達成する（新しい）機能へと統合されることに由来する。目的論的にいえば，文化は，文化自体の目的のために心理生物的可能性を利用しているのだから，その目的によって完全に説明されることは決してない。インセスト回避は，確かに十分条件ではないが——しかし推進条件ではある。インセスト・タブーは学習行動を構成し，学習行動としてのそれは，他のすべての文化項目と同じように学習原理の影響を受ける。しかしそれは，部分的に生物体の生物的性向によって動機づけられているかぎり，よりたやすく学習される。学習は，反有機体的な発生源による付加的な（文化的以外の）強化に従属しているからである［299］。

　この説明は，いまのところは，正しい。いいかえれば，社会文化的パターンが（通常）「生物体の生物心理的欲求や潜在力，そして性向に基づいている」ことは事実であるが，パーカーはこの発達過程を明瞭に記述していない。

　パーカーが検討した文献には，別の興味深い研究が含まれている。コートミュ

第6章　インセストの生物社会的な理論開発への貢献

ルダール（1974）の興味をそそる論文は，攻撃性と性交渉との関係について，十分な民族誌的証拠を提供しつつ，精細に述べている。デボス（1975）は，インセスト回避を説明するための心理的機構として，認知不協和*を提示している。ベイトソン（1978）は，性的刷り込みの進化とその最終目標，すなわち同系交配と異系交配との最適バランスについて詳述している。シュワルツマン（1974）は，集団選択に依拠しているものの，同系交配仮説を支持している。フランセスとフランセス（1976）は，精神分析理論と進化理論との亀裂に橋渡しをしようと試みている。最後にステッドマン（1977）は，インセスト抑制の背後にある主要な動機づけがより多くの親族に対する欲求であることを立証しようとしている。

6.9　まとめ

半世紀以上ものあいだ，ウェスターマークの進化論的アプローチは蔑視され，また嘲笑されてきた。しかしこの25年間，そのアプローチを支持する証拠が徐々に集まりはじめた。本章で考察した論者のほとんどは，この証拠の重要性を理解している。フォックス，ビショッフ，バーナムがそうである。他の論者，すなわちアバールたち，リンゼイ，エムバーは，同系交配の阻止が中心的重要性をもつと強調した。スレーターは，実際の行動がおそらく文化規制に先行したと議論しながら，阻止の重要な機構に注意を寄せた。これら論者のほとんどは，動物の資料の重要性を認めている。最後にアバールたちは，普遍的な独立変数と従属変数という主要な方法論的問題を定式化した。

　証拠と思考，調査研究と理論が，収斂をみせた。インセストに関する生物社会的な総合理論への通路が開かれたのだ。

> 人間は進化の産物である。人間は進化してきたし、また進化しつづけていると考えるときにのみ、人間に関する謎めいていたことの多くが理解できる。したがって人間理解にとっては、進化の原理と機構の知識が必要なのである。
>
> ——Ernst Mayr
> *Populations, Species and Evolution*（1970: 315）

> 真のプロメテウス的科学の精神とは、人間に知識および物理環境の制御基準を与えて、人間を解放することを意味する。しかし別の水準、そして新しい時代においては、それがまた科学的物質主義の神話を構築する。この科学的物質主義は、科学的方法の矯正装置によって導かれ、人間性の最深の欲求への精確で、故意に感情的な訴えに取り組み、そしてわれわれが現に出発する旅路がこれまで成し遂げられたものよりさらに先に、またより良くなるというぼんやりとした希望によって強く保持されているのだ。
>
> ——Edward O. Wilson
> *On Human Nature*（1978: 209）

7 インセストの生物社会的な理論

　ここまででわたしは、インセストに関連する生物社会な理論の諸側面を提示し、インセスト概念の定義と次元に関わる複雑な諸問題を分析して、生物社会的な着想の影響を受けた調査研究と理論を探究してきた。ここでわたしは、一連の命題を結合し、特定の仮説を引き出すことにする。そうすることは、わたしの生物社会的なインセスト理論の骨格を形づくることになるだろう。その命題——総計8つ——は以下のとおりである。

(1) 生殖は進化過程の焦点に位置しているので、インセスト、つまり生殖の特定事例は進化過程を経たにちがいない。

(2) インセストは血族間の配偶の特例で、同系交配と呼ばれる。すべての行動は、個体の遺伝子適応にとって有利でもありうるし、不利でもありうる。近い血族の同系交配は、高等生物にとって通常有害である。したがって、

第 7 章　インセストの生物社会的な理論

人間を含む高等生物においては，同系交配は進化のなかでなんらかの仕方で排除されるか，あるいはまれにしか生じないと予想される。
(3) 排除されるか，まれにしか生じない同系交配の親密度は，その同系交配の特定程度の費用と便益に依存している。
(4) 親密な血族の同系交配の排除あるいは「稀少化」は，インセスト規制の基本的機能であり，また究極因である。この機能は，以下の位相を含む複雑な共進化過程の結果である。
　(a) 生物体は，後成規則，すなわち遺伝的に規定される手続きの集合を発達させる。
　(b) こうした手続きが精神の組み立て部品を方向づけ，その結果，種の生命パターン内で統計的に普及している社会状況から，特定の学習パターンが発生する。
　(c) その結果，インセストを抑制もしくは阻止する，あるいはその両方である行動症候群が出現する。
　(d) これらの抑制と阻止は統計的に普及している社会状況に依存するので，抑制と阻止がインセストを稀少にする。しかしながら，それがインセストを完全に排除するわけではない。インセストの稀少性は，抽象的な象徴思考とコミュニケーション能力を進化させた人間によって適用された自然秩序の部分になる。それにもかかわらず生じるごく少数のインセスト事例は，異常と考えられる。そうした事例は，きわめて稀であるゆえに自然に反しており，したがって禁止されている。
　(e) 禁止が，抑制や阻止を補完する。
(5) 包括適応度理論と親の投資理論は，男性と女性で異なる生殖戦略を予測する。したがって (4) でしめした共進化過程は，インセスト的ダイアド——母親と息子，父親と娘，兄弟と姉妹——ごとに異なると予測される。
(6) 同系交配の費用と便益，および異なる性戦略は，以下の予測をもたらす。
　(a) 異なるインセスト的ダイアドにおいて冒されるインセストの頻度に

は相違がある。(*b*) インセストに対しては両性間に差異的対立がある。(*c*) インセストが発生する特定の社会状況がある。(*d*) 中核的なインセスト的ダイアドよりも血族度の低いパートナー間の性交渉を規制する規範は、文化的変異を増していく。
(7) 共進化過程が、インセスト規制（抑制、阻止、禁止）の人間普遍性を生みだし、これが人間の社会生活の中心になる。普遍性は、ひとたびそれが確立すると、きわめて重要な2次的機能をもつので、この中心性がそれの持続性を保証する。
(8) そうした2次的機能とは、家族の安定、社会化過程の強化、核家族の孤立の阻止、そして経済的政治的同盟の創出である。

7.1 同系交配と異系交配のバランス

　有性生殖は、生物体の生殖形態のひとつでしかない。もっとも単純な形態は、無性的、すなわち有糸分裂*生殖である。有糸分裂生殖では、遺伝物質が自らを複製し、そして2組の分化した染色体が2つの「娘細胞」をつくるだけである。この過程において、親成体はその遺伝子のすべてを子に伝える。無性的な、つまり減数分裂*的に標準化された子孫は、有性的、つまり分裂期に選別されて標準化された子孫よりも、いくつかの重要な利点をもつ。無性的な子孫は、大きな生命体として生涯を開始し、持続的に繁殖し、ただちに成体に成長し、死亡率は低く、それが晒される自然選択からの圧力はごく軽い。こうしたことすべては、有性生殖した子孫のしめす特徴と対照的である（Williams 1975: 4）。しかし、もし有性生殖がほとんどの多細胞動物や植物においてほぼ普遍的であるなら、事実そうなのだが、有性生殖は大きな利点をもつはずである。すなわち、有性生殖は遺伝子変異を促進し、したがって変化する環境のなかで、当該動物がその環境変化に適応することを可能にする（Maynard-Smith 1971）。逆に、定常的で不変な環境においては、有性的に生殖する子孫は無性生殖する子孫と比べて不利である（この問題の子細な再評価については、Maynard-Smith 1978をみよ）。

第7章 インセストの生物社会的な理論

　有性生殖では，遺伝物質は各親の減数過程において半減し，ついで受精時に再接合される。つまり，各親はその遺伝物質の50％だけを伝達するのであって，残り50％の伝達は断念しなければならない。ウィリアムズ（1975）はこれを「減数分裂の費用」と呼んでいる。実際，接合過程は減数分裂に先行し，その減数期間に母親の染色体と父親の染色体は遺伝物質を交換する。この過程は，遺伝子の「乗り換え」として知られている。その結果としての変異は驚異的である。人間の場合，一度の受精においてありうる遺伝子の接合数（乗り換えを考慮に入れないで）は，2^{23}，すなわち8,388,608である。一度の乗り換えがあると，その数は80^{23}，あるいは5.9×10^{43}に上昇する——まさに天文学的な数字である（Stern 1973: 103）。しかしその数値は，親成体が互いに完全に親族でないことを前提にしている。人間の場合，この前提は事実上ありえないのだ。

　人類はすべて親族関係にある。2人の親，4人の祖父母，そして8人の曽祖母をもつことによって，われわれ各人は2^nの祖先をもっている。このnは世代数である。

　ワクター（1980）は，1世代を30年の長さだとすると，完全にイギリス人の祖先から1947年に誕生した1人のイギリス人の子どもは，1077年のノルマン征服までに，10億7,300万人以上の祖先をもったことになると推定している。その人数は，1077年におけるイングランドの推計人口（Wachter［1980: 91］によれば，110万人）を超えるだけでなく，全世界の推計人口（西暦1000年の4億1千万人 ［Leakey and Lewin 1977: 143］）をも凌ぐ。結果的にこのイギリスの子どもは，同系交配的血統に連なっている。いいかえれば，彼の祖先の多くは互いに親族であったことになる。

　したがって，われわれはすべからく親族なのだ。しかしどの程度の親族なのだろうか。結婚する第1イトコ同士の親族度と，遺伝的近さがわかっていない「親族関係のない」配偶者間の親族度（論理的に可能であればの話）とは，明らかに相違がある。親族関係にある個人同士の配偶は，偶然に同一である遺伝子をもつ子孫よりも，出自によって同一である遺伝子をもつ子孫を多く生みだすことになる。個人間の親族度は，出自によって同一である対立遺伝子*のペア上に，2つ

の遺伝子が存在する確率によって計算される。

専門用語としての同系交配は，識別可能な痕跡が2, 3世代内の共通の祖先まで辿ることができる事例を指示するために使用される。ある個人における256分の1以下の同系交配係数は，人間の遺伝子分析においては通常，看過されている。

7.2 同系交配の費用

ファルコナー（1960: 257）は，同系交配に関わるもっとも重大な関心事は若干の遺伝子が優性であり，別の遺伝子が劣性である事実から派生する，と指摘している。優性遺伝子は，どの遺伝子が同一座でのペア（その他の対立遺伝子）になるかにかかわらず，表現型*に出現する。だから，たとえば縮れた頭髪あるいは変形性筋失調症と呼ばれる神経系の疾患は，優性遺伝子によって伝えられ，また，他方の親によってどのような遺伝子が伝えられるかに関係なく，一方の親によって子孫に伝えられる。

縮れた頭髪が遺伝子Dによって運ばれ，またそれと同一座に対立遺伝子 d があると仮定してみよう。子孫の型は以下のとおりである。

	親によって伝えられる遺伝子		子孫	
	父親	母親	遺伝子型	表現型
1	D	D	DD	縮れ頭髪
2	D	d	Dd	縮れ頭髪
3	d	D	dD	縮れ頭髪
4	d	d	dd	縮れていない

第1子と第4子が同型接合体（両親から同一遺伝子を受ける）と呼ばれ，第2子と第3子は対立接合体（異なる遺伝子を受ける）である。ところが，第1子，第2子，第3子はすべて，縮れ頭髪をもつ点で表現的に同一である。第4子のみが違って見える。縮れ頭髪をもつことは悪くはないが，しかし変形性筋失調症を

第7章　インセストの生物社会的な理論

もつことは有害である。どのような形態であれ有害な優性遺伝子の保因者は，自然選択を受ける。すなわち，その遺伝子を次世代に伝えるチャンスは，他の動物のそれと比べて低い。

　劣性遺伝子同士は同じ選択を受けない。劣性遺伝子は，対立接合形態においてのみ表現型に影響をおよぼす。たとえば，ある型の色素欠乏症や遺伝病であるフェルケトン尿症は，劣性遺伝子によって運ばれる。もしａが劣性の色素欠乏症，A が代替的な対立遺伝子であり，そしてその頻度がそれぞれ50％であるとすると，子孫の可能性は以下のようになるだろう。

	親によって伝えられる遺伝子		子孫	
	父親	母親	遺伝子型	表現型
1	A	A	AA	健常
2	A	a	Aa	健常
3	a	A	aA	健常
4	a	a	aa	色素欠乏症

　優性遺伝子の場合，子どもが影響を受ける確率は75％であるが，劣性遺伝子の場合その確率は，25％でしかない。この相違はいちじるしく有意である。劣性遺伝子は，自然選択に露出することが少ないのだ。つまり，劣性遺伝子は対立接合形態として「隠される」から，自然選択は交配個体群から劣性遺伝子よりも有害な優性遺伝子をたやすく排除できる。

　どれほど多くの劣性遺伝子が有害なのかはわからないが，しかし有害遺伝子のほとんどは，突然変異遺伝子がそうであるように，劣性であることをわれわれは知っている (Lerner 1968; Mayr 1970; Bodmer and Cavalli-Sforza 1976; Watson 1976; Hartl 1977)。ワトソン（1976: 190）は，対立接合形態で同一座上にある優性対立遺伝子によってつくりだされるはずの特定のプロテインをつくり損ねた遺伝子が，劣性遺伝子になると説明している。

　同系交配は対立接合性を増大し，したがって有害な劣性遺伝子が表現型に顕在

115

する機会を増やす。ジャカード (1974) は, 同父同母の兄弟姉妹間の恒常的な配偶においては, 対立接合性は各世代で19%ずつ減少し, 10ないし11世代後には, 個体群の90%が同型接合的になることを示唆している。同じ過程は, 親と子どもとの恒常的な配偶においても発生するだろう。一方の親だけを同じくする兄弟姉妹の場合, 対立接合性の減少は各世代で11%であり, また二重交差イトコの配偶でのそれは8%である。しかし単純な第1イトコの配偶の場合, 対立接合性の減少はゆるやかで, 50世代後でさえ, 同型接合的であるのは個体群の38%のみにとどまる。第2イトコの配偶は, 均衡に向かいがちで, 同型接合性が生じるのはランダムな配偶を行う個体群のそれよりもわずかに大きい程度 (53分の1) である。リー (1962) とファルコナー (1976) は, これと同じ結論に達している。

　同系交配のもっとも衝撃的な観察結果は, 繁殖能力と生理学的効率の低下である。これは近親交配による機能低下*と呼ばれている (Falconer 1960: 248)。近親交配による機能低下は, 生殖能力と生理学的効率に関して異なる変数を用いて, いくつかの動物で考察されてきた。たとえばロバートソン (1954) は, 乳牛の場合, 同系交配係数が10%増すごとに乳産出量が3.2%減少することをみいだした。ディッカーソンら (1954) は, 豚の一回の産子数の4.6%の減少, その体重の2.7%の減少を観察している。モーリー (1954) は, 羊の産毛量の5.5%の減少, 体重の6.2%の減少を観察した。ショッフナー (1948) が観察したのは, 鶏の産卵の6.2%の減少, 孵化率の6.4%の減少である。ファルコナー (1960: 249) は, 同系交配係数が10%増大するにともない, ネズミの一回の産子数が8%減少することをみいだした。一般に受け入れられている結論は, 以下のように要約できる。「同系交配は適応度を引き下げる傾向があるので, 自然選択は, 同型接合が最小である個体を支持することによって, 同系交配過程を妨害するようである」[Falconer 1960: 253]。「一般に, 選択諸力のバランスは乗り換えに有利であったと思われる」[Maynard-Smith 1978: 139-140]。

　クローとキムラ (1970), カヴァリ＝スオルツァとボドマー (1971) は, ある特徴 (たとえば大きさ, 知能あるいは運動技能) がある程度の遺伝性をもつとすれ

第7章　インセストの生物社会的な理論

ば，同系交配はその個体群におけるその特徴の減退を結果することを立証した。このように，高等動物の場合，同系交配は有害である。人間で実験することは道徳的にできないので，必然的に人間についての証拠は動物のそれよりも少ない。しかしながら，同系交配が有害であることを証明することは十分可能である。バライとカヴァリ＝スオルツァとマイナルディー（1964）は，1892年から1911年のあいだにイタリアのパルマ県で生まれた男性を対象として，その胸囲に対する近親交配による機能低下の影響を調べた。胸囲は健康にとって非常に重要かもしれないが，相対的に小さな胸囲の人びとも生存し，生殖もする。しかしながら，同系交配による子孫に劣性の同型接合体が増加することは，死亡率増加の原因にもなることが突き止められた。第二次大戦後【原文の「戦前」は明らかな誤り】日本の広島と長崎で実施された慎重な遺伝的生態研究において，スカルとニール（1965）は，研究対象になった子どもたちとその親たちのあいだの血縁度の増加にともなう，ほぼ線形的な死亡率の増加を確認した。この線形的な関数の勾配は，人口集群における劣性の致死的な（死亡を引き起こす）突然変異体および悪化的な（健康上重度の障害を引き起こす）突然変異体の割合について，ある程度の情報を提供している。遺伝荷と呼ばれるこの割合は，すべての致死的および悪化的な劣性遺伝子（出生と生殖のあいだで死亡を引き起こす）の割合の合計に等しい。

　ボッドマーとカヴァリ＝スオルツァ（1976: 377）は，異なるいくつかの国での第1イトコ婚の子孫を対象に，いくつかの疾病の危険増加を推定している。その増加は，悪化的な等価遺伝子の推定数の関数とみなされた。たとえばフランスの場合，第1イトコ婚における顕著な異常は，普通人口に比べて3.6倍も多く発生する，と彼らは推定した。イタリアでは重篤な障害が1.9倍，日本では重篤な疾病が1.4倍，スウェーデンでは病的状態が2.5倍も増えていた。またアメリカ合衆国では，異常が2.3倍に上った。比較可能なデータが，ヤマグチら（1970），スターン（1973: 495），またモートン，クロー，ミューラー（1956）によって公表された。

　最初の同系交配の最高危険度は，インセスト的同系交配にみいだされる。同系交配で生まれた者同士が配偶するとすれば，危険度はさらに高くなる。反復的同

117

・ ・ ・
系交配と呼ばれる現象である。インセスト的結合による子孫の個別血族図は多数あるが (Stern 1973: 485)，しかし，多数のそうした子どもたちについての研究は稀有である。カーター (1967) はイギリスの子どもたち，アダムスとニール (1967) はアメリカ，そしてシーマノヴァ (1971) はカナダの子どもたちのデータを提供している。

　カーターは，父親と娘のあいだの子ども，および兄弟と姉妹の子どもの13事例を考察している。その子どもたちのうち3人——事例の23％——が死亡した。1人は膵臓膿疱性線維症で，1人は脳変性と視力障害から，1人はファロット合併症（先天性心臓欠陥の合併症）での死亡である。もう1人の子どもはいちじるしい成長遅延，そして4人が成長遅延，つまり5人 (38％) が衰弱していた。正常な子どもは5人だけ (38％) だった。死亡した子どもと，いちじるしい成長遅延をしめす1人の子どもを合わせると，31％が死亡もしくは重度の障害に見舞われるという高価な代償を支払うことになる。

　アダムスとニール (1967) は，18事例を観察している。4人の子どもが死亡し，2人がひどく衰弱（精神遅滞，発作性疾患，および痙性脳性麻痺）し，1人は口唇分裂症で，3人はいちじるしく低い IQ (70) をしめした。健常な子孫は8人となるが，死亡と重度の障害者は33％に達している。

　これまでにもっとも網羅的に実施された研究は，シーマノヴァ (1971) によって指導された調査研究である。彼女は，インセスト的結合から生まれた161人のチェコの子どもたちの標本を分析している。彼女はまた，インセスト的でない関係で子どもをもった同数の母親たちを統制集団として用いた。彼女の標本のうち，2人が死産，21人が誕生直後に死亡，4人がそれよりいくぶん後に死亡した。これらを合わせて，死亡率は17％であった。生存子についてのシーマノヴァの描写は，どちらかといえば陰鬱である。

　　　　　44人の生存子のうち12人は，重度の知的障害をもっていた。このうち1
　　　　例には小人症も発症しており，別の事例は先天性白内障を患い，また第3
　　　　の事例は精神薄弱に加えて聾唖であった。5人は股関節の先天性脱臼症を
　　　　もち，そのうちの1人はヒルシュスプルング病と尿道下裂も患い，また2

第7章 インセストの生物社会的な理論

番目の事例は小頭症でもあった。1人の子どもは先天性の心臓疾患をもち，もう1人の場合はムコ多糖症だとサンフィリポ医師によって診断された。最後に，聾唖と弱視をもつ子どもが1人，インセスト的な子どもたちの集団のなかにいた［116］。

生存しているものの，ひどく衰弱している子どもたちの人数は40人（25％）を数えた。これに対して，同じく調査対象になった統制集団の母親は，親族関係のない男性を父親とする92人の子どもを出産していた。これらの子どもの死亡率は5.4％，重度の障害児の割合は1.8％であった。

スカルとニール（1965）による幼児死亡データと，シーマノヴァ（1971）によるそれを結びあわせてみると，表7.1にしめすような画像が浮かびあがってくる。子どもの死は，人間にとっては悲しむべきことだが，進化にとっては小さな意義しかもたない。早期に死亡する子どもたちは再生産しないし，また重度の障害を抱えて生きている子どもたちも同様だろう。他の同系交配度において，障害に対する死亡率が定常的だと仮定するならば，表7.1を，身体障害を含む形に拡大できる。表7.2をみよ。

表7.1　両親の血縁度と関係する幼児死亡率

両親の血縁度	子ども死亡率（％）	子ども生存率（％）
1/32	4.4	95.6
1/16	5	95
1/8	7	93
1/2	17	83

出所：Schull and Neel 1965; Seemanova 1971, ［表7.2も同じ。］

表7.2　両親の血縁度と関係する子ども死亡率と障害率

両親の血縁度	障害率（％）	障害率と死亡率（％）	生存率（％）
1/32	6.47	10.87	89.13
1/16	7.35	12.35	87.65
1/8	10.30	17.30	82.70
1/2	24.80	41.80	58.20

7.3 同系交配の便益

　生物学者は，生存種を，同系交配—異系交配の連続体上で分類する。一部の生物体は無性生殖（無配偶子生殖）によって繁殖する。たとえば，原生動物*，ポリープ，一部の虫である。他の生物体は発芽によって繁殖する（たとえば多数の植物や，ヒドラのような一部の多細胞動物）。別の形態の単性生殖は，いく種かの昆虫にみられる単為生殖である。これらすべての場合に，親生物体の遺伝物質は丸ごと子孫に伝えられる。遺伝的変異の唯一の要因は，突然変異である。論理的には，こうした3種の繁殖体系は同系交配と考えられる（もっとも，繁殖は無性的で，「交配」はないので，意味的には矛盾がある）。

　雌雄同体性は，おそらく性的繁殖への過渡的な体系である。雌雄同体は，同一個体に精子と卵子の両方が保有されている。寄生虫のような一部の雌雄同体は自家受精を行うが，しかしほとんどは交雑受精を行う。たとえばミミズやカタツムリである（Curtis 1970: 322）。

　単性性や雌雄同体性は，植物界でも動物界でも比較的稀である。ほとんどの種は，性的生殖を進化させ，さまざまな程度で同系交配を実行している。

　同系交配の明白な利点の1つは，より多くの親の遺伝子が子孫に伝達されることである（Bengtsson 1978; Maynard-Smith 1978: 139）。第2の利点は，親族利他主義と関係する。個体たちが親族である集団では，利他的行動が広がるだろう。たとえば社会性をもつ昆虫においては，こうした利他主義はきわめて重要である。実際，膜翅目では，繁殖の半数体*性による高度な同系交配がみいだされている（Wilson 1971: 324; Hamilton 1972）。しかしこの現象は，決して社会性をもつ昆虫に限られるものではない。

　小さな集団で生息している動物種はいかなるものでも，一定量の同系交配を必要とする。その主たる理由は，他の同じような集団が広い地域に分布していると，交尾相手をみつけることが困難だからである。親密性は時に親族関係と同じであるのかもしれない。これが同類交配の基礎である。これによって動物は，親

密な交尾相手を選択する（Wilson 1975: 80）。さて第3の利点は，生態的要因，すなわち生態ニッチにおける当該種の分散への対処を含んでいる。こうした分散は，資源の利用可能性，捕食者の出現，そして集団を分裂（すなわち流出）するために必要なエネルギーに依存する。したがって同系交配の程度は，実際には生存の一般的戦略の一部になるだろう（Wilson 1975; Maynard-Smith 1978）。

明確に定義された同系交配の有利と不利の比較は，すべての種は同系交配と異系交配のバランスをみつけなければならないという結論に至らざるをえない。いいかえると，種はその生存の一般的戦略の変数に従って，同系交配—異系交配の連続体上にあるその位置の費用と便益を定義しなければならない。定義されるべきことは，その費用が便益を超過するがゆえに許容しがたい同系交配の程度である。人間の場合，異系交配の慣行と比較しながら，最高度の同系交配（インセスト）を考察することからはじめられる。

計算を行うにあたっては，子孫への投資戦略における両性間の重要な相違を考慮しなければならない。一般に女性は，一妻多夫婚から遺伝的に便益を受けることはできない。何人の男性が彼女と配偶しようとも，彼女ができるのは一定数の子どもを産むことだけである。彼女が産む子どもの数は，親としての彼女の多大な投資（大きくて少ない性細胞，長い妊娠期間，授乳）によって制限される。他方男性は，一夫多妻婚から便益を得る。というのも，彼は，自分と配偶するすべての女性から子孫を得ることができるからである。単純を期すために，すべての女性の子ども数を2人と固定するが，しかし他のどの定数も同じ結果をもたらすだろう。

まず兄弟姉妹からはじめよう。1人の兄と1人の妹（父方親族であると同時に母方親族，つまり同じ父親と母親をもつ兄妹）は，理論的にいえば同系交配（インセスト）と異系交配を選ぶことができる。図7.1は，男性の視点から作図している。

たとえば，男性は，非親族の女性と配偶するよりも，妹と配偶することによって，1人の子どもに彼の遺伝子を（平均的に）より多く寄与しうるけれども，彼自身の子孫に加えて，妹が産んだかもしれないオイとメイを諦めることになるので，彼が得をすることはない。女性はもっと多くを失う。なぜなら，彼女の兄は

```
    ♂ = ♀          ♀ = ♂    ♀ = ♂
     ego              ego
  ┌───┐          ┌───┐   ┌───┐
  ♂   ♀          ♂   ♀   ♂   ♀
 .75 + .75 = 1.50  .50 + .50 + .25 + .25 = 1.50
   同系交配選択        異系交配選択
```

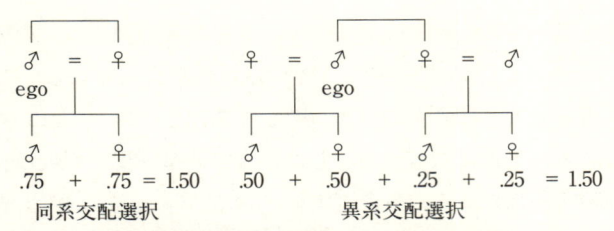

図7.1　異系交配選択肢と比較した兄と妹のインセスト：一夫一妻婚の状況（エゴは男性）

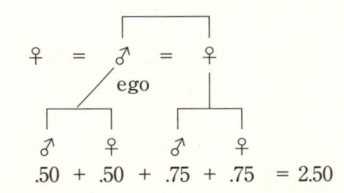

```
    ♀ = ♂ = ♀
        ego
   ┌───┐  ┌───┐
   ♂   ♀  ♂   ♀
  .50 + .50 + .75 + .75 = 2.50
```

図7.2　兄と妹のインセスト：一夫多妻婚の状況（エゴは男性）

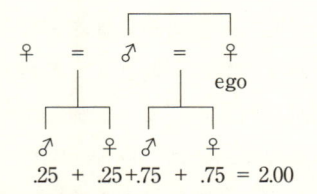

```
   ♀ = ♂ = ♀                ♂ = ♀ = ♂
       ego                     ego
  ┌───┐ ┌───┐                ┌   ┐
  ♂  ♀  ♂  ♀                 ♂    ♀
 .25+.25+.75+.75 = 2.00        .75 + .25 = 1.00
```

図7.3　兄と妹のインセスト：一夫多妻婚の状況（エゴは女性）

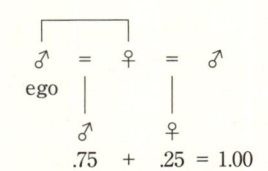

図7.4　兄と妹のインセスト：一妻多夫婚的状況（エゴは男性）

一夫多妻婚によってより多くの子どもをもちうるが，彼女は $.25 \times 2n$ を失う（n は兄の配偶者の人数）。兄も妹もインセストから得をすることができず，また双方が外婚の選択肢をもっているとすれば，妹は兄よりもさらに多くを失う。この選択肢がない場合には，同系交配は理解しやすくなる。たとえば妹が配偶者をもたなければ，兄は，たとえ彼が別の配偶者をもつとしても，妹と配偶することによって得をする（図7.2をみよ）。こうした状況においては，男性の得は1.00である。女性の得はもっと低い（図7.3をみよ）。もし兄が異系交配を行えないと，図

第7章 インセストの生物社会的な理論

7.4にみるように,一妻多夫婚が発生する。これは異系交配と比較した場合の損失を表しているが,しかしもちろん,まったく配偶がない場合と比べれば得が上回る。女性がエゴの場合,その損失もわずかである——1.5 − 1.25 = .25。

兄弟と姉妹にとって得でありうるのは,妹が別の配偶者をもつ機会が絶対にない場合に限ってである。そしてその場合でも彼女の得は兄よりも少ない。

われわれの知見を表7.3にしめしておこう。(注:異系交配は一夫多妻婚でも一妻多夫婚でもよい。その相違はとくに重要ではない。たとえば一夫多妻婚社会の場合,男性は通常,妻から$2n × .50$を,そして妹から.50を得る。もし妹が配偶できず,したがって彼が妹および彼自身の妻と配偶するならば,彼の取得は1.00である。逆に,一妻多夫婚の状況では,男性は通常.75[一妻多夫婚の'多夫'はふつう兄弟同士【原文の「姉妹」は間違い】なので,彼自身と兄弟のものは同じ1]と,妹との一妻多夫婚から.50とで,合わせて1.25になる。それでも男性は損をする)。

その結果,遺伝的にみると,兄弟と姉妹のインセストにおける得は最小で,しかも最小でも得をするのは妹が配偶者をまったくみつけられない場合に限られる。その状況においても,兄は妹より得をする。兄弟と姉妹のインセストがもっとも起こりやすいのは,両者ともに他の配偶者をみつけられない完全な隔離状況だろう。

表7.3 兄弟と姉妹のインセストと異系交配の比較

	状況1 (単婚的)	状況2 (一夫多妻婚的)		状況3 (一妻多夫婚的)	
	男性と女性	男性	女性	男性	女性
インセスト	1.50	2.50	2	1	1.25
標準	1.50	1.50	1.50	1.50	1.50
バランス	0	+1	+.50	−.50	−.25

注:各事例における仮定は,女性は2人の子どもを産むことである。状況2において女性は異系交配の選択肢をもたない。状況3において男性は異系交配の選択肢をもたない。

父親と娘のインセストの場合，われわれの仮定によれば，父親はすでに子どもをもっている（図7.5をみよ）。したがって父親はかなり得をするだろうし，娘もまたそうだろう。だから，父親と娘のインセストへの抵抗は，兄弟と姉妹のインセストよりも少ないと予想されるはずである。しかし娘の抵抗は父親よりも大きい。なぜなら，父親はすでに子どもをもっているのに対し，娘はそのインセスト結合による子どもに大きな投資をしなければならないからである。大きな投資は大きな危険を意味する。しかしこの状況は稀有である。もし父親が別の配偶者ももっているならば，彼は彼女と共に4人の孫をもつことになり，彼は同系交配によって便益を得ることはない。ここでもインセストを助長するのは，相対的な隔離状況である。

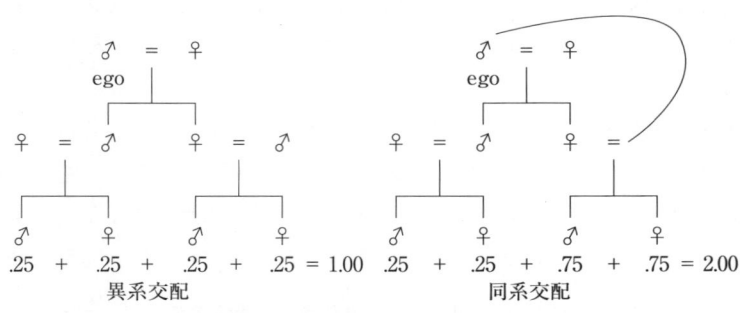

```
         ♂ = ♀                              ♂ = ♀
          ego                                ego
     ┌─────┴─────┐                      ┌─────┴─────┐
  ♀ = ♂       ♀ = ♂                  ♀ = ♂       ♀ =
   │           │                        │           │
  ┌┴┐         ┌┴┐                      ┌┴┐         ┌┴┐
  ♂ ♀         ♂ ♀                      ♂ ♀         ♂ ♀
 .25 + .25 + .25 + .25 = 1.00         .25 + .25 + .75 + .75 = 2.00
       異系交配                               同系交配
```

図 7.5　異系交配選択肢と比較した父親と娘のインセスト

　母親と息子のインセストはどうであろうか。遺伝子の観点からみると，母親は一妻多夫婚的状況であり，彼女がもてる子どもは2人だけと仮定しているので，彼女は損をする（図7.6をみよ）。（読者は，兄弟と姉妹のインセストの場合には子どもの数を数え，親と子のインセストの場合には，子どもでもある孫の数を数えたことに気づいただろう）。息子もまた損をする。というのも，一夫一妻婚の状況において彼がもてる子どもは1人だけであり，オイをもてないからである。だから，遺伝子的な根拠によれば，母親と息子のインセストはきわめて稀であり，兄弟と姉妹のインセストはそれよりも多く，そして父親と娘のインセストがもっともふつうにある。われわれは後で，このパターンを正確に保証するいくつかの機構を考察

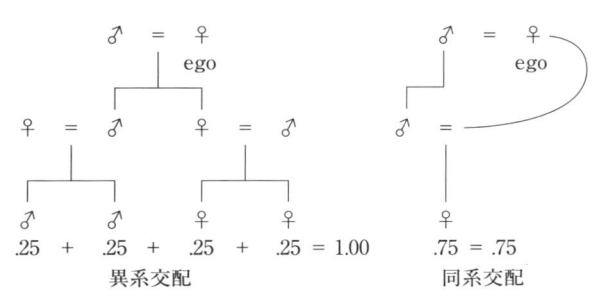

第7章 インセストの生物社会的な理論

図7.6 異系交配と比較した母親と息子のインセスト

することにする。（2つの一妻多夫婚的状況において，女性は損をするが，しかしその損は男性より小さいことに留意してほしい。一妻多夫婚がきわめて稀であることはそれほどの驚きであろうか）。

このように，インセストからの遺伝的便益はきわめてあやふやであることがわかる。便益が生じるのは，父親と娘のインセストだけである。その他のインセスト的な結合の場合，インセストが「割に合う」のは極端な隔離と外部の配偶者が不在の場合のみである。

インセストにはそのほかの便益があるだろうか。トリヴァースの親の投資理論によると，とくに人間の女性の場合，配偶者選択過程は複雑で危険だとされる。子どもへの多大な初期投資のために，彼女はできるかぎり，将来の子どもの父親に関して2つの特性を確実にしようとする。すなわち，(a) 彼が遺伝的に健全であること，そうであれば彼女の遺伝子は，その子どもによって性的成熟に至るまで伝達されるに十分なほど健康な遺伝子と結合することになる，(b) 彼が，彼女と彼女の子どもたちに快く，またできるかぎり投資をすること，である。

確かに，まったくの他人と配偶することは遺伝的には大きな賭である。彼の家族は未知であり，ただ表現型だけが彼の遺伝的な健康状態をしめしているにすぎない。熟知している個人との配偶は，賭けてみるに価する。人間のような集団生活者にとって，親密な接触をもちつつ生活することは将来の配偶者の家族を知るための適切な方法である。それはまた女性に，将来の配偶者に期待できる投資の程度について知る方法を与える。求愛行動の全過程は，この重要な事前調査に充

125

てられていると解釈できる（Barkow 1978; Van den Berghe 1979 をみよ）。ホミニド（ホモ・サピエンスを含む）のほとんどにとって，物理的な近さと血族度は部分的に一致したであろう。さらに，この部分的一致が起こる場合，同系交配はかなりの利点をもつ。ヴァン＝デン＝ベルジェ（1979）は，ほとんどの文化的な配偶形態（出自規則，居住規則，選好的イトコ婚）は，最適な同系交配を目指す文化規制であることを実証した（Van den Berghe, in press）。

同系交配のもう1つの利点は，兄弟姉妹と親族たちのあいだにおける配偶者をめぐる競合を減じることにある。異系交配が長距離にわたる配偶者の探索に依存する場合，兄弟姉妹と親族は，少数の配偶者候補をめぐって競争しなければならないことを知る羽目になる。この状況は，彼らの親の包括適応度*を著しく危険にさらすかもしれない。第1イトコ婚や第2イトコ婚に同意することは，親にとっての利点である。なぜならこうした結婚は，完全ではないものの兄弟姉妹の競争を少なくするからである。同系交配を促進することに関心をもつのは，親だけではない。ふつうは，親族集団全体が関心をしめす。とくに単系体系においてはそうである。たとえば，いくつかの遊牧社会における父系体系では，父系リネジ*内で富を護持するために，父方の平行イトコ婚が指令される（Alexander 1979）。

7.4　費用―便益分析とインセスト回避の進化

これまでみてきたように，同系交配には一定の利点がある。同系交配と異系交配は連続体に沿って伸びているので，進化しつづけるホミニドは，進化的な試行錯誤をしながら同系交配と異系交配のあいだでもっとも有利な均衡点を探してきたのだと想定できる（Alexander 1975; Parker 1976; Bateson 1978; Bixler 1981a; Van den Berghe in press）。

アレクザンダー（1977）は，異系交配に関する考察に基づき，それの費用―便益モデルを考案した（図7.7）（どの概念に焦点を合わせるかの選択は，ある程度恣意的である）。しかし，彼のモデルはまったくデータに依拠していない。アレク

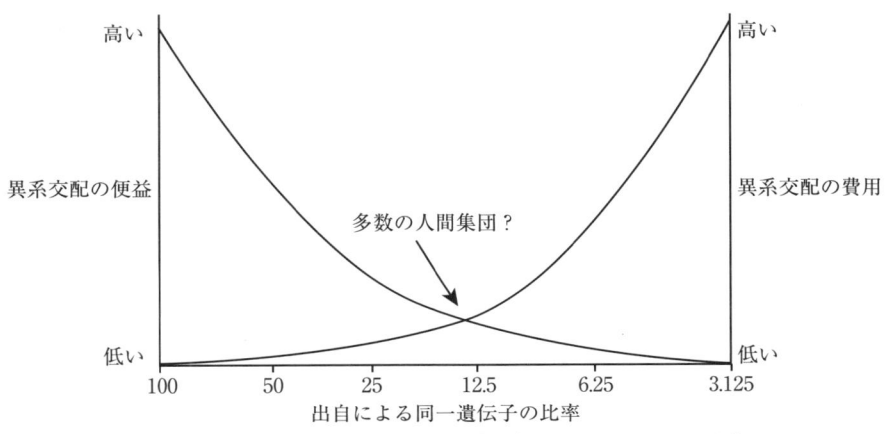

第7章　インセストの生物社会的な理論

[図：異系交配の費用―便益分析のグラフ。縦軸左「異系交配の便益」高い／低い、縦軸右「異系交配の費用」高い／低い、横軸「出自による同一遺伝子の比率」100, 50, 25, 12.5, 6.25, 3.125。中央付近に「多数の人間集団？」の注記]

図 7.7　異系交配の費用―便益分析（Alexander 1977 から）

ザンダーは「便益―費用の曲線は，ほとんどの人間社会において，第1イトコの水準の近くに均衡点があると推測される」[331] と述べている。しかし，なぜそこにあるのか。曲線の勾配は何に基づくのだろうか。わたしは，利用可能なデータに基づいて，1つのモデルを構築し，説明してみようと思う（図7.8をみよ）。

われわれは，同系交配の費用に関してある程度確実で信頼できるデータ（すぐ前をみよ）を提示したところである。われわれが作成した図は，第1イトコおよび第2イトコとの同系交配の結果と，インセスト的配偶の結果に関する不十分なデータとを含んでいる。これらのデータを結びあわせると，同系交配の費用曲線を描くことができる。これらの費用は子孫の適応度の低下として現れるので，その曲線は配偶者同士の血族度が増すにつれて左から右へと下降する。つまり，両親の親族関係が近いほど，彼らの子どもが生き残る割合が低くなる。ここには，4つの曲線が区別されている。すなわち，(*a*) 幼児死亡率，(*b*) 幼児の障害率，(*c*) (*a*) と (*b*) の合計，そして (*d*) 同系交配が反復された事例における全障害率の推測値，である。わたしは反復する同系交配の結果についてのデータを入手していないが，しかしそれは，それが発生した場合における同型接合性の算定から推測できる（Falconer 1960: 91）。

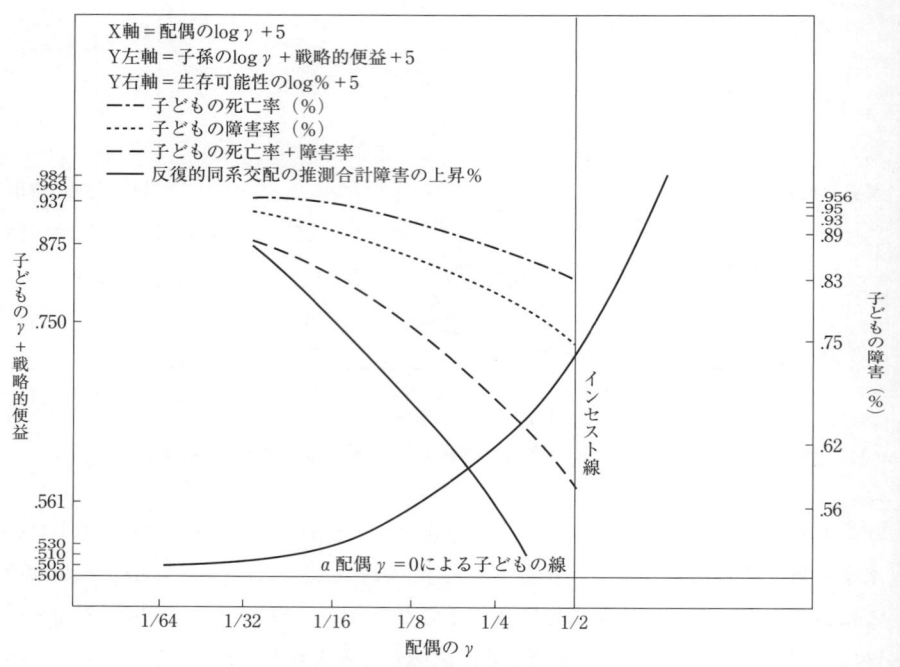

```
X軸＝配偶のlog γ ＋5
Y左軸＝子孫のlog γ ＋戦略的便益＋5
Y右軸＝生存可能性のlog％＋5
―・― 子どもの死亡率（％）
……… 子どもの障害率（％）
― ― 子どもの死亡率＋障害率
――― 反復的同系交配の推測合計障害の上昇％
```

図7.8　同系交配の費用と便益

　同系交配の便益を作図することは，さらにいっそう難しい。なぜなら，それは複雑で，また測定しがたいからである。同系交配の一部の事例は，配偶者選択にとって遺伝的便益あるいは戦略的便益を提供している。配偶者選択の遺伝的便益は，親と子どもとで共有された遺伝子の割合として計算できる。それは，親同士が親族でない場合よりも親族である場合の方が高いだろう。しかしそれを算定するより前に，もう一方の戦略的便益が数量的に検討されねばならない。したがって同系交配の便益の曲線は，部分的に推論するしかない。2本の曲線は，オジとメイとの1回の同系交配の場合と，第1イトコ同士やオジとメイとのあいだの反復的な同系交配の場合とのあいだで互いに交差する。この図形は，最終的に，アレクザンダーの推論と近似している。このモデルによれば，インセスト規制は恣意的なものではない。インセスト規制の普遍性は，通常状態にある個人にとって

第 7 章　インセストの生物社会的な理論

近すぎる親族間の同系交配の代償が圧倒的に高い事実に由来する。社会規範が自然選択によって形成された行動をたどるとまったく同じように，社会規範は同じパターンをたどる。図中，左側，つまり非親族の方向に移動するほど，社会は，第 2 イトコまでの結婚を許容する。第 2 イトコとの結婚では遺伝的事実が意味をもたないからだ。

　ベングッソン (1978) は，動物における同系交配回避の費用を分析している。わたしは同系交配の費用と異系交配の費用という用語を用いているので，彼の議論をわたしの事例，すなわち人間に当てはめてみよう。

　同系交配の費用，つまり I_c を，子孫が死亡する確率，あるいはひどく衰弱したために成長できない確率と定義しよう。同系交配による子孫が生存する確率は，$1 - I_c$ である。つづいて異系交配の費用，つまり O_c を，異系交配者が異系交配戦略の結果（たとえば配偶者を捜すための移住）として死亡する確率と定義しよう。異系交配者が生存する確率は，$1 - O_c$ である。さてここで，男性だけが移住する，その集団内の性比は 1 対 1 である，そしてすべての女性は n 人の子どもを産むことができる，と仮定しよう。

　兄弟と姉妹のインセストを選択する男性の遺伝子適応度は，以下のモデルによって与えられる。

$$W_i = nI_c 0 + n.75 \, (1 - I_c) = n.75 \, (1 - I_c) \tag{7.1}$$

　　　　　$W_i =$ 同系交配男性の遺伝子適応度
　　　　　$n =$ 1 人の女性が産むことのできる子ども数
　　　　　$I_c =$ 定義された同系交配の費用

異系交配を決めた男性の遺伝子適応度は，

$$W_o = n.25 O_c + (1 - O_c)(.50n + .25n) \tag{7.2}$$

　　　　　$W_o =$ 異系交配者の遺伝子適応度
　　　　　$O_c =$ 定義された異系交配の費用

2つ目の方程式については,説明が必要である。異系交配者は,彼が死亡する確率 (O_C) を覚悟する。しかし彼が死亡しても,彼は,姉妹の n 人の子どもそれぞれのなかに,彼の遺伝子の .25 をもつ。もし彼が生き延びると $(1 - O_C)$,彼は姉妹の n 人の子どもと,彼自身の子ども n 人をもつ。

同系交配が選択的戦略である場合,以下の不等式が成り立つはずである。

$$n.75 \ (1 - I_c) > n \ (.75 - .50 O_c) \tag{7.3}$$

つまり,そこでは, $O_c > \frac{3}{2} I_c$

このことは,異系交配の費用がインセスト費用の 1 ½ 倍である場合にかぎり,同系交配が選好される選択肢であることを意味する。人間の場合,これはきわめて極端な状況をともなう。すでにみたように(式7.1),インセスト的同系交配の費用は,.42 に近い。

すなわち,

$$O_c > \tfrac{3}{2} .42 \rightarrow O_c > .63 \tag{7.4}$$

このように,異系交配が極度に危険な——すなわち異系交配者が死亡する機会が3分の2に近づく——場合にのみ,インセストは適応報酬をもたらす選択となる。

したがってインセスト回避は,進化の安定戦略(ESS)＊である(Maynard-Smith 1978)。では,どのように進化したのだろうか。

中心部分のインセストを極度に少なくし,しかし第1イトコあるいはもっと遠縁の親族間の同系交配を許容する機構をつくりだす進化過程を想像することは,難しくはない。第2章でしめしたように,行動は遺伝子と環境とのあいだの複雑な交互作用の結果である。ホミニドが,彼の母親もしくは姉妹に魅惑される1つの(あるいは1組の)遺伝子(「エディプス」遺伝子)を仮定してみよう。この遺伝子は,母親と息子,および兄弟と姉妹の反復的インセストをもたらし,健康な子どもをほとんど結果しない(40％から50％のあいだ)。「エディプス」遺伝子は,成長をつづけることが稀であり,最終的に消滅する。しかしいまここで,

第7章　インセストの生物社会的な理論

ホミニドにすべての親族を回避させ，余所で配偶者を捜させるような「余所者好き」*の遺伝子が出現したと仮定してみよう。こうした余所者好きの遺伝子の子どもは健康かもしれないが，配偶は稀だろうから，この遺伝子も消滅するだろう。そうすると1組の突然変異，つまりインセスト回避をつくりだす合成ゲノムが出現し，生き残る（Bengtsson 1978 もみよ）。

　しかし，同系交配の戦略的便益は一定の状況に依存しているので，第1イトコ婚は異系交配の費用が非常に高い場合――すなわち狩猟・採集や焼き畑農耕や遊牧民など，小規模で階層化されていない集団の場合――に指示されると予測できる（Van den Berghe 1979）。そのような集団でさえも，ほとんどの人たちはその指示に従わないだろう。リーチ（1962: 153）は，第1イトコ婚の「選好」は単なる常套句にすぎず，事実とはまったく一致しないと述べている。プリンストン大学の科学者集団（Kunstadter et al. 1964）は，コンピュータ・シミュレーションを用いて，たとえすべての人が母系の交差イトコ婚（母親の兄弟の娘との結婚）の選好規則を守りたいと願ったとしても，（シミュレーションのために設定された人口誌的条件下で）そうした結婚は全結婚の27-28％を超えないという結論を下している。4つすべての第1イトコとの結婚を同時に選好する規則をもつ事例は知られていないので（4つのうち2つを同時に選好する事例はきわめて稀ではあるが存在する），第1イトコ婚は，たとえそれが選好される場合でも，人口誌的理由から稀にしか起こらないと考えることができる。

　こうした結論は，マードックの有名な第5の言明，すなわち「インセスト・タブーは，核家族外の人たちへの適用において，実際の生物的関係の近さと驚くほど一致しない」[Murdock, G. P., *Social Structure*, 1949: 286] を危うくする。とはいえマードックの証拠は，第2イトコから始まる。「たとえばわれわれの部族のほぼ4分の1においては，特定の型の第1イトコとの結婚が許容され，また促進されさえする一方で，一定の第2イトコ婚は厳しい結婚禁止の対象になっている」[287]。第2イトコとの配偶は生物的に不適切であるにもかかわらず，文化はそれをおもしろい仕方で展開することができる。マードックの指摘によれば，4つすべての第1イトコ（父親の兄弟の娘，父親の姉妹の娘，母親の姉妹の娘，母親

の兄弟の娘）は同じ生物的関係であるが，結婚規則はそれらを区別する。この議論に含まれる問題は，アレクザンダー（1974）やグリーン（1978）によって立証されているように，4つのイトコは，父性の確実さが考慮されていない場合にかぎって，エゴに対して同一の関係だということである。そうでないと，親族度は同じでない。すなわち，

(1)　母親の姉妹の娘　　　高い
(2)　父親の姉妹の娘　　　中程度
(3)　母親の兄弟の娘　　　中程度
(4)　父親の兄弟の娘　　　低い

グリーンは，交差イトコ婚—(2) と (3) —は概して，平行イトコ婚—(1) と (4) —よりも同系交配的でないという結論を下している。さらに平行イトコのなかでは，父親の兄弟の娘との結婚を許容する社会のほうが，母親の姉妹の娘との結婚を許容する社会よりも多い。第1イトコ婚の最終的分析においては，父性の確かさだけでなく，姉妹関係や兄弟関係も考慮されねばならない。

　マードックの結論とそれを支持する証拠は，インセスト・タブーの生物的起源を信じない文化人類学者の旗印の下で執筆されてきた（後にマードック［1972］は「非常にゆっくりと，またきわめて渋々と」彼自身の立場を否定した）。しかしヴァン＝デン＝ベルジェ（1979）は，単系出自と交差イトコ婚を分析した際に，これら2つの現象が親族選択理論を否認するかのように誤って取り扱われてきたことを立証した。単系出自集団においては，利他主義は形式的には単系親族に限定されるけれども，他の親族たちも配偶者としてその集団に参加する。ある男性が母親の兄弟の娘と結婚することは，その人自身のクラン出身でないが同じ世代のもっとも親密な親族と結婚することである。ここには，「親族利他主義」ではなく，単系集団間の同盟における「互恵性」がみいだされる。ヴァン＝デン＝ベルジェの言葉を用いるならば，「事実それは，親族選択というケーキを食べ（そうすることによって単系出自の組織上の有利さを得る），そして（「失われた」親族を義理の親族として引き入れることによって）食べ過ぎてしまう，もっとも単純な方法である」［1979: 93］。もしマードックの第5の言明が不適切であるなら，

またもし，あまりに高価すぎる同系交配を回避しつつ，しかし特定の環境下であまり費用のかからない同系交配を実行するという生物的な回避の論理が，実際に現実の行動と一致しているとすれば，イ・ン・セ・ス・ト・規・制・は・，・つ・ね・に・1・つ・の・基・礎・的・機・能・を・も・つ・と・断・言・で・き・る・。す・な・わ・ち・そ・の・規・制・は・つ・ね・に・，・遺・伝・子・の・50%（50%近く）を・共・有・し・て・い・る・親・族・間・の・同・系・交・配・を・阻・止・し・て・い・る・の・だ・。

7.5 動物の同系交配回避

　多くの人類学者は，インセスト的配偶は「動物のあいだでふつうにみいだされる自然現象」[Lévi-Strauss 1969: 18] であるが，人間の場合には，その現象は禁止されているために稀有であると主張してきた。しかしながらインセストの危険は，すでにみたように動物界全体を通じて存在する。最近の研究は，すべてでないとしてもほとんどの動物種において，インセストは回避ないし阻止されていることを明確に実証している。その証拠を検討してみよう。

　ほとんどの雌雄同体動物や雌雄同株の植物など雌雄同体の生物体は，交雑受精をしている（Wilson et al. 1973: 346）。メイナード＝スミスが実証したように，雌雄異株（異なる生物体に2つの性を宿している植物）に有利な主要な選択圧力は，同系交配の回避である（Maynard-Smith 1978: 135）。

　雌雄両性的（雌雄異体的）動物の場合，同系交配に向けた選択圧と，それに反する選択圧がある。そのバランスは通常，異系交配に軍配があがる。再度，メイナード＝スミス（1978: 140）によれば，動物は親族を認知し，彼らと交配することを自制することによって，あるいは性的成熟以前に分散することによって，同系交配の頻度を減じているらしい。第1の戦略は稀有であるが，しかしヒル（1974）は，シカネズミの場合，将来的に交尾の可能性がある雌雄が一緒に育てられると，実際に兄弟姉妹の関係にあるかどうかにかかわらず，生殖は先延ばしされると報告している。同じ現象が多くの鳥の種で観察されてきた。たとえばローレンツ（1943）はハイイロガンを，ハインロート（1911）はエジプトガンを，ヘス（Aberle et al. 1963）はカナダガンを観察して，そうした現象を確認してい

る。鳥に有利な戦略は，グリーンウッドとハーベイ (1976, 1977) が7種のスズメ目の鳥において観察したように，分散である。

多くの動物においては，メスはオスよりも早くに成熟し，したがって幼少期の，あるいは無理強いのインセストは回避される (Bixler 1981b: 271)。

ビショッフ (1972a, 1972b, 1975) は，主として哺乳動物に関する証拠を提示している。家族解体の機構によって「インセスト」，すなわち同腹の*兄弟姉妹および親子間の配偶を阻止しているのは，北アメリカフクロネズミ (Reynolds 1952)，種々の齧歯動物 (Eisenberg 1966)，リス (Eibl-Eibesfeldt 1951)，アカギツネ (Tembrock 1957)，トラ (Schaller 1967)，ヨーロッパ・イノシシ (Gundlach 1968)，ハナグマ (Kaufmann 1962) である。対象の変更という機構によってインセストが阻止されているのは，アカシカ，ワピチ，またほとんどのシカ科であり (Darling 1951；Etkin 1964；Altmann 1963)，アフリカ象 (Ewer 1968; Hendrichs and Hendrichs 1971)，シマウマ (Klingel 1967)，小型の羚羊 (Hendrichs and Hendrichs 1971) も同様である。パッカー (1979) は，オスの群れ間の移動によって同系交配が阻止されている種として，ブチハイエナ (Krunk 1972)，ムチワラビー (Kaufmann 1974)，ライオン (Schaller 1972)，ビクーナ (Franklin 1974) を列挙している。

大部分の証拠は霊長目に関して収集されてきた。ここで，最近20年間に提示された信頼できる大量のデータをしめすことにする。これらのデータは，この間に実施された十分に統制された野外研究から得られたものである。

伊谷 (1972) は，日本の霊長学者たちの知見を要約している。彼は，ニホンザルの場合，若いオスザルが群れを離れて放浪的な存在になるので，母親と息子，兄弟と姉妹の交尾はおおむね阻止されると結論づけている。父親と娘の交尾は，1頭のオスが4年以上にわたって群れの支配的地位を保持できない事例にかぎり，阻止される。同系交配を阻止するもう1つの機構は，群れの分裂である。よく報告されている1事例の場合 (小山 1970)，群れの分裂は，あらたに形成された縄張り単位間で若いオスを交換するときに生じる。

パッカー (1979) は，若いオスの移動による同系交配の阻止について研究して

第7章 インセストの生物社会的な理論

いたが，文献中で述べられているこの機構が以下のような霊長目と関連していることを見いだした。すなわち，マントルホエザル，ベルヴェットザル，ワオキツネザル，ニホンザル，アカゲザル，ボンネットモンキー，トラウトザル，キイロヒヒ，キャクマヒヒ，シファカ，アカオザル，シロクロコロブス，パタスモンキー，ハイイロヤセザル，カオムラサキラングール，そしてゲダラヒヒである。デマレスト（1977）は，人間以外の霊長目におけるインセスト回避に関する証拠を要約し，そしてそれを人間の証拠と比較している。

マカク属を考察した別の研究者のなかで，サデ（1968）は，ケヨ・サンチャゴの放し飼いのアカゲザルを対象に，母親と息子の交尾の抑制について報告している。アカゲザルのインセスト回避を報告した別の霊長類学者としては，アルトマン（1962），コフォード（1963, 1965），そしてカウフマン（1965）がいる。

ヒヒ（ヒヒ属）については，ウォッシュバーンとドヴォア（1961ab），ホールとドヴォア（1965），クマール（1968），パッカー（1979）が，インセストを阻止するいくつかの機構をみつけた。マントヒヒでは，若い放浪中のオスが既成のハーレムから性的に成熟する前の若いメスを盗んで新しいハーレムをつくるという機構によって，父親と娘のインセストさえほぼ阻止されている。

ヤセザルの社会体系については，フルディ（1977b）が最良の記述をしている。1頭のオスによってつくられるハーレム，放浪するオス集団および乗っ取り屋に基礎をおくヤセザルの社会体系は，おおむね同系交配を阻止している。群れのなかにいるメスたちは互いに親族関係にあるが，ハーレムに戦いを挑まなければならないオスたちはふつう「混合」因子・遺伝子である。父親と娘のインセストは，支配しているオスが4年を超えてその群れを牛耳る場合に可能だが，しかしこうした事例はきわめて稀である。

テナガザル（Carpenter 1964）は一夫一妻婚の種で，思春期のオスとメスを家族単位から追い出すために，インセストは阻止されている。

チンパンジーについては，数人の研究者（Reynolds 1968; Reynolds and Reynolds 1965; Goodall 1965, 1967a, 1967b, 1971; Albrecht and Dunnett 1971）が，抑制と阻止の双方をみつけている。母親と息子，および兄弟と姉妹のインセストは

きわめて稀である。この多少とも乱交を行う種において父親を判別することは困難だが，メスが集団を移動することによって，父親と娘のインセストは阻止されている（Pusey 1979: 477, 1980）。

ゴリラでは，放浪するオスたちとその支配体系が，インセストをある程度阻止する（Schaller 1963; Reynolds 1968）が，しかしここでのデータは，上で述べたいくつかの種についてのそれと比べてかなり手薄である。ハーコート（1979）は，野生のマウンテンゴリラにみられるメスの移動を報告している。

この資料は，その豊富さにもかかわらず，完全に明確な証拠ではない。第1にわれわれは，霊長目におけるインセスト回避に関するこうした広範囲な事例が，どうしてごく最近までほとんどわかっていなかったかについて問わねばならない。この疑問にはいとも簡単に答えられる。すなわち，過去においては動物行動のほとんどの観察は，家畜か動物園に限定されていた。これらの条件はいずれも，動物の自然な性向をはなはだしく脅威にさらす。たとえば，飼育者たちは別の相手を遠ざけることによって近親との交尾をたやすく強いることができたし，また動物園ではごく限られた数の交尾可能な相手候補しか飼育しない。動物についてのわれわれの思考は，本能と学習との区別——古めかしく，しかも誤った区別——による影響を受けてきたので，研究者たちは動物園や家畜の動物がインセスト的であるならば，動物はインセストに抗する「本能」をもっておらず，したがってインセスト回避は「自然的」ではありえないと結論づけてしまった。また，飼育者たちが同系交配によって優秀な種形成を行うことに成功したので，人びとは同系交配が「種」を害することはないと結論づけたのである。しかしながら彼らは，交配の成功は不適応な種の排除を要求すること，また子孫の一部を排除することによって「有害な遺伝子の排除」ができた場合でも，個体は同系交配をする傾向を進化させえないことを忘れていた。

第2に，ここで提示している資料は包括的ではない。自然状況における野生の生活の観察は，骨の折れる，費用のかかる作業で，ほとんど不可能な場合もある（たとえば夜行性動物，海洋動物，高所の群葉で生活している動物の観察）。将来的には，野生動物についてより多くの観察が実現するかもしれない。そのことは

また，同系交配とインセストの問題にさらなる関心が寄せられることでもある。とくに動物のセクシュアリティに関心を寄せている一部の文献は，この問題への言及にほとんど失敗している（Wendt 1965）。

第３に，先にしめした資料からは，ビショップがきわめて明快に記述し，体系的に類別した機構のいずれもが正確に機能していないことは明らかである。これらの機構は，インセストの確率を低めるにすぎない。しかしインセストは発生するのだ。たとえばミサキアン（1973）は，ケヨ・サンチャゴの野生のアカゲザルの場合，尻乗り（マウンティング）と交尾の総数のうち5.4％が母親と息子ペアであったと報告している。さらに，母親と息子ペアの31％，兄弟と姉妹ペアの12％が交尾していることが観察された。しかしながらアレクザンダー（1975）は，母親と交尾した息子（１頭を除く）および姉妹と交尾した兄弟たちはいずれも，３歳から５歳の思春期の若ザルで，まだ他のメスに接近したことがなかったことを指摘した。たとえそうだとしても，インセスト的交尾は比較的に稀である。インセストの頻度を低くする機構は，心理生物学的な素因として遺伝的に進化してきた。インセスト回避の究極因は明らかに，過剰な同系交配の阻止である。

7.6 共進化過程：３つのインセスト的ダイアドにおけるインセスト規制

進化はインセストに対処しなければならないこと，および動物においてインセストは確かに回避されていることを立証するだけでは不十分である。われわれは，人間種においてインセストを稀なことにさせる機構を探求しなければならない。第３章で，いくつかの重要な方法論的問題が分析されたことを思い起こしてほしい。この分析を要約したのが表3.7であるが，わたしはここで，表3.7中のセルを埋め，異なる形態の規制——抑制，阻止，禁止——が３つの異なるダイアド，すなわち母親と息子，兄弟と姉妹，父親と娘においてどのように作用するかを検証していく。さらに，共進化過程の力学を説明し，進化した後成規則が文化的形態にどのように転換されるかを明示したい。換言すれば，起源，持続，機能がどの

ように弁別され，それらの統合的な効果がいかに理解されうるかを検討する。

7.6.1　母親と息子のインセスト抑制

　母親と息子のインセストは，原初の霊長目以来抑制されてきた。高等霊長目の子どもたちにおいては，母親への依存は全面的——食料，移動，安全，学習——であり，かつ長期におよぶ。一部の種では，母親代理（代理母による育児*）が進化したけれども（Hrdy 1977a, 1977b をみよ），母親を失った乳幼児はふつう生きることができない。こうした完全な依存は，母親と子どものあいだにきわめて明白な支配—服従の関係をつくる。サド（1968）は，アカゲザルについての知見を以下のように要約している。

　　　　生育集団に残留するオスたちは幼児役割の残響から，生物体として，母親と交尾することを抑制されている。幼児役割は，同一のメスが対象であるとき，配偶役割と両立できない。母親の圧倒的支配は，この関係の主要部分である。というのも，もし息子が母親の支配に首尾よく挑戦できれば，抑制は破壊され，彼は母親と交尾するだろうからである。母親と息子の関係を除くと，メスの圧倒的支配の要因は，交尾を抑制するには不十分である。なぜならオスは，上位に位置する親族関係のないメスと喜んで交尾するからである [36]。

マカクザルについては同じ知見が今西（1965），徳田（1961），ミサキアン（1972, 1973）により報告されており，チンパンジーについてはグッドール（1968）が，またヒヒ，ヤセザル，チンパンジー，テナガザルについてはデマレスト（1977）が，同様の知見を報告している。

　もしサド（1968）とコートミュルダー（1974）が正しければ，遅かれ早かれ，(a) 集団で生活している種，および (b) 幼児の母親に対する完全で長期にわたる依存によって特徴づけられる種のすべてで，母親と息子の性交は抑制されていると予想できるはずだ。

　人間は明らかにこれらの基準に当てはまる。実際，人間の場合には，これらの基準が適合するだけでなく，より際だっている。人間個体は，集団がないとたち

第7章 インセストの生物社会的な理論

まち途方に暮れ，人間幼児は全面的に母親（あるいは母親代理）に依存しているので，食事を与えられる以外まったく無視される幼児は，生き延びられない（Davis 1940, 1947; Lyons 1978）。

わたしはこれまで，動物のデータの人間への不用意な適用に警告を発してきた。ウィルソン（1975）に従って，わたしは相同性*に賛同し，類似性を提言しなかった。しかも相同性のなかでも，長期の系統発生的進化をもち，人間を除く霊長目から人間へととぎれることなく持続する相同性だけを選ぶことを提言した。わたしは，母親と息子のインセスト禁止はこうした要件を満たしていると考えている。なぜなら人間においてこの抑制は，他の霊長目と同じ原理によって作用しているからである。

1. 人間幼児は，長期にわたる社会化過程を通じて，完全に母親に依存し服従する存在であり，そのことから彼女との関係の神経心理学的モデルを発達させる。
2. このモデルと，男女間の性的関係のモデル——敵意と男性支配を含む——との両立不可能性は，母親と息子の性的関係の発達をうまく抑制する。
3. 2つのモデルはともに遺伝的だと考えられるが，しかしそれが作動するには社会的ならびに心理学的な条件が必要である。たとえば，もし息子の個体発生が母親への依存や服従をともなわないと（たとえばその子どもが彼女から引き離されて，他の誰かによって社会化される場合），神経心理学的モデル——したがって抑制——は活性化されないだろう。遺伝的に決定されているのは，その種に特徴的な一定の条件下で抑制に向かう性向である。抑制はいつも有効とは限らない。なぜならその特徴的な状況はつねに存在するわけではないからである。

要するに，ここに提示しているのは「精神の組み立てを方向づける遺伝的に規定された手順」——すなわち民族誌的な偏向曲線をつくりだす後成規則——なのである。この規則は，母親と息子のインセストを完全には排除しないが，しかし

それをきわめて稀有なことにすると思われる。

その場合，エディプス・コンプレックスに関する精神分析的なすべての文献は破棄されることになるのか。とんでもない。しかし，それは再度検討されるべきである。男児が誕生後早期から乳母によって社会化されると，そうした場合には母親への関心は抑制されてはいないのだが，インセスト抑制の欠落を結果するのだろうか。このことを知るためには，社会化の状況について知らねばならない。フロイト（1953: 126-132）は，研究対象とした子どもたちの早期社会化に関する幅広いデータを提示していない。彼の扱ったほとんどの事例は，ウィーンの中流ないし上流階級家族の出身者であった。こうした家族では，乳母，家政婦，あるいは祖母が一般的な母親代理である。エディプス理論にとっての証拠は，標準的な社会化状況とはまったく異なる臨床事例に基づいているといえよう。

ヴァン=デン=ベルジェ（in press）は，母親と息子のインセスト抑制は，兄弟と姉妹のインセスト抑制と基本的に異なりはしないと論じている。これをわたしは「負の刷り込み」機構と呼んできた（Shepher 1971a, 1971b; さらに本書の前半をみよ）。「それは，回避は当事者の片方だけが負の刷り込みをもつよりも，ありうる双方の側が互いに負の刷り込みをもつ場合のほうが多いという期待を前提としている」。ヴァン=デン=ベルジェによれば，「母親と息子のインセストはきわめて異常である。なぜなら……このペアのうち，より積極的で乱交的な個人（息子）は，（きわめて若いために）彼の意思を貫徹する力もなく，またインセストの欲求も（負の刷り込みのために）もっていないからである」。

ヴァン=デン=ベルジェ（in press）によれば，フロイトは，ソフォクレスのオリジナルなオイディプス物語を曲解した。

> オイディプスは，母親に対する刷り込み機会をもてなかった。なぜなら，ソフォクレスがわれわれに語っているように，彼は乳幼児のうちに母親から引き離され，里親によって育てられたからである。インセストの予言は，実親がその子どもたちを養育する文化規範が破られたために，現実のものとなった。運命に逆らうなという命令は，「仕組みのせいにするな」という格言の神秘的な言い回しにほかならない。ソフォクレスはおそらく，彼の戯曲の壮

第7章 インセストの生物社会的な理論

大さを脅迫するものとしてわたしの退屈な解釈に対抗するだろうが，同時に彼はフロイトを，飛び抜けて狂気じみた人物とみなすと確信する。

わたしは確かにヴァン＝デン＝ベルジェの言明に同意するが，しかし少しばかり修正したい箇所がある。「実親がその子どもたちを養育する文化規範が破られたために」という語句に代わって，わたしは「母親が自分の子どもたちを育てるというわれわれ哺乳類の遺産から派生した後成規則が侵犯されたために」と言い換える。それでも2つの理論は，互いに相反するというより，どちらかといえば相補的である。これらが互いに補完的であることは，第2の重要な機構，すなわち阻止を検討することによってさらによく理解できるだろう。

7.6.2 母親と息子のインセスト阻止

母親と息子のインセストは，若いオスが性的に成熟するとただちに彼を移動させることによって，阻止できる。彼を生育集団にとどめても，年長のオスたちによる干渉に服従させれば，阻止することが可能である。最後に，息子の性的成熟と母親の生殖局面とが一致しなければ，もしくは母親が集団を離れるならば，母親と息子のインセストは阻止できる。これらすべての機構は，霊長目界で作動している。第1の機構は，テナガザル（Carpenter 1964）のような独立したペア結合，マントヒヒ（Kummer 1971）やヤセザル（Hrdy 1977ab）のようなハーレムをつくる一夫多妻主義の場合に発生する。ホエザル（Carpenter 1965）やアカゲザル（Carpenter 1942）のような複数のオスで集団をつくる種，またオリーブヒヒ（Packer 1979）も，若いオスが生育集団から離れていく。いくつかの種においてはオスが群れを離れようとするが，この過程をビショフは「解放と自律の探求」と呼んでいる。第2の機構——若者の性的活動への干渉——は，ニホンザル（今西 1963），マントヒヒ（Kummer 1968），その他のヒヒ（Hall and DeVore 1965; Washburn and DeVore 1961a, 1961b）に関して報告されている。

第3の機構は，オスの性的成熟までの期間が相対的に長く，メスの性的成熟が早い種において発生する。サイモンズ（1974）はチンパンジーについて，オスの

準成体段階は6歳から7歳，メスの成体段階は6歳から8歳，寿命24年超，出生間隔1年から4年というデータを提供している。この場合，最初と2番目に生まれた息子だけが，母親と交尾可能である。西田 (1979) とピューシー (1979) は，チンパンジーではメスの移動が母親と息子のインセストを阻止する主要な機構だと指摘している。母親と息子のインセストの人口誌的阻止についてのスレーター (1959) の分析は，人間以外の霊長目にも活用できるかもしれない。ただしわたしは，霊長目の年齢構造の分析が人間についてのスレーターの分析と同じかどうかを定かには知らない。

人間の場合に，母親と息子のインセストは阻止されているのか。人口誌的事実によるスレーター (1959) の阻止についての信頼に足る分析は，すでに考察した。息子が成人になるとき，すでに母親が性交するには年をとりすぎている事実は，文化の手だてによって変えうる生物的事実である。スレーターの仮定に反して，母親の生涯時間がかなり拡張されるならば，人口誌的阻止は機能しないだろう。

阻止と連動してただちに思い浮かぶのは，男子の通過儀礼だろう。コーエン (1964) は，子どもたちは結婚の性的な意味合いに気づくことなく，親や兄弟姉妹とやがて結婚するという夢想を抱くと仮定している。彼は次のように記している。すなわち，「自らの核家族メンバーに対して性的に興奮する子どもたちに対処するもっとも単純な方法は，彼らを家族から遠ざけることだ」[53]。移動の事例は数多くある。ニャキュシャア族 (Wilson 1951) は，少年のための若者村を建設する。イギリスの上流階級の親は，思春期の子どもを全寮制の学校に入学させる。アンダマン島民とティコピア人は，思春期の子どもたちを親から引き離すために友人や親族の養子に出す。タレンシ族は，思春期の子どもたちのために特別な家屋を建設する。

物理的な移動は，典型的には一連の儀礼からはじまる。この儀礼によって少年たち——とくに単系社会の少年たち——は，女性の世界から象徴的に引き離される。儀礼は，少年が家族の女性たち——彼の母親や姉妹——と暮らしていた子ども期からの移行を意味する。彼は，通常男性が行う仕事を実行できるためには，この世界から分離されなければならないのである (Tiger and Fox 1971; Fox

第7章 インセストの生物社会的な理論

1980)。

　人口誌的な阻止は生物的であるけれども，思春期の少年の追放は確実に文化的である。タイガーとフォックス (1971) は，その過程を，人間の「バイオプログラム」の一部と考えている。つまり彼らは，それに後成規則の地位を付与しているのだ。しかしながら，この現象の通文化的な調査から得られる偏向した民族誌的曲線は，説得力に欠ける。たとえばコーエン (1964) は，65の文化標本において，親や子どもの出自集団の他のメンバーによって社会化が実行される単系社会にはその通過儀礼が広く行き渡っている一方，他の社会ではその儀礼がないことをみいだした。全体からみると，通過儀礼がみられたのは19の文化だけで，それは標本中の30％弱にとどまった。ヤング (1962) は，特定文化における男性の連帯の程度と男性の通過儀礼との関連を確認している。ホワイティングとクラックホーンとアンソニー (1958) は，厳しい通過儀礼を，長期におよぶ授乳および分娩後の性的タブーに関連づけた。それにもかかわらずフォックス (1980) は，通過儀礼の重要性と男子の追放について以下のように表現している。

　　　親族関係と通過儀礼は，こうした感情［若い男性の，年長の男性と女性
　　への彼自身の接近に対する両義的な感情］の馴化，およびそれの社会化の
　　社会的表現である。しかしこれら2組の制度は，知識人の自由な創作では
　　ない。これら制度を何らかの形でつくりだすために，脳にギアが入り，配
　　線などをしたのだ。というのも，脳はそれ自体，制度がしめす力の産物だ
　　からだ。脳は，最初にそれをつくりだしたものの改訂版を忠実に複製して
　　いる――というより，数百万年にわたる霊長目の進化のなかでそれを複製
　　してきた［161-162］。

わたしはフォックスが正しいと信じるが，現状においては十分な証拠が存在しない。だからしばらくのあいだ，人間の場合，阻止が抑制（すなわち遺伝的に決められたもの）に近いのか，それとも禁止（すなわち文化的な発明品）に近いのかの判断はできない。

7.6.3 母親と息子のインセスト禁止

ほとんどの男性が母親と配偶しようと思わず，また母親と配偶しようとする少数の息子もたぶんそうできないことを考慮すると，なぜ母親と息子のインセストが禁止されなければならないかが問われることになろう。禁止は以下のようにして発達したのかもしれない。

1. 禁止は，意識的に精巧に磨かれた文化規則であり，だから人間が象徴的コミュニケーション体系を発達させた後になってようやく出現できた。その時までは，抑制と阻止が母親と息子のインセスト発生をきわめて低くしていたので，その回避は自然秩序の一部とみなされた。人類学者たちの多数のインフォーマントが明言したと同様，レヴィ＝ブリュール（1963: 231）は適切に次のように述べている。

   > 目撃者の研究は，彼らの目には，事実上インセストがとりわけ異常なこと，前例のないこと，自然に反し，災いをもたらすこと，一言で言えば「背反」とみなされていることを確認する。
   > それは…道徳的に非難されるべき所業でなく，異常かつ反自然的所業であり，それを実践させることは，己の脱糞を食べる羊のように，悪影響を蔓延させる。

2. 人びとはごくわずかの例外も認めがたかったので——それらは本当にごく稀だったので——，人びとはそれらを禁止した。
3. その後，自然秩序の概念が宗教的裁定を受けるようになると，インセストの禁止は道徳的および宗教的秩序に組み入れられた。
4. 母親と息子のインセストは抑制もされ，また阻止もされていたので，禁止はうまくいき絶対的だっただろう。実際その禁止は，きわめて稀な例外を排除する以上のことはなにもしなかった。

母親と息子のインセスト禁止を，抑制と阻止の双方によって準備されなかっ

第7章　インセストの生物社会的な理論

た，また強化されなかった禁止と比較すれば，この議論の真実を知ることができる。たとえば，縁故主義は近代の普遍主義的な社会における官僚制下では禁じられている。しかし縁故主義を禁止する規則は抜け穴だらけだ。非常に多くの違反があるのは，それらに対応する法体系に抜け道があるからだ。その他，あまり成功しなかった禁止としては，婚前および婚外の性交渉と，儀礼的な食物タブーがある（同様な議論については，Bixler 1981b; Van den Berghe, in press をみよ）。

　こうして共進化的過程は完成をみた。生物進化は後成規則を生じさせた。後成規則とはすなわち，統計上圧倒的に普及している社会状況で作用する遺伝的にあらかじめ定められた手順——たとえば母親が息子を育てる——のことである。大多数の事例において母親は息子たちを社会化するが，しかし文化は新しい「カルチャジェン（文化遺伝子）*」——たとえば母親が息子たちを社会化しない社会状況，具体的にはそうした日常的な活動に時間を割けない女王，買い物や慈善活動に忙しすぎる中流の上階級の母親たち，顧客の性欲を満たさなければならない売春婦たち，をつくりだした。そうした事例では抑制がうまく働かなかった。それでも例外的なインセストの事例は人間によって認知されてきた自然秩序と矛盾しており，したがって文化が禁止しなければならなかったのだ。要するに，文化は自然が用意したものを補った——生物進化と文化進化とが協働したのである。

7.6.4　兄弟と姉妹のインセスト抑制

　次に，第2のインセスト的ダイアド——すなわち兄弟と姉妹のそれ——について考えてみよう。兄弟と姉妹の配偶は，母親と息子の配偶と同じく遺伝的に有害であり，抑制されがちである。すでにわれわれは，キブツ研究と養女婚における兄弟と姉妹の抑制の範型を知っている。小さな仲間集団で育ったキブツの子どもたちは遺伝的な血族ではないので，研究者は抑制がどのように作用するかをみいだすことができた。すなわちそれは，神秘的な「血のお告げ」によるのでなく，一緒に社会化された個人および早期子ども期を通じて密接な身体的接触をもった個人に向けて刷り込まれた，遺伝的に決定された素因によって作用する。エロチックな魅力を感じることに対するこの刷り込みによって，キブツの子どもたちは

145

「インセスト」を完全に回避できる。とはいえキブツの状況は，霊長目の世界や，たぶんすべての哺乳類の世界で，同腹あるいは同父同母の兄弟姉妹に統計的に広く普及している社会状況である。鳥については，ローレンツ（1943）がハイイロガン，ハインロート（1911）がエジプトガン，ヘス（Aberle et al. 1963）がカナダガンについて，一緒に育った兄弟姉妹はペアの形成ができないが，しかし別々に育てられた兄弟姉妹ではそれが十分可能だと報告している。われわれは，霊長目における兄弟と姉妹のインセスト回避についてあまり証拠をもちあわせていない。たぶん研究者たちの関心の欠如か，あるいは長時間にわたって兄弟姉妹を追跡することが難しいからであろう。それにもかかわらずグッドール（1971）は，チンパンジーにおける兄弟と姉妹のインセスト回避を目撃している。デマレスト（1977）は，マカク属，テナガザル，ヒヒに関する証拠をもっている。第5章では，人間の証拠について取り上げた。

コートミュルダー（1974）とヴァン＝デン＝ベルジェ（in press）は，母親と息子および兄弟と姉妹の抑制は，双方とも同じ機構——すなわち攻撃性と支配の抑制——に由来すると考えているが，わたしは，この両者が同系交配を抑制する機能をはたすとしても，この両者は基本的に異なると考えている。

母親と息子のダイアドで取り上げられるのは，成人と依存的で従順な青少年である。こうした状況では，コートミュルダーの攻撃—支配の抑制は正しい。しかし兄弟と姉妹の場合では，抑制はまったく違う。とくに兄が年長である場合には，ふつう兄のほうが妹に対して支配的で，また攻撃的である。人間の男性は通常，同じ年頃の女性よりも強く，したがって彼は，彼女と配偶するために必要な支配と攻撃の「投与分」をもちあわせている。もし性交渉またはエロチックな魅力が無効になるならば，それは第5章で説明したように，負の刷り込みに起源がある。実際，わたしの最初の説明（Shepher 1971b: 235-237）は，洗練さがかなり劣るものの，デマレスト（1977: 334-337）の説明と酷似している。

デマレストは，ソコロフとプリブラムの研究に依拠しながら，以下のような結論に到達した。

第7章　インセストの生物社会的な理論

　　　われわれは，社会化期間における攻撃性と性的魅力の双方に関する激しさ
　　　の低下を説明できる立場にある。扁桃体は，前脳室領野と強い神経連結を
　　　もつ。したがって新奇さによって引き起こされる電位変化が扁桃体から前
　　　脳室領野に運ばれ，状況における新奇さの量に依存しながら，選別的な様
　　　式において性的魅力，恐怖，あるいは攻撃の情動をつくりだすレセプター
　　　を不均衡化する [336]。

　デマレストが2つの抑制（母親と息子，兄弟と姉妹）を区別しているかどうか
は明瞭ではない。しかし彼は，攻撃と性的魅力の双方が低下することを強調して
いるので，その区別をしているだろうと思われる。攻撃性の低下は母親と息子の
インセスト禁止の中心に位置し，性的魅力の低下は兄弟と姉妹のインセスト抑制
の中心に位置する。デマレストが記述していることは，明らかに後成規則の基本
部分である。ルムスデンとウィルソン（1980, 1981）が，後成規則の原型として
兄弟と姉妹のインセスト回避の事例を取りあげたことは驚くに値しない。
　しかしながら母親と息子の性的活動と，兄弟と姉妹のそれには，別のより重要
な相違がある。母親と息子のインセストは，哺乳類においてほとんど普遍的なパ
ターン，つまりたやすく妨害できないパターンによって抑制されている。兄弟と
姉妹のインセストは，必ずしも普遍的でなく，またたやすく壊れるパターンによ
って抑制されている。もし兄弟と姉妹の年齢が十分に（たぶん4年以上）開いて
いれば，抑制機構は有効に働かない。たとえば，子どもたちが3年間隔で生ま
れ，そして最初の2人の子どもが息子で，3番目の子どもが娘であるとすると，
長兄と妹は，彼が彼女の誕生するまでに決定的な期間を過ぎているという理由だ
けで，抑制適用の範囲外である。その抑制は，兄弟と姉妹を分離することによっ
てか，あるいは彼らの子ども期の性的遊びに干渉することによって破壊されるか
もしれない。

7.6.5　兄弟と姉妹のインセスト阻止

　母親と息子の配偶を阻止する機構は，たぶんそれほど有効でないとしても，同
父同母の兄弟姉妹間の配偶も阻止する。しかし「原初の時代においては」，有史

の時代ほど妨害がなかったかもしれず，兄弟と姉妹の抑制は文化に先行していたと仮定できる。ホミニドに起源をもつ人間は，インセスト抑制の2つの型双方から影響を受けた。

　兄弟と姉妹に対する人口誌的構成による阻止は，母親と息子の場合ほど有効でなかった。両性間の年齢差が小さいという簡単な理由のせいである。生育集団に立ち戻った周辺的なオスは，姉妹とのあいだの性的魅力が抑制されなければ，彼女たちと配偶できるかもしれない。それにもかかわらず，抑制とさまざまな阻止機構が，兄弟と姉妹のインセストをきわめて稀なことにさせた。

7.6.6　兄弟と姉妹のインセスト禁止

　兄弟と姉妹のインセスト禁止は，母親と息子のインセスト禁止に類似している。人びとが既存の抑制と阻止の機構に禁止を加えはじめると，禁止は若い年齢にも拡張されねばならなかった。この拡張が兄弟姉妹の分離をもたらし，したがって抑制の形成を弱め，そしてそれが次に魅力を強化し，これが回避タブーのようなより洗練された禁止を促進した。単系出自のような別の象徴的パターンが，この過程を強化した。たとえば，母系出自*集団において，姉妹がリネジの名称も経済的および象徴的価値も伝えることによって「神聖化」されるならば，禁止は父系リネジにおける以上に強固に成長するだろう。父系社会では，姉妹は父系リネジを離れることによって部外者になるからである。父系社会においては妻たちは通常夫の家族と同居すること，また母系社会においてそのパターンは，夫が妻の家族と同居するパターンあるいはオイが結婚にあたって母親の兄弟と同居するパターンと共在していることを思い起こす必要がある（Van den Berghe 1979）。たとえばトロブリアンド島民やアシャンティ族のような集団において，兄弟と姉妹のタブーの文化的進化は以下のようであろう。

1. インセストは，抑制と阻止のせいで稀有である。
2. 兄弟と姉妹間の性交渉の回避は，自然秩序の一部になる。
3. 稀な「おぞましい」違背は，禁止される。

第 7 章 インセストの生物社会的な理論

4. 禁止は若い年齢にまで拡張される。
5. 兄弟姉妹を一緒に社会化することへの干渉が，抑制を弱化させる。
6. 兄弟姉妹間のエロチックな魅力が頻繁になる。
7. より厳格な禁止が回避規則をもたらす。
8. 母系出自規則が回避規則を補完する。
9. この過程全体が均衡状態に達し，この状態において人びとは兄弟姉妹インセストに対する罪意識を経験し，インセストの処罰として死が与えられる。

この過程は，父系集団ではたぶん違っていた。なぜなら，外部の男性と結婚する姉妹は早期に家族を離れるからである。しかし兄弟姉妹インセストの回避規則と厳格な処罰は，父系出自集団においても発達する。ただ，母系出自集団ほど一般的ではないだけである。グッディ（1956）は，父系出自集団と母系出自集団とのあいだに兄弟姉妹インセストの頻度の相違をみつけた。けれども彼は，その相違を，女性に対する 2 つの体系の異なる態度によって説明した（本書第 10 章をみよ）。

母親と息子のインセストと，兄弟と姉妹のインセストとの第 3 の相違は，前者は 1 種だけであるのに対して，兄弟姉妹には 3 種あるということである。すなわち，(a) 同腹の兄弟姉妹——母親は同じだが父親が異なる——，(b) 父系と母系でつながる兄弟姉妹——同父同母——，(c) 父系の兄弟姉妹——父親は同じだが母親は異なる——である。

わたしの理論が正しければ，同腹の兄弟姉妹間と同父同母の兄弟姉妹間のインセストは，母親たちが同一世帯に住まないかぎり，父系の兄弟姉妹よりも厳しく抑制されると仮定できる。残念ながら，民族誌の文献において異なる種類の兄弟姉妹の区別はきわめて稀である。旧約聖書は，父系の兄弟姉妹のインセストを 2 例（アブラハムとサラ，アモンとタマール）伝えている。ヴァン＝デン＝ベルジェとメシャー（1980）は，アフリカの 7 つの王国（モノモタパ，アンコーレ，ブンヨロ，ブガンダ，ザンデ，シリューク，ダホメー）における王族の兄弟姉妹婚が，父系の異腹の兄弟姉妹であったことをしめしている。有名なエジプトとハワ

イの王族も，おそらくこれと同じだろう。というのも，これら王族は一夫多妻婚だったからである。文化における抑制の程度は，違背を数えること（抑制が大きいほど違背は少ない），あるいは禁止の厳格さを評価すること（禁止が厳しいほど抑制は小さい）から推測できるだけである。この最後の推論は，エムバー（1975）によって使われた推論と正反対である（第6章をみよ）。

7.6.7 父親と娘のインセスト抑制

　すでにみたように（124頁），父親と娘のインセストは，異系交配と比較して遺伝的に「割の合う」ただ1つのインセスト形態である。したがって，父親と娘のインセストは兄弟姉妹のインセストよりもふつうであり，事実，父親と娘のダイアドに関する抑制はきわめて少ないと予測できる。なぜだろうか。

　まず最初に，こうしたダイアドが抑制されるためには，そのダイアドが，他の男女ダイアドから区別できなければならない。母親と息子のダイアドも，兄弟と姉妹のダイアドも，分娩，授乳，また長期におよぶ社会化のために，判別は可能である。こうした事例における抑制は，ダイアド両性の長期におよぶ共同生活の間に発達する。しかし父親と娘のダイアドは，他の男女ペアと区別がつかない。たとえば，チンパンジーのように，相対的に乱交的な集団においては，ほとんどの成体のオスは，発情期にあるすべてのメスと交尾する機会をほぼ同じ程度もっているので，父親と娘のダイアドを区別することは難しい。もっとも，調査研究によれば，思春期のメスは群れを離れるという（西田 1979; Pusey 1979, 1980）。同じことは，キイロヒヒやアカゲザルの群れのような多くのオスを含む集団についてもいえる。マントヒヒ，ゲダラヒヒ，ヤセザルのような1頭のオスがつくる群れにおいてだけ，父親と娘のダイアドを，別のオスとメスのペアから区別できる。そこでは，屈強なオスと彼のハーレムにいるすべての思春期のメスとが，父親と娘のダイアドを構成する。しかしこの状況は，支配するオスが，娘が性的成熟に達するまでの長いあいだ，その支配を維持できる場合にかぎってあてはまる。

　フルディ（1977b）は，群れの周辺をうろついているオスたちと「お忍び」，つまり「不倫」の交尾を求めるヤセザルのメスについて記述している。彼女の説明

は実に興味深い。

　　　こうした不倫の誘惑に関する1つの説明は，メスが子孫のために異系交配の遺伝的な便益を順送りしようとして行動しているということだ。この説明は，短時間の観察によって，群れ外の不倫の最頻の発生はエリート養成群のためだという知見と一致する。この群れはアブで研究された群れのうち，政治的にもっとも安定した群れであり，そのために多分もっとも同系交配的である。ほとんどの群れにおいて，数年ごとに行われるオスの実権掌握パターンを考慮すると，新しい遺伝子素材の比較的定常的な流入が事実上保証される。しかしエリート養成群の事例では，口裂唇の障害をもつオスが少なくとも5年にわたり居留地に留まりつづける努力を重ねていた（1971年にフルディがはじめて出会ったときの群れの構成に基づく）。傷のある唇をもつこのオスは，この傷を共有していた1頭の成体のメスおよび1頭ないし2頭の思春期のオスをはじめ，この群れのなかの5歳以下の他の子どもたちの父親であろう。したがって，エリート養成群の若いメスによる，群れ外のオスの誘惑は，濃厚な同系交配をもたらす状況に対するヤセザル間の歪みを反映するのかもしれない。もしこれらのメス（彼女たちの生殖機会は口裂唇の障害をもつオスよりも低いだろう）が，口裂唇の障害をもつオスに比べて障害をともなう遺伝子ペアづくりから逃れる機会を相対的に多くもてる場合には，口裂唇の障害が若いメスの試行を一貫して妨害し，彼の娘は群れ外のオスと交尾するという事実が説明されうる[Hrdy, Sarah B. *The Langurs of Abu*, 1977b: 137-140]。

　脚注のなかでフルディは，複数のオスのいる集団（アカゲザルとニホンザル）に関して確たる証拠をつけ足している。そこには，4年以上支配的位置を維持した屈強なオスは皆無であった。（このことは，こうした行動の背後にある機構についての説明があれば有益である。しかしこうした説明はまだ利用できない）。ビクスラー（1981b）は，プレーリードッグの父親と娘のインセスト回避について，J. L. フッドランドの未公開論文を引用している。

　別の研究によれば，父親と娘のインセスト抑制が厄介であるのは，親としての投資が男女で異なることにある。男性はその子どもに対して，女性よりもかなり少ない投資しかしないので，彼が子どもたちと一緒に過ごす時間は短い。ラヒリ

とサウスウィック（1966）は，バーバリーマカク種を対象に，親による世話について分析した。その分析から引き出されたデータが表7.4にしめされている。乳幼児に対する親としての投資の両性間の相違は明白である。母親の乳幼児からの漸次的な解放さえも，オスの親投資を有意に増やさず，むしろその過程で増えているのは個体で遊びに費やす時間である。

表7.4　バーバリーマカクにおける
母親，支配的オス，仲間と一緒に過ごした時間

年齢	時間の消費状況（％）			
	母親と	支配的オスと	仲間と	遊び
0 — 4 週	82.0	7.5	5.7	5.6
4 — 8 週	72.9	7.6	1.9	17.6
8 — 12 週	51.5	8.1	.9	39.6

　人間の場合，父親の投資は，ほとんどの霊長目のそれに比して大きいけれども，それでも母親の投資に比べれば少ない。狩猟と採集の分業が人間化過程における重要な段階であったとすれば，おそらく狩猟を行う男性は子どもたちと多くの時間を一緒に過ごせなかった。父親はまた，子どもたちすべてに対して支配的であった。母親も子どもたちに支配的であったが，しかし娘に対する父親の支配は，配偶の成功と一致していた。それにもかかわらずビクスラー（1981b: 273）は，証拠は乏しいものの，父親と娘のインセスト抑制もありえたと考えている。もっとも彼は，たとえそうであったとしても，その抑制は一方的で，娘たちのほうが父親よりも抑制されていたと認めている。

7.6.8　父親と娘のインセスト阻止

　スレーター（1959）は，父親と娘のインセストは，人口誌的構成のせいで母親と息子のインセストより阻止手段の影響を受けることが少なかったと指摘している。その理由は，女性が男性よりも 2, 3 年早く性的に成熟することにある。しかし人口誌的要因は，たぶんある程度まで，父親と娘のインセストを阻止した。男性が1人しかいないホミニドの集団が他の集団から女性を引き継ぐ場合，新し

第7章　インセストの生物社会的な理論

い支配的男性の突然の出現と未成熟な女性の略奪の双方が，父親と娘の配偶を阻止したかもしれないのだ。

　われわれは，1人の男性がハーレムをもつ原初のホルドが現実に存在したかどうか，本当のところを知らない。さらに，ハーレムの所有をめぐって，そこでの支配的位置の頻繁な交代をもたらすような男性同士の恒常的な戦いがあったかどうかも知らない。こうしたパターンは，ある時期保持されたとしても，たぶん狩猟が協同的な冒険になる前に終止符を打っただろう。1人の男性のハーレムは，腐肉漁りや個人的狩猟とは両立したが，しかし協同狩猟とは確かに相容れなかった。こうして原初のホミニドは，父親と娘のインセストがほとんど抑制されず，ただ部分的に阻止されるような，新しい社会的存在の時代に突入した。一部の社会的父親（狩猟は必然的に認知しやすい父親を生みだした，Shepher 1978をみよ）は，主に彼が追加の妻たちを獲得できないときに，娘とインセストを冒すことがあった。この段階においてはじめて，父親と娘のインセストは禁止された。

7.6.9　父親と娘のインセスト禁止

　父親と娘のインセストはどうして禁止されたのか。禁止の力学が稀少性に作用して父親と娘のインセストを導くことが事実であるとしても，稀少性の要素はこのケースにはあまり顕著でない。父親と娘のインセストは，家族内の年齢構造がそれを可能にし，そして妻たちが追加されず，それを価値あるものにさせたなら，外部者と配偶することに代わる1つの選択肢であった。1人の男性が数人もの女性と配偶しているのに，その狩猟仲間は独身でいるという状況は，協同的狩猟と両立しえないということが問題であった。さらにこの進化段階までには，人間が将来を思い描くことができるほど，十分に象徴的な思考が発達していたと考えられる。父親の関心は，彼が年老いて狩猟することが難しくなったとき，彼を支援する若い狩猟者との協同を確保することにあった。このことは，オーストラリア原住民にとって（Hart and Pilling 1960; Yengoyan 1968），またニャエ・ニャエ・サン族やクン・サン・ブッシュマンにとって（Lee and DeVore 1976; Marshall 1976），宿年のテーマであった。父親たちが娘とのインセスト的配偶に禁止を課

153

したのは明らかに，外部との同盟でなく，自らにとっての切迫した必要，すなわちみずからのもっとも重要な生活営為のための仲間の必要からであった。

ここには，すでに存在して有効に機能している抑制と阻止につけ加わっただけの禁止というよりはむしろ，より決定的に重要な要因である禁止の最初の証左がみいだされる。究極的な人間家族の形成はおそらく，協同的狩猟の段階，すなわち人間男性の親としての投資が相対的に高い割合になる段階まで起きなかった。配偶者が最終的に母親と子どもの集団に帰属することになったとき，そして父親と娘のインセストが禁止されたとき，フォックス（1975b, 1980）が人間化の最終段階と考える出自と同盟の原理が合体して，結果的に人間化過程は完了したのだ。

とはいえ父親と娘のインセストは，その規制が禁止に強く依拠している点で，母親と息子および兄弟と姉妹のインセストとは違っている。他の2つのダイアドはかなりの程度抑制と阻止の影響下にあるが，それとは違って，父親たちと，それほどではないにせよ娘たちとは，集団内の配置がたまたま誘導的であるとき，すなわちその集団が父親のための女性配偶者の追加を，また娘と配偶する集団外の男性を欠くときにはいつも，その誘惑に露出されたのである。

インセスト規制の起源を分析するにあたっては，人間家族が自らを維持するためにこうした規制を創出したと仮定する必要はない。その反対に，インセスト規制が人間家族を創出したのだ。もちろん，家族はひとたび存在するようになると，そうした規制から膨大な便益を享受したのである。

7.7　インセスト規制の持続

インセスト規制はなぜ生き延びているのだろうか。その基本的機能，つまり究極因は，表向き近親の同系交配の阻止である。しかし遺伝学者によれば，近親の同系交配は，同系交配係数の平均が高い同系人口集群にとっては，それが低い人口集群よりも有害でないだろうとされる（Alexander n.d.）。長い人類史においては確かに，小規模の隔離された社会で高度に同系交配をしていた事例が存在した。こうした人口集群は，今日でも世界の多くの部分で存在する（Bodmer and

第7章　インセストの生物社会的な理論

Cavalli-Sforza 1976: 381-383)。それでもインセスト規制の厳格さは，孤立した集団の同系交配係数によって異なることはない。(ここでは中心的なインセスト的ダイアド，すなわち母親と息子，兄弟と姉妹，父親と娘についてだけ言及している)。したがってインセスト規制は，それが付加価値をもっているために生き延びているに違いない。ここで，こうした付加価値，すなわち2次的機能に目を転じることにしよう。

7.7.1　2次的機能：核家族の維持

　2次的機能は，基本的機能よりも重要でないというわけでは必ずしもない。いったんインセスト・タブーが近親の同系交配を排除すると，注目はその直接的，日常的な便益に向けられるようになる。ほとんどの社会科学者は，インセスト規制は若い人たちを社会化するという家族の基本的任務において，家族のためになるよう機能するという考えに同意している（ただし一部の人——たとえばレヴィ(1955)——は核家族の普遍性を否定する）。同盟理論家たち（主としてホワイト）は，家族統合がインセスト規制の基礎であることを否定するが，しかし彼らはその受益効果を否定しない。

　フロイト，マリノフスキー，セリグマン，パーソンズたちは，インセスト・タブーの機能を詳細に分析した。もしインセスト規制が既存の核家族秩序を維持するために出現したのではないとみなすならば，彼らの議論は大きな価値がある。しかし，もしこの議論を受け入れなければ，集団選択論者の優れた議論を用いて，インセスト規制は純粋に文化的進化の結果であると主張することになる。この議論は，論理矛盾を含んでいる。というのは，もし核家族が4つの二重役割の体系に基づいているとすれば（Parsons, Bales, Zelditcth，その他多数の論者が主張してきた），この体系は，どこか他のところで発生したインセスト規制という先行的な存在がなくては，出現できなかったはずだからである。

　こうした状況についてわたしが知ることになった最良の例証は，フランスの騎士伝説に由来し，中世高地ドイツの詩人ハルトマン.フォン.アウエ(1165-1210年頃)によって脚色され，そしてトーマス.マンが『選ばれし人』と題する小説

で現代的散文として世に出したものである（『聖なる罪人』として1951年に英訳出版された）。これは「偉大な教皇」，グレゴリウス・ロックの物語である。物語によれば，彼は，フランドルとアルトワの皇太子を父とする双子の兄妹，ウィリギスとシビラのあいだに生まれた。この兄妹はとても美しく気品があったので，彼らに釣り合う配偶者をみつけられるとは考えられなかった。そして彼らは恋に落ち，1人の息子をもつことになった。彼らは恐ろしい罪に気づいていたので，賢い廷臣の助言に耳を傾けた。ウィリギスは十字架を身につけ，安息の地を求めて長旅の途についたが，しかし道半ばにして亡くなってしまった。彼の妻でもある妹は，その子どもを産み，そして廷臣の助言に従いながら，子どもが生後17日を迎えたとき箱に入れて海に流した。その子はチャンネル諸島の1つで漁師にみつけられ，そしてグレゴリウス・アボットの養子になった。グレゴリウス・アボットは彼に洗礼を受けさせ，グレゴリウスの名前を与えた。彼が17歳になったとき，彼を養子にした事実がくわしく彼に伝えられた。その事実を知った彼は，修道院を去り，騎士となり，そして大陸に戻ることにした。彼はブリュッヘに上陸した。そこはフランドルとアルトワ公国の最後に残った都市であった。その他の領土はブルゴーニュの皇太子によって征服されていた。ブルゴーニュの皇太子は，シビラを手中に射止めようとして失敗していた。グレゴリウスは，皇太子を戦闘において打ち負かし，そしてシビラと結婚した。彼女は彼とのあいだに2人の娘をもうけた。3年後グレゴリウスは，自分が実の母親と配偶し，娘でかつ妹を2人もうけたことに気づいた。17年間，グレゴリウスは人里離れた海辺の岩の上で暮らした。この贖罪の年月の後に，彼は教皇に選任された。この選任は，1人の高貴なローマ人に対する神の啓示に基づいていた。シュトゥルティティア（愚かさ）とフミリタス（謙虚さ）と名付けられた2人の娘が，母親とともに教皇の許に連れてこられた。彼女は，教皇に彼女の恐ろしい罪を懺悔したところで，教皇が彼女の夫であり，また息子であることを知る羽目になった。

　ここで登場人物の役割を検討してみよう。

　　ウィリギス　　　シビラにとって兄であり夫である。
　　　　　　　　　　グレゴリウスにとって父親，オジ，そして義理の兄である。

第7章　インセストの生物社会的な理論

	シュトゥルティティアとフミリタスにとって祖父でありオジである。
シビラ	ウィリギスにとって妹であり，妻である。
	グレゴリウスにとって母親，オバ，そして妻である。
	シュトゥルティティアとフミリタスにとって母親，祖母，大オバ（祖父の妹）である。
グレゴリウス	ウィリギスにとって息子，オイ，義理の弟である。
	シビラにとって息子，オイ，夫である。
	シュトゥルティティアとフミリタスにとって父親，兄，イトコである。
シュトゥルティティアとフミリタス	
	ウィリギスにとって孫娘であり，メイである。
	シビラにとって娘であり，孫娘である。
	グレゴリウスにとって娘，妹，イトコ（父の妹の娘）である。

　このリストは網羅的ではない（西欧社会になじみのない役割セットを含んでいない）が，どの役割も標準的な核家族の4つの役割集合（夫—父親，妻—母親，兄弟—息子，姉妹—娘）と一致しない。役割が単なる名称でなく，一定形態の行動および関係についての期待であるとすれば，混沌の可能性は明白である。人間家族を生みだしたインセスト規制は，それを維持するためにも役立ち，したがって人口集群の同系交配の程度にかかわらず，持続したのだ。

7.7.2　2次的機能：集団同盟

　同盟理論家，とくにホワイトは，すべての中枢的なダイアドを説明しようと試みたが，実際に同盟理論にある程度適合したのは父親と娘のインセスト規制だけである。家族の社会化理論を同盟理論と統合しようと試みたパーソンズとマードックは，インセスト規制によって若い世代が「よい方向に導かれる」と認識したが，しかし彼らはダイアドごとの規制の起源を区別しなかった。

インセスト規制の2次的機能が核家族の隔離の阻止であることに疑いはないが,しかしこうした規制が同盟をつくりだせるかどうかは未解決の問題である。

父親と娘のインセスト禁止でさえも,必ずしも同盟の必要からではなく,たぶん若い男性からの協同を得たいという父親の必要に起源をもつと思われる。しかしながら,この禁止がしっかりと確立されると,それ(と,他のインセスト的ダイアドの規制)は,複数の家族の協同や同盟,そしてより広い社会単位と結びついた。

2次的機能はいずれも,文化に起源をもち,集団選択論者の議論によって説明できる。家族組織,社会化,あるいは同盟の創出がインセスト規制の起源そのものであったと議論される場合にのみ,問題が生じるのだ。

7.7.3 2次的機能:インセスト・タブーの拡張

インセスト理論に関するすべての古典的テクストは,「インセスト・タブーの拡張」に熱い視線を注いでいる。19世紀中葉から今日まで,結婚規則はこうした拡張であると考えられてきた。類別的親族用語によって,異なる個人に同一の親族用語を用いるのは,それ相応にインセスト・タブーが拡張したからだと,人びとは考えたのである。たとえば,もし2人の親族が姉妹という同一の親族用語で呼ばれるとすれば,たとえ彼女たちの一方が実際には第1イトコあるいは第2イトコであるとしても,姉妹に対するインセスト・タブーはイトコにまで拡張すると信じられる。しかし,タブーは象徴的な文化的規範であるため,無制限に拡張することができる。たとえば,ニャエ・ニャエ・サン族の場合 (Marshall 1976),インセスト・タブーは,エゴにとって完全に親族でないにもかかわらず,タブーとされる人たちと同じ名前をもつ人にまで拡張される。しかし,規範は現実行動とは異なる。もし,ニャエ・ニャエ・サン族のある1人が,彼の母親と同じく「ユー」と呼ばれている少女と結婚することを禁止されているとしても,それにもかかわらず彼は,2人の女性と自分との関係の詳細な相違ばかりでなく,いずれかの女性と配偶した場合の社会メンバーからの予測できる反応もわかっている。

第7章 インセストの生物社会的な理論

　インセスト規制は抑制，阻止，そして後に禁止の機構によって，近親の同系交配を防止するために進化したこと，そしてこれらの規制の一部がタブーになったことを了解するならば，そのタブーが遠い親族あるいは親族関係のない人たちへ拡張することも理解できよう。しかし，それは主題とは無関係である。この主題と関係するのは，文化の無制限な象徴的創造が生物学と矛盾するかどうかである。

　わたしは，それが矛盾するとは考えない。第2イトコ以遠では文化と基礎的な生物機能とは矛盾しないので，マードックの第5の言明は見当違いであることはすでに考察した（131頁）。しかしマードックの第4の言明は，生物学と文化との適切な関係を維持している。すなわち「われわれの第4の言明は，核家族外の親族員に対しては，たとえ彼らが第1次親族と同じ用語によって指示されるとしても，インセスト・タブーは強度を弱めて適用されがちだということである」［1949: 286］（傍点は筆者による）。理論の力は現実行動を予測できる能力にある，とわたしが仮定したことを思い起こしてほしい。もしマードックの第4の言明が彼自身の通文化的データによって検証され，そして彼の第5の言明が見当違いであるならば，タブーを含むインセスト規制の究極因が同系交配の阻止にあるという主題は証明されたことになる。インセスト・タブーの拡張が見当違いであることの付加的な証拠はある。シュナイダー（1976: 151）は，ニューギニアのエトロ族のような一部の文化においては，同性愛関係がインセスト・タブーに含まれていると述べて，タブーはその起源においてまったく生物学的でなく，完全に文化的であることをしめした。これが正しいとすれば，以下のことを期待できる。(a) 生殖できるかどうかにかかわらず，同性愛関係は異性関係と同頻度でインセスト・タブーに含まれる。そして (b) 同性のインセスト・タブーの違背は，異性タブーのそれと同様に厳しく処罰される。

　わたしは，同性愛がインセスト・タブーに含まれる文化を多くは知らないし，またシュナイダーも付加的な事例を提示していない。シュナイダーは，あるエトロの少年がオジではなく父親とフェラチオ*を行ったと述べているが，その少年にいったい何が起きたのかについてわたしは知りようがない。しかしわたしは，もしその少年が彼の母親と性行為をしたり，あるいは父親が娘と同衾したのなら

ば，エトロの人たちはもっと憤慨しただろうと考える。

7.8 証　　拠

　本章の最初でわたしは，(a) 異なるインセスト的ダイアドにおいて冒されるインセストの頻度の相違，(b) インセストに対する両性の差異的対立，(c) インセストが発生する特定の状況，(d) 中核的なインセスト的ダイアドよりも血族度の低いパートナー間の性交渉を規制する規範の文化的変異の増加，を予測した。
　最初の予測の証拠を提示するためには，（インセスト的ダイアドの区別をしないで）冒されたインセスト全般に関するデータを入手する必要がある。残念なことに，これは実際には不可能と思われる。性的活動はプライベートに，とくにタブーとされている場合にはとりわけ内密に行われる。さらに加えて，『父親と娘のインセスト』(Herman 1981) から引用する以下の文章によって例証されるように，定義の難問がある。

> インセストについてのわれわれの定義は，タブーの生物学的あるいは社会的概念よりもむしろ圧倒的に心理学的な概念を反映している。インセストは，親としての権威をもつ立場にいる大人と子どもとのあらゆる性的関係を意味すると定義されてきた。
> 　われわれはさらに性的関係を，内密に保たれねばならないすべての身体的接触を意味すると定義した［70］。

同様の定義は，この主題に関する書物や論文に充満している（包括的な文献目録については，Bixler 1981c; Van den Berghe, in press; Willner 1975 をみよ）。
　表7.5 は，わたしが文献中でみつけた頻度を要約している。もしインセストを親族 $r \geq 0.25$ との性交渉と定義するなら，「インセスト蔓延」(Newsweek November 30, 1981: 68) の警戒頻度はかなり縮小する。ゆえにわたしはどちらかといえば，一般的にいってインセスト――わたしの定義するような――はいぜん稀有な現象であるとするビクスラー (1981c) の見解に同意する。異なるインセス

第7章 インセストの生物社会的な理論

表7.5 インセストの総頻度の推計

出所	頻度	標本
Kinsey et al. (1953)	4.00	一般女性
Gebhard et al. (1965)	9.00	性攻撃者
Gebhard et al. (1965)	2.00	統制集団
Armstrong (1978)	12.00	児童虐待（推定）
Forward and Buck (1978)	5.00	推定
Hughes (1964)	(335)	イングランドとウェールズ，犯罪統計
Maisch (1968)	(436)	西ドイツ，犯罪統計，1965
Maisch (1968)	(111)	西ドイツ，犯罪統計，1965
Maisch (1968)	.0009	ニュージーランド，犯罪統計
Maisch (1968)	.00051	カナダ，犯罪統計
Maisch (1968)	.00069	スコットランド，犯罪統計
Maisch (1968)	3.6	英連邦 1900-1930 における全犯罪者
Weinberg (1955: 39)	.00011	アメリカ合衆国，1930
Riemer (1936)	.000673	スウェーデン
Meiselman (1978: 31)	1.00-2.00	推定
Bixler (1981a-c)	.03	マイゼルマンのデータに基づく推定
Finkelhor (1980)	2.00	大学卒業生 796 人の標本（ビクスラー 1981: 278）
Van den Berghe (in press)	.05	マイゼルマンの標本に基づく推定

注：インセストとは，親族との性交渉と定義される。そこでの遺伝的関係度は.25を越える。

表7.6 異なるダイアドにおけるインセストの頻度分布

	全体中の%			
出所	母親と息子	兄弟と姉妹	父親と娘	N
Weinberg (1955)	1.00	18.69	80.31	198
Seemanova (1971)	.70	44.70	54.70	161
Willner (1975)	1.30	15.18	83.52	1317
Justice and Justice (1979)	1.86	8.41	89.71	107

ト的ダイアドにおける頻度分布については，定評のある少数の文献に依拠せざるをえない（表7.6）。その画像は画一的である。すなわち，父親と娘のインセストはかなり頻繁であり，母親と息子のインセストはきわめて稀で，事例の2%を超えることは決してない。だから，インセストの発生全般をやや多めに2%とした

マイゼルマン (1978: 31) に従ったとしても，母親と息子のインセストは極端に低い (.02 × .02 = .0004，つまり 10,000 件中の 4 件である) との結論にいたる。父親と娘のインセストは人口集群中の 1.6％ (.08 × .02)，兄弟と姉妹のインセストは .0036 (.18 × .02，すなわち 1,000 件中の 4 件である) と推定される。

多数の付加的な証拠は，完全にはわれわれの分類と一致していない諸標本から得られる。マイシュ (1968: 70) は，ドイツの法廷にもちだされた 78 事件について考察した。彼の関心は攻撃者と犠牲者との関係にあったので，兄弟と姉妹のインセストは除外されている。そのうち，父親と娘は 34 件，母親と息子は 3 件であり，残りは義父と義娘 (32 件)，父親と息子 (4 件)，母親と娘 (1 件)，祖父と孫娘 (4 件) であった。彼は，父親と娘がもっとも頻繁で，兄弟と姉妹がこれにつづく頻度をしめし，母親と息子が極小であるとする主張を補強するために，マスターズ (1963)，およびカプリオとブレナー (1964) を引用している。リーマー (1940) も同じ結論に到達している。

マイゼルマン (1978) は，精神分析の文献をきわめて広汎に調査した。彼女は，兄弟と姉妹のインセストは父親と娘のインセストほどタブーとされていないと仮定したうえで，前者が高い頻度でみいだされるだろうと予測した。しかし彼女自身の標本では，父親と娘の事例が兄弟と姉妹の事例を 3.5 対 1 の割合で凌駕していた。同じパターンが，グリーンランド (1958)，カウフマンとペックとタギウリ (1954)，スローンとカーピンスキー (1942)，シャクターとコッテ (1960) によってみいだされた。1 対 1 の割合をみいだした研究者は，クボ (1959) 1 人のみである。

このように，わたしの第 1 の予測は検証された。すなわち，親投資の相違は，異なるインセスト的ダイアドに異なる心理学的傾向をもたらし，そのことが，それらダイアドにおいて発生するインセストの相違に反映される。

わたしの第 2 の予測は，女性は男性よりも多くを失うので，男性よりも女性のほうがインセストに抵抗する，ということである。第 2 の予測の証拠は，枚挙にいとまがないといえる。ドイツ法廷の事件研究においてマイシュ (1968) は，女性は，犠牲者の 91％，攻撃者の 9％を構成することを確認した。マイシュは，拒

第7章　インセストの生物社会的な理論

絶しようとした女性は，一般にその関係を停止しようとした人であり，そしてほとんどの事件において原告であると述べている。

　ワインバーグ (1955) の標本は，攻撃者と犠牲者とが分類されていない。彼の分析，「インセストの仕掛け」(118-120) では，父親と娘のインセストの仕掛け人はすべて男性であり，女性はつねに拒否しようと試みていた。兄弟と姉妹の事例においても同様で，攻撃者は男性であり，抗議者は女性である (154)。彼は，子ども期の長期にわたる分離の後に恋に落ちた姉妹は，兄弟とのセックスに抵抗しないこと (159-160)，しかし女性 (姉妹) が誘惑者である事例もごく少数あること (169)，を確かめている。稀にしかない母親と息子の事例でも，母親が息子の性的口説きを拒絶するエピソードが含まれている (170)。アームストロングは，女性犠牲者のみを報告している。というのも彼女の目標は，とくに父親による女性の性的虐待に抗議することにあったからである。その書物は，183人の女性との面接調査に基づいており，若干の男性からの資料は除外されている。これらの事例はわたしの第2の予測を支持しているが，アームストロングの標本選択には意図的な歪みがあるために，それらの事例は信頼できない。

　フォワードとバック (1978) も，犠牲者としての女性を取りあげ，攻撃者の集団は主として父親であるが，年長の兄も含まれるとした。父親と娘，兄弟と姉妹のインセストに関する彼らの論文は一般に，男性を攻撃者，女性を犠牲者としている。彼らが記述しているもののうち唯一の母親と息子の事例は，怯えている若き離婚者と彼女の13歳になる息子のあいだの相互的な思慕と充足の事例である。マイゼルマン (1978) は，彼女の標本58事例のうち，47は女性から，11は男性から回答を得ていること，女性は通常自らを犠牲者とみなすことを報告している。彼女はまた，大多数の事例においてインセストは男性によって仕掛けられると述べている。

　J. L. ハーマン (1981) は，わたしの第2の予測に対する広汎な証拠を提示している。男性はインセストの仕掛け人であり，女性はそれを避けようとする。男性は攻撃者であり，女性は犠牲者である。しかしながら興味深いことに，さまざまなインセスト理論を検討するなかでハーマンは次のように断言する。「生物学理

論も，父親と娘の配偶に対する障壁がなぜ母親と息子の配偶に対する障壁よりも弱いかを説明することに失敗している……もしインセスト・タブーが生物学的法則として理解されるとしても，その法則自体の作用のなかには，男性と女性によるそれの順守の非対称性を説明しうるものはなにもない」[52]。

ガイザー（1979）は，インセストに巻き込まれた子どもたちの92％が女性であり，そして成人の違反者の97％が男性であることを確認した。ほとんどのインセストは父親と娘の事例であるので，この知見はもっともであろう。ロリータ・コンプレックス【ロリコン】は，1つの伝説のようだ（Herman, 1981）。

女性は犠牲者であるだけではない。彼女たちは，とくに思春期に達すると，ふつう抵抗する。マイゼルマン（1978）は，少女は年頃になると，インセスト的関係から逃れようとすると述べている。ハーマン（1981）は，少女は自己主張を強くし反抗的になり，インセスト的関係を避けるために，自宅を飛び出すか，あるいは親族関係のない異性の保護を求めて，その男性によって妊娠させられることもあると報告している。マイシュ（1972）は，50人中40人の少女が，長期間にわたったインセスト的関係を18歳までに断ち切っていることをみいだした。

全体としてみれば，圧倒的多数の事例において女性は嫌がっているようである。もっとも，稀な例外が母親と息子，姉と弟のペアで生じ，さらに稀なことに兄と妹において起きることもある。

すでにみたように，女性は，子どもへの親投資がより高いために，標準的な性関係に参入することに対してさえ，男性よりも注意深く，消極的である。インセストの場合には，その消極性ははるかに強く，決定的また実効的と思われる。要するに，わたしの第2の予測は検証された。

第3の予測は，2つの部分に分けなければならない。第1に，わたしの遺伝的分析によれば，孤立は人びとにインセストを冒すよう誘発すると予測される。利用可能な代替的配偶者がいない場合，インセストは「割に合う」。第2に，すでに議論したとおり，抑制は統計的に普及している社会状況において展開する。いいかえれば，そうした状況が存在しなければ，インセストは発生する。

バグリー（1969: 502-512）は，孤立が中心的要因であるさまざまな地域社会か

第7章 インセストの生物社会的な理論

ら，一連の事例全体を引証した。リーマー（1936）によれば，スウェーデンではインセスト（主に父親と娘のそれ）はおおむね，「より広い地域社会体系の部分ではない」ような閉鎖した農場で発生する。こうした事例の多くは，妻・母親が死亡したか，それとも病床に伏しているかして，父親は性的パートナーをもっていないのである。

時に家族の孤立は物理的であるよりも社会的である。バグリーによれば，無秩序な都市地域では，一部の家族は地域社会から引き離され，逸脱した規範を発達させる。19世紀後期，モルモン教徒がユタで迫害された。その際，あるモルモン家族が別のモルモン家族からも孤立すると，父親と娘のインセストがふつうに起こった。

別の形態の孤立は，1人の子どもに精神障害があり，したがって核家族外に配偶者をみつけられない場合に起こる。ワインバーグ（1955: 47）は，精神障害をもつ娘と姉妹について，彼女たちは「その社会的はけ口としての家族に抑え込まれた」と述べている［48］。ワインバーグはまた，インセストを助長する孤立も強調する。「多くのインセスト関係者は，社会的にまた感情的に家族に依存している。他の接触から孤立すると，一部の人たちは新しい関係をつくろうとしない。したがって，こうした関係者は家族に感情的に強く依存する」［110］。

自らに課した社会的孤立はまた，社会的優位性をもつ場合にも起こる。古代エジプトやハワイ，ペルーのインカにおけるインセスト的な王族についての有名な事例では，直接家族以外で適当な配偶者をみつけることはむずかしかった（Van den Berghe and Mesher 1980）。これはとくに女性に当てはまる。というのも男性は通常，一夫多妻だからである。ヴァン＝デン＝ベルジェ（in press）は，王族のインセストを次のように解説している。

> 王族のインセストは，だから女性の上昇婚戦略の究極的な結論となる。かわいそうな王女はどうすればよいのか。彼女は，幸いにも夫にできる王をみつけられなければ，降嫁する以外にはない。もし彼女が（インカや古代エジプトの場合のような）皇帝制度の絶頂期に生まれたならば，彼女の兄弟はたまたま王にもっとも近く，たぶん彼女にとってもっともふさわし

165

いただ1人の男性である。

以上のように，第3の予測の最初の部分は裏づけられた。第2の部分の証拠固めには，兄弟と姉妹および母親と息子の事例が必要である。

兄弟と姉妹のインセスト問題についてワインバーグ（1955）は，一緒に社会化された兄弟姉妹のペアと，別れて成長した兄弟姉妹のペアとの確たる対照を提示している（とはいえ，彼の結論は誤っている）。

> 兄弟と姉妹のインセストはしばしば一過的であり，だからそうした関係者が結婚相手のように行動することはない。しかし，乳幼児期に分離され，後に互いに惹かれ合うようになった6組の兄弟姉妹は，結婚を考えた。その内，3組の結婚は合法とされ，3組のそれは合法とされなかった。1人の兄は，徴兵免除を得るために結婚を強く要求した。彼は召集で入隊したため，起訴されなかった。もう1人の兄は，子どもを養う気持ちはあったが，妹と結婚することを拒んだ。その妹は，結婚を楽しみにしていたので怒りに燃え，そして愛人である兄と口をきくことをやめてしまった。第3の事例では，兄と妹は喧嘩して「別れてしまった」。明らかに，兄弟と姉妹が共通の家族訓練を欠いている場合には，インセストについて互いに罪意識を欠き，互いに結婚の有資格者だと考えてしまう [159]。

こうした事例の一部に関するワインバーグのより詳細な記述は，ふつうの抑制されている行動と，分離された兄弟姉妹の異常で抑制されない行動との大きな相違を明らかにしている（134-136）。さらにワインバーグによれば，兄の平均年齢は24.0歳であり，妹のそれは19.3歳であった。この相違，すなわち4.7年は，負の刷り込みの決定的な時期よりも長い。すでにみたように，キブツにおける「インセスト回避」は，子どもたちが決定的な時期に分離していたならば，後になって同じ仲間集団に参入するか否かにかかわらず，有効に働かなかった。最後に，王族のインセスト婚と連動していうと，王子と王女が別々に社会化されたことは確実に仮定できる。このことが，抑制を打破し，王族のインセスト婚を助長したのだ。

第7章 インセストの生物社会的な理論

　抑制の不在と，母親と息子のインセストとの関連について，その証拠をみつけることははるかに難しい。ほとんどの情報源では，記載されている事例から母親について何かを結論づけようとし，「感情的に疎遠」あるいは「非常に支配的」な母親を指摘しようとしているが，母親と息子との早期の前インセスト的関係についてはほとんど何もわからない。疎遠あるいは過剰な支配は，母親が息子を社会化しないか，あるいはできなかったことを示しているのかもしれないが，それらが決定的な証拠とはとてもいえない。こうした画像が透視できるのは，ワインバーグ（1955）が記述している1組のカップルだけである。この母親は売春婦で，しかもアルコール中毒者であり，いく人かの非嫡出子を産んでいた。別の女性が家で彼女を支援していた（210-215）。はっきりと述べられていないけれども，こうした環境のもとでは抑制のメカニズムは発達できない。息子の乳幼児期に，母親と息子が分離していた事例は，ベンダーとブラウ（1937），ベンダーとゴイゲット（1952）によって報告されている。明らかにこれは決定的な証拠とはならないが，しかし母親と息子の事例がきわめて稀であることが考慮されねばならない。インセスト的関係に先行する社会化のパターンを説明する分析は，さらに稀である。

　わたしの第4の予測は，中核的なインセスト的ダイアドよりも血族度の低いパートナー間の性交渉を規制する規範は文化的変異を増加する，ということである。マードック（1949）は，この予測を以下の文章（その一部はすでに引用した）で検証している。

> 　核家族外の親族員に対しては，たとえ彼らが第1次親族と同じ用語によって指示されるとしても，インセスト・タブーは強度を弱めて適用されがちである。ある男性をエゴとする観点からすると，その母親，姉妹，そして娘との性交や結婚に対する禁止は，すべてのインセスト・タブーのなかで最強である。その他の親族は，等しく厳しい禁止に該当するかもしれないが，しかしわれわれのデータ分析は核家族外の親族が核家族内親族よりも厳しくタブーにされている事例を見いだしていない。しかし，その逆はしばしば本当である。インセスト・タブーの強度の違いについて，的確な情報を提供しているのは一握りの民族誌家にすぎないが，かれらはそれぞ

れの部族について報告している。たとえばある報告によると,タブーは「類別的」姉妹よりも実の姉妹に,イトコよりも一方の親だけを同じくする兄弟姉妹に,そして第2イトコや遠縁よりも第1イトコに厳しく適用される。しかしながら強度の低減はあらゆる方向に同じではない。この点に関する不平等は標準的である [286]。

人類学のすべての文献は,マードックのこの結論を支持している。

変異の問題についてマードックは,『社会構造』中の表80において有用なデータを提供している。ここで表7.7として複製した表は,親族のリストと,親族との婚前性交および結婚が許容されるか禁止されている文化の数をしめしている。要するに,オジとメイ,オバとオイの関係 ($\gamma = .25$) から,第1イトコ関係 ($\gamma = .125$) に移ると,変異は増加している(平行イトコと交差イトコの相違はすでに説明した [103])。

表7.7 血族度に従って許容される,あるいは禁止される婚前性交と結婚

	婚前性交		結婚	
	許容	禁止	許容	禁止
オバとオイ	3 (2.4)	121 (97.6)	8 (2.3)	348 (97.7)
オジとメイ	3 (2.6)	111 (97.4)	12 (5.1)	221 (94.9)
平行第1イトコ	2 (1.3)	144 (98.7)	23 (5.5)	390 (94.5)
交差第1イトコ	25 (25.0)	75 (75.0)	144 (35.8)	258 (64.2)

注:( )内は,行パーセント。
出典:マードック (1949: 286)

7.9 まとめ

この長い章は8つの命題とともにはじまったが,ここでその知見を要約してみよう。

生殖の特定事例であるインセストは,進化的変化を遂げた。下等生物は無性生

第7章　インセストの生物社会的な理論

殖を実行し，高等生物は有性生殖を行う。高等生物では，そのほとんどが異系交配を選好する。許容される同系交配の数量は，生物体の一般的な戦略に依存する。近すぎる同系交配――インセスト――は，進化的観点からはふつう危険な状況である同型接合をもたらすので，ほとんどの植物と動物によって回避される。

　人間の場合，インセスト的配偶と異系交配との比較に関する遺伝的分析は，一部の事例や状況におけるインセストの特定の便益をしめしている。その分析は，さまざまなインセスト的ダイアドにおいて冒されるインセストの頻度の違いばかりでなく，孤立している場合でのインセストの発生も予測する。費用と便益の分析は，γ が .50 と .25 の間で親族関係にある人たちのあいだの同系交配を阻止するために，規制が進化したに違いないことをしめしている。

　異なる機構は，異なるダイアドにおいて進化する後成規則から生じる。われわれの種を特徴づける統計的に広く普及している社会状況は，母親と息子のインセストおよび兄弟と姉妹のインセストが抑制されるようになった状況である。しかし，父親と娘のインセスト抑制についてははっきりした証拠を欠いている。阻止のための異なる手段が生物学的かつ文化的に進化し，また，抑制と阻止が存在するにもかかわらず出現したわずかな事例を取り除くために，文化的進化も禁止を補強した。共進化過程についてのわたしの詳細な分析は，抑制と阻止が存在する限り禁止の必要はないのではないかと疑問視するすべての人たちを納得させることができたのではないかと思っている。

　わたしは，インセスト規制の基礎的機能――過剰な同系交配の除去――と，その持続を説明する2次的機能との区別を強調した。インセスト規制の起源は前文化的であり，抑制の内にみいだせる。こうした前文化的起源は，文化的禁止によって補強され，共進化過程が完成して，インセストの実行は稀有な現象になったのだ。

　最後に，わたしは4つの特定的予測を検証するための証拠を提示した。第1に，異なるダイアドにおける発生頻度の相違についていえば，父親と娘のインセストは間違いなく頻繁であり，兄弟と姉妹のインセストは中間的，そして母親と息子のインセストはもっとも稀である。第2に，抵抗の違いについていえば，女

性は男性よりもはるかにインセストに抵抗する。第3に，特定の社会状況についていえば，インセストは，孤立が現実的あるいは社会的に課せられた場合に発生する。それは，統計的に広く普及している社会状況が存在しない場合に，抑制のメカニズムが有効に作用しないために起こる。第4に，変異についていえば，これは中核的なインセスト的ダイアドから離れるほど増大する。

　多数の科学者は，インセストの2次的機能の分析に専念してきた。つまり，核家族の保持，社会化過程の推進，核家族孤立の回避，家族間の経済的ならびに政治的同盟の創出，親族関係の象徴的意味の理解などである。こうした科学者のほとんどは，比較可能な霊長類学的証拠が利用できない時代に著書・論文を執筆した。彼らは，わたしとは異なる疑問を問題視したのだ。以下の章においては，共進化理論の一般的画像のなかにインセストの2次的機能の場所をしめすために，彼らの理論と生物社会理論とを比較検討するつもりである。

陸軍伍長が新兵たちに射撃訓練をさせている。新兵たちの実技はまったくへたくそだ。伍長は新兵たちを怒鳴りつけた。その直後に1人が的を外した。彼は兵隊の手から銃を取り上げ，そして叫ぶ。「馬鹿もん。それじゃあ当たりっこない。銃をこっちによこせ，よくみていろ，こうやるんだ」。

伍長は的をねらい，そして躊躇なく銃を発射した。しかし彼は的を外した。瞬時，彼は混乱したが，しかしすぐさま彼は怒りながら1人の兵隊を名指しした。「これがお前の撃ち方だ」。

彼は撃ちつづけ，そして最後に，……9発目に標的を射た。彼は誇らしげに胸を叩き，「そうだ，これがわたしの撃ち方なんだ」。

* * *

本当は9発目も少しずれている。伍長の手はまだ震えているが，しかしたぶん彼の目には的が前より少しはっきりと見えているのだろう。

——F. KARINTHY
[*That's How You Write*]

8
フロイトと家族―社会化流派

これまでのインセストの文献においてもっとも強力な理論は，家族―社会化流(学)派によって提唱された理論である。ジーグムント.フロイトに倣ったこの学派の学者たち——マリノフスキー，セリグマン，マードック，パーソンズ——は，インセスト・タブーの起源，持続，機能を，人間家族の社会構造を維持し，社会化過程を可能にさせるという，それの便益的で不可欠の機能という観点から説明した。

8.1 ジーグムント.フロイト――トーテムとタブー

家族―社会化流派の学者たちは，ほとんど例外なくフロイトに全面的に依拠した。彼らは，たとえフロイトの主張に完全に合意しなくとも，たいていは人間セクシュアリティについての彼の仮説は受け入れた。ここでは，フロイトのインセ

スト理論を記述することだけにとどめる。人間セクシュアリティについての彼の包括的な理論を提示することは，本章にとっては重すぎる課題だからである。

フロイトの主たる焦点は宗教にある。当時は未開宗教に強い関心を抱いた時代であった。フレーザーの大著『トーテミズムと族外婚』(1910)，ラングの『トーテムの秘儀』(1905)，ヴントの『民族心理学』(1906)は，オーストラリア先住民に関するすばらしい民族誌の出版物——スペンサーとギレン(1899, 1904)，マシューズ (1897, 1905)，ホーウィット(1904)——と共に，西欧知識人の一般的関心をトーテミズムの問題に引きつけた。おそらくフロイトは，清新な精神分析学理論が未開宗教についての疑問に貢献しうる重要な何かであることを証明しようと思ったのだろう。

フロイトのインセスト理論は，最初，ウィーンの定期刊行物『イマゴ』に発表された4つの論文に含まれている。その題名は「未開人の精神生活と神経症との若干の類似性」であった。その論文は1912年と1913年に発表され，それから『トーテムとタブー』(1950)という書名で1冊の本にまとめられ，1913年に出版された。後にこの本は『フロイト全集』の第10巻に収録された。

まことに興味深いことに，核家族はフロイトの分析において脇役の役割しかはたしていない。彼は，若者たちを周辺に追いやり「1人の男がつくるハーレム」からなる原初ホルドの存在を仮定した。若者たちは，長老の独裁者である父親に謀反を企て，彼を殺す。父親殺し*の後，殺人犯である兄弟たちは，母親と息子，兄弟と姉妹のインセスト・タブーを導入した誓約を結んだが，しかし核家族についてはそれ以上のことは何も語られていない。妻同士が姉妹である共同体から発達したクランは，クラン・トーテム的な外婚に基礎をおいており，核家族よりもはるかに広範囲な外婚単位である。その臨床的文献は，特定の中央および東ヨーロッパの核家族を記述しているが，しかしオイディプスの側面を強調し，兄弟と姉妹，あるいは父親と娘のインセストにはほとんど言及していない。その全般的な分析は男性に向けられ，女性の観点は事実上看過されている。

社会化におけるインセスト規制の重要性に関しては，フロイトの別の文献を参照しなければならない。エゴおよびスーパーエゴ（超自我）の心理社会的発達は

第8章　フロイトと家族―社会化流派

考察されているが，しかし家族―社会化流派の父は，家族の起源あるいは持続，または社会化過程に対するインセスト・タブーの効果を基本的には無視している。これらの機能は，彼の信奉者たちによって錬成された。

　フロイトの基本的仮説は，女性に対する男性の性的魅力（リビドー）は遍在し，つねに活発であり，しかも適切に阻止されなければきわめて破壊的だ，というものである。いいかえれば，インセストは，禁止されなければ，常習なのである。だからこそ，父親殺しの兄弟たちはそのタブーを創設した。しかし，専制的な原初の父親のハーレムのどこがいったい悪いのだろうか。フロイトは，同系交配排除への圧力に関する生物学的な説明を断固拒否し，インセストの畏怖は義理の息子と義母のような血族でない親族のあいだに存在すると主張した。彼は，ウェスターマークの抑制という考え（64-65頁）を完全に拒絶する。

　フロイトは，インセスト・タブーが薄暗い過去において誕生するようになったと認めたうえで，これらのタブーが現在までどのように生き延びてきたかを説明することに苦慮している。彼は「集合心」の概念をもち込む。「集合心」においては，「精神過程が個人の精神におけるのと同じように起こる」のだ。フロイトは「この大胆な手法」を用いるのが自分1人でないという事実に慰めをみいだすが，しかしこの解決策には極度の不満を覚えている。

　　　しかしながら，わたしの所見を終わりにする前に，この議論が単一の包括的な考えの核心に収斂する結果になったこと，しかしこの事実はわたしの前提の不確実さあるいは結論に含まれる難しさを看過させるものではないこと，を指摘する余地を残しておかねばならない。ここでは，多数の読者の注意を引きつけた結論の難しさについて2点だけ述べておきたい。
　　　第1に，わたしの全体的な立場の基礎として，集合心の存在を取りあげたことを見過ごすことはできないであろう。精神過程は，個人の精神において生じると同じように，集合心において発生する。とくに，ある行為に対する罪意識は何千年ものあいだ持続し，その行為についてなんの知識ももちえなかった世代でも作用しつづける，とわたしは仮定した。父親から虐待を受けた息子たちの世代において進行したかもしれないような感情過程は，父親が排除されたまさにその理由のために，そうした扱いを免除さ

れた新しい世代にまで拡張する，と仮定したのだ。こうした仮定は憂慮すべき難しさを抱えていることが認められねばならない。この種の推論を回避しうる何らかの説明が望まれる……。

　集合心を仮定することなしには，一般に社会心理学は存在しえない。集合心は，個人の消滅によって起きる精神行為の停止を否定することを可能にさせる。精神過程が世代から世代へと継続していかなければ，つまり各世代が生命への態度をそのつどあらたに獲得せざるをえないとすれば，この分野には発達どころか，進歩は望めない。このことは，さらに2つの疑問を提示することになる。1つは，精神的持続はいく世代ほど継続すると想定できるのか。もう1つは，その精神状態を次の世代に引き継がせるために，ある世代が使用する方法や手段は何か，である。……この問題の一部は，精神的資質の継承によって実現されるとみなされる。しかしながら，そうした資質が現実の活動において活性化されるには，個人の生命にある種の刺激が与えられねばならない。

[Freud, Translated by James Strachey, *Totem and Taboo* 1950: 157-158]

　フロイトが個人に帰属させている「継承された精神的資質」とは正確には何なのか。ちなみに原語であるドイツ語では，「遺伝による精神的資質」(1913/1950: 146) と表現されている。だからフロイトが遺伝的継承について考えていたことは，なんら疑問の余地はない。しかしそうだとすると，彼の図式において意図的な禁止はいかなる場所を占めうるのだろうか。罪を感じることに向かう資質が受け継がれるならば，そしてもしこれが個人のうちに「ある種の刺激が与えられる」だけであるとすれば，「幼い時期から一緒に生活してきた個人間における性的交渉への先天的な嫌悪」について語ったウェスターマーク (1891: 32) はなぜ間違っているのだろうか。先天的嫌悪は，フロイトが断言したように，それが受け継がれた資質でなければ，一緒に親密な生活を送るという条件に依存できないはずである。フロイトは，罪に向かう受け継いだ資質を活性化するために必要な，ある種の「刺激」に不注意であった。彼の分析は，禁止の必要と，インセストをした場合の恐怖の反応に関しても問題を孕んでいる。フロイトとウェスターマークの立場は相いれなかったが，ずっと後にフォックス (1962, 1980) が両者を和解させることに成功した。

第 8 章　フロイトと家族―社会化流派

フロイトの書物の標題にもかかわらず，タブー――意図的な文化的禁止――あるいはむしろ一定種類の出来事について罪を感じる先天的な資質が，彼の頭にあったかどうかは明瞭ではない（これに類似する分析については，Fox 1980 の第 3 章をみよ）。

8.2　ブロニスロウ．マリノフスキー

　これまでのところ，インセストに関してもっとも影響力をもちえた言明は，マリノフスキーの著述にみいだされる。マリノフスキーは，イギリスの社会人類学者およびその他のインセスト理論家たちに絶大な影響をおよぼした。マリノフスキーの理論は『未開社会における性と抑圧』（1927），『未開人の性生活』（1929），および『社会科学事典』（1931）中の「文化」と題する論考にみいだされる。

　マリノフスキーの『未開社会における性と抑圧』（1927）は，心理学的性発達理論であるフロイトのエディプス・コンプレックスに対する初期の強力な批判である。近代西欧社会とメラネシアのトロブリアンド島民とを体系的に比較することによって，マリノフスキーはエディプス・コンプレックスがトロブリアンド島民には存在しないこと，したがってそれは普遍的であるよりも文化に拘束されていることを実証している。

　　　　　　家族の態度について 2 つの体系を簡潔に比較すると，家父長制社会では，幼児の競争心とその後の社会的機能が，父親と息子の態度のなかに相互的な愛着に加えて一定量の憤懣と嫌悪をももたらしていることが知られる。他方，母親と息子のあいだには，幼児期における早期の分離が深くて満たされない渇望感を残している。この渇望感は，後に性的関心が目覚めると，あらたな身体的切望の記憶と混じり合い，しばしば夢やその他の幻想に浮上するエロチックな性格を帯びることになる。トロブリアンドでは，父親と息子のあいだに摩擦はない。また母親に対する子どもの渇望のすべては，自然的任意的な様式で徐々に弱められていく。尊敬と嫌悪という矛盾する態度は，ある男性とその母親の兄弟とのあいだで感じられている。その一方で，インセスト的な誘惑の抑圧された性的態度は，姉妹に対してみいだ

される。やや荒っぽくはあるが簡便な方式を各社会に適用すると、エディプス・コンプレックスには、父親を殺し、母親と結婚したいとする抑圧された欲求があるといいうるかもしれないが、トロブリアンドの母系社会では、その願望は姉妹と結婚し、母方のオジを殺したいということになる [80-81]。

わたしの分析によれば、フロイトの理論は人間心理学にほぼ一致しているだけでなく、さまざまな社会構成体によってもたらされる人間性の変容について綿密に跡づけているといえる。いいかえると、社会類型とそこでみいだされる核的複合とのあいだには、強い相関関係が存在するということである。これはある意味でフロイト心理学の核心的信条の確認であるけれども、その特定の様相を変更するか、あるいはむしろその公式の一部をもっと柔軟にすることは必要かもしれない。より具体的にいえば、生物的要因と社会的要因との相関関係をより体系的に引きだすこと、つまりエディプス・コンプレックスの普遍的存在を前提とするのではなく、すべての型の文明を研究するに際してエディプス・コンプレックスに関連する特別な複合を確認することが必要と思われる [81-82]。

このようにマリノフスキーは、家族内の性的魅力は人間性の一部だとするフロイトの考えを受け入れるが、しかし生物的要因と社会的要因との交互作用をよりよく理解すべきだと要請する。マリノフスキーは、性的魅力は生物的な所与物であるが、しかしその魅力の表現は社会体系に依存する、と確信しているのだ。

マリノフスキーは、その著名な書物『未開人の性生活』(1929)で重要な方法論的貢献をはたしている。トロブリアンド社会におけるインセスト規則を詳細に描写した後に、彼は次のように説明する。

わたしは、地元民の発言の要旨と直接的な観察の結果とを突き合わせることによって、両者のあいだに重要な不一致が存在することを明確にしたいと思う。発言には部族的道徳の理想が含まれ、観察は現実行動がどれほどその道徳に従っているかをしめしている。発言は、詮索好きな他人にいつも変わらずしめされる慣習の磨き抜かれた表層を知らせ、地元民の生活についての直接的な知識は、人間行動の基層を露わにする。その基層は、慣習の杓子定規な表層によって形づくられるが、しかし人間性のくすぶる

第 8 章　フロイトと家族―社会化流派

火種によって深く影響されているものである。その淑やかさと画一性とは，単なる言葉による陳述が人間行動のただ 1 つの形態を意味するにすぎないことを示唆しており，文化的現実についての透徹した知識によって消えてなくなる［425-426］。

規範的行動と現実的行動との重要な相違が，いくつかの事例を用いて強調される（423, 425, 443, 456）。

マリノフスキーの理論的アプローチは，1931 年の論文で要約されている。

　性的自由がいかに大きく認められていようとも，若者たちがほんの体験としての性愛において完全に見境がなく，あるいは乱交的であることを許容する人間社会は存在しない。主要には 3 つの型の制約がある。すなわち，インセストの禁止，過去の母系祖先の恩義に対する敬意，外婚*と内婚*を結合する規則である。インセストの禁止は，重要な少数の例外を別にすれば普遍的である。インセストが生物学的に有害であると証明されれば，この普遍的なタブーの機能は明白である。しかしながら遺伝学の専門家たちは，このことに合意をみていない。とはいえ，社会学的観点からインセスト・タブーの機能がもっとも重大であることを証明することは可能である。性的衝動は，一般にきわめて性急で，社会的には破壊的な力であるから，それに革命的な変化を加えなければ，既存の情動に入り込めない。性的関心したがって，親子であれ，兄弟と姉妹であれ，家族関係とは相いれない。なぜならこうした関係は，人間生活の前性的時期に築かれ，そして無性的性格をもつ深層の生理学的必要に基づいているからである。性愛的熱情が家庭内に侵入することが許されるならば，それは嫉妬と競争の要素を根づかせて家族を分解するだけでなく，あらゆる社会関係のさらなる展開を支えている親族関係のもっとも基本的な結合を破壊する。各家族内で許容される唯一の性愛的関係は，夫と妻の関係だけである。最初から性愛的要素において結ばれるこの関係は，しかしながら協同生活の他の構成要素ときちんと調整されねばならない。インセストを許容する社会は，安定した家族を発達させることができず，したがって親族関係の最強の基盤を奪われてしまう。未開社会におけるこうした状態は，社会秩序の不在を意味する［Malinowski, B. "Culture", E. R. A. Seligman（ed.）*Encyclopaedia of the Social Sciences* Vol. 4 1931, 1959: 629-630］。

ここでわれわれは，マリノフスキー理論の明快な結晶物を手にしたことになる。すなわち，インセスト・タブーは重要な社会学的機能をもつ。性衝動は社会的に破壊的であり，あらゆる社会発展の礎である（核家族内の）親族関係の基本的結合を破壊する。もしインセストを許すならば，家族，親族体系，そして結果的に社会秩序を破壊することになる。

　これは古典的な機能的説明である。要するに，核家族は社会秩序の最強の土台であり，それがないと人間は生き残れないので，インセストを許せないのだ。マリノフスキーは，起源という単語を用いていないけれども，インセストを許容するいかなる社会も崩壊すると主張することによって，起源を意味させている。インセスト・タブーをクランに拡張することは，同じ目的に役立つ。すなわち「外婚は，日常の協同から破壊的および競争的な要素を分離している」[630]。

　マリノフスキーは，彼の民族誌においてインセスト的ダイアドを区別しているけれども，その3型すべてを彼の理論に貯蔵することによって，重要な疑問を巧みに逃れている。すなわち，インセストそれ自体が社会秩序を混乱させるものならば，なぜトロブリアンド島民は，異なるインセスト的な禁止の違反に対してかなり異なる反応をしめすのだろうか。母親と息子のインセストは，トロブリアンド島民のあいだで心底恐怖をもって凝視されるが，しかし彼らは，それが不道徳で，不自然で，とても承伏しがたいとみなしつつ，その発生の可能性についてしごく当たり前のように話してくれた。他方，兄弟と姉妹のインセストは，彼らにとって恐ろしいだけでなく，耐え難く，起こりうる最悪の出来事なのだ。母系のトロブリアンド島民にとって父親は親族でないけれども，父親と娘のインセストは起こりうることだ。それは「不法かつ不適切であるだけでなく，明確な道徳的な嫌悪感でみられる」が，しかし恐怖も不自然さの感覚もともなわない。『未開社会における性と抑圧』(1927)においてマリノフスキーは，母親と息子のインセストと，兄弟と姉妹のインセストとの認識の違いを説明しているが，しかし父親と娘の問題には言及していない。インセスト・タブーの起源が社会秩序を維持することであるならば，社会的反応の厳格さは，異なるインセスト的違反についての認知される脅威の程度に直接的に比例する，と誰もが考えるはずである。父

親と娘のインセストの場合，同じ親族単位に属する母親と娘のあいだの嫉妬と競争心は，母親と息子のインセストの場合におけるほど重大事ではないのではなかろうか。なぜなら，後者の場合に対立するかもしれない父親と息子は，異なる親族単位に所属しているからである。

8.3　ブレンダ.Z. セリグマン

　家族―社会化理論には，もうひとりの著名なイギリスの人類学者，ブレンダ.Z.セリグマンが加わる。マリノフスキーの学生であったセリグマンは，インセスト問題について3つの長い論文を執筆した（1929，1932，1935）。これら論文は，ほとんどがウェスターマークを扱っている――最初の2論文は彼の文章をいくどか引用しているが，第3論文は彼の1934年の論文の批判に専念している。ウェスターマークがその記念碑的な書物『人類婚姻史』（1891）において，インセストは同系交配を阻止するために抑制されたと主張したことを思い起こすのは意味がある（本書の第4章をみよ）。セリグマンは，ウェスターマークが正しいのなら，エゴにとって同じ生物学的関係をもつ第1イトコと第2イトコを，結婚できるカテゴリーと結婚できないカテゴリーとに恣意的に区分するような禁止を説明することはできない，と論じる。セリグマンは，同系交配と抑制の双方についてのウェスターマーク理論を否定するのだ。

　セリグマンは，同系交配の生物学的問題には関わらないと明確に述べる（1935: 76）。その代わりにインセストに関する彼女の研究は，社会学的説明と心理学的説明とを結びあわせており，社会学的説明は1929年の論文に含まれている。

> 　家族研究は，家族内で生起する競争心への傾向を実証しているが，これは人間に固有である。こうした状況は，動物界の他の分科では発生しない。なぜなら，若者はより早く成熟し，性的に成熟すると，物理的に自活できるようになるからである。インセスト規則の採用は，そうでないとこうした競争心が深刻になるあいだ中，家族集団内の調和を保つことに資する。'親と子ども'型は基本的なインセスト規則であり，'兄弟と姉妹'型は補

助的であるが，2つの規則は一緒に作用して共に発達したとみなされるかもしれない。これらの規則の主要な機能は，生涯を通じて親と子の関係と，兄弟と姉妹の関係との区別を維持し，そのいずれもが，現実生活において完全に別物である関係，すなわち（たとえ無意識的態度であるとしても）配偶関係に変わるのを認めないことである。すべての結婚儀式は，結婚（配偶の社会形態）が新しい関係を確立させるという事実を強調する点で価値がある，ということがここで強調されるだろう。インセスト・タブーの'親と子ども'型は，社会学的観点からすると，ある1人の個人が，互いに親と子の関係にある者と配偶することを阻止する規則だと定義できるかもしれない。親子関係の価値は，年長世代への尊敬として表されるように，それが保つ安定的な行動パターンにみいだされる。インセストの'兄弟と姉妹'型は，独特の行動パターンを生みださない。一部の社会では，この形態のインセストの誘惑はきわめて大きいので，兄弟姉妹関係は厳格な作法と回避によってのみ維持されるが，他の社会ではこうした形態が観察されていないようである。兄弟姉妹関係の価値（このインセスト規則によって保護されている）は，仲間関係の育成と相互扶助を可能にする機会である［Seligman, B.A. "The Incest and Descent: Tneir Influence on Social Organization" *Journal of the Royal Anthropological Institute* 1929, 59: 268-269］。

セリグマンの心理学的説明は1932年の論文にある。

　　文明は，組織化された集団で生活する人間の能力のうちにみいだされる。この目的を達成するために，自然的衝動は社会的便益に向けて修正されることになった。
　　最初の人間集団である家族は，インセストの障壁を受け入れることによって強固になった。
　　こうした障壁は，意識的に定式化されたのでなく，とくに家父長の情欲を中断するために生じたわけでもなく，調和のとれた家族集団の創出のなかで生じたのであり，実際に家族を自然的集団から社会的集団へと変容させた。
　　インセストの障壁に対する裁可は主として，両親の全能性に対する幼児の信念の子ども期を通じた持続であるが，それは後に宗教的態度に発達し，祖先崇拝として表出される儀礼によって強化される。
　　持続する家族は，インセストの障壁をなおざりにするような社会は死滅

第8章　フロイトと家族——社会化流派

するほどの生存価値をもつ社会集団である。家族集団は他のすべての集団の形成にとって基礎となるパターンなのだ［276］。

　セリグマンは，子ども期の親に対する性的魅力というフロイトの観念を受け入れるが，しかし彼の原初的な親殺しの理論は拒絶する。彼女は，核家族に対するマリノフスキーの強調を重要だと受け入れているが，しかし兄弟と姉妹のインセストおよび外婚になると，彼の考えに従うことができない（マリノフスキーもセリグマンもともに，兄弟と姉妹のインセストを処理しかねている）。
　家族—社会化理論の主要な議論は，以下の主張に基づく。
1.　社会化過程は，両親，とくに母親への子どもの長期にわたる依存を必要とする。
2.　両親と子どもたちのあいだの基本行動は，権威と尊敬である。これなくしては，社会化自体が不可能である。
3.　配偶者間の基本行動はギブ・アンド・テイクを含み，「地位の点からみると，夫と妻はともに年長の世代を形成し，相互的な義務と責任によって結ばれている」［1929: 241］。
4.　したがって母親と息子および（あるいは）父親と娘の性関係は，家族の地位体系を混乱に陥れ，家族の安定性と社会化の両者を破壊する。

　セリグマンが論じ，以下でわたしが指摘する問題にもかかわらず，この理論は，親と子のインセストについて理に適った説明をしている。それとは対照的に，兄弟と姉妹はギブ・アンド・テイクの関係と対等な社会的地位をもっている（セリグマンがもっとも重要な地位要因と考えている世代アイデンティティの観点から）。だとすると，いったい何が彼らにインセストを阻止させるのだろうか。
　セリグマンの答えは，娘に対する性的権利を放棄した父親が，息子にこうした権利を付与することはあり得ないとの仮定に立つ。セリグマンはまた，兄弟と姉妹の禁止について，身体的に未成熟な2人が結合することを阻止することに「生物学的価値があるかもしれない」と記述している（1929: 246）。ところが彼女は，

181

同系交配を阻止することによって得られるかもしれない生物学的価値には言及していない。

　セリグマンは，是が非でも兄弟と姉妹のインセスト・タブーを説明する必要がある。なぜなら，そうしないと，外婚は兄弟と姉妹のインセストの拡張であって，その逆ではないという彼女の主張を支持できないからである。彼女は，以下のことをしめすためだけに拡張の問題を詳細に記述している。

> クラン自体の内部関係にとっては，外婚は特別な価値をもたないが，しかし家族から持ち運ばれる関係パターン，つまり年長者に対する尊敬を生みだす関係パターンは，莫大な価値をもつ。……それらは，人間が文化のために支払う対価の一部であるが，しかし人間はしばしばそうした制限さえ，自らの便益に変える方法をみつけだす。人間は，規則によって自分には禁止されていない女性を，権利として要求する［1929: 272］。

　ここでわれわれは思いがけなく，セリグマンによる性的交渉と結婚との混同に出会うことになる。彼女は，インセスト・タブーは結婚規制（外婚）の基礎であると強調するが，インセスト・タブーは結婚を禁止すると終始主張する。その混乱は，セリグマンがフォーチュン（1932）（後続の第9章をみよ）を批判するとき，さらにはっきりとしてくる。フォーチュンは同盟学派の有力メンバーで，タイラー（1888）に従って，インセスト・タブーは集団もしくは家族間の同盟をつくるために発生したと主張する。セリグマンはフォーチュンの考えを，処女性の重視は先天的でないという事実を除いて，兄弟と姉妹のインセストの障壁についての健全な社会学的説明であると考えている。たとえ娘や姉妹が婚出するとしても，家族メンバーが彼女たちと一緒に寝ることを回避する唯一の理由は，処女性が結婚の前提条件だからだと彼女は主張する。セリグマンは，性的交渉と結婚の相違を再発見する必要を感じたとき，実際それを再発見したのである。

　セリグマンは，（同系交配の問題を除いて）困難に遭遇することをためらわない。そうした困難の1つは，父親と娘のインセストである。

第8章　フロイトと家族――社会化流派

　　　乱交的な配偶が成人男性の性的欲求を満足させるかどうかにかかわらず，
　　成人女性はより持続する結合を要求する。生活状況が厳しい場合，妊娠後
　　期および子どもの幼い期間に，食糧を供給して彼らを保護してくれるパー
　　トナーを確保できない女性は，自らの子どもたちを育てられそうにない。
　　だから女性は，多少とも持続する結合，すなわち１人の男性との結婚を必
　　要とする。女性が，性的魅力と互いに交わされるサービスによる以外に，
　　どのようにしてこれを獲得できたかを想像することは難しい。かつてしば
　　しば論じられた母権の絵物語風の記述では，自立した女性の許に夜ばいを
　　し，そして働くために姉妹の世帯に帰ってくる人目を忍ぶ恋人たちについ
　　ての情報が与えられたけれども，しかし彼らを姉妹に奉仕させつづけ，あ
　　るいは彼らを配偶者から追い払う力が何であるかについては，伝えられて
　　いない［1929: 240］。

セリグマンの考えは，基本的に親の投資理論と一致している。親の投資理論によれば，父親はふつう，母親ほど子どもに投資しない。セリグマンはまた，父親と娘のインセストが，母親と息子のインセストほど地位の逆転をともなわないと感じており，その効果についてギンスバークを引用している（具体的な証拠は，多数の父親が娘くらいの年齢の女性と結婚する場合に求められよう）。セリグマンは，地位の概念に逃避している。このことは，彼女の野心的な目標を考慮すると驚くほかない。「もしあらゆる結婚禁止の基礎をなす一般規則があるとすれば，それは人間の感情および反応に根ざしていなければならないことは明白である。すなわち，それは生物学的に理に適い，そして人間の制度になるほど大きな社会的価値をもっていなければならない」［1929：238，傍点は筆者］。そのうえセリグマンの口調は，その第３論文の冒頭でさらに重苦しくなっている。「普遍的である人間の慣習の起源を説明したり，あるいはそれをたどることは不可能であるということかもしれない。おそらくわれわれがなしうることは，それを他の一定条件と関連づけることであろう。証明される，あるいは反証されるような，インセストの社会学理論はない。インセストの規則と家族とは密接に相関しているので，一方が他方を欠く状態を想像することは難しい」［1935: 75］。セリグマンは，禁止，タブー，地位に過大な注意を払い，現実行動にほとんど注意を傾けなかっ

た。そのため，彼女の知的努力は袋小路に入り込む羽目になったのである。

8.4　ジョージ. P. マードック

　家族—社会化理論の提唱者は，ヨーロッパの学者たちだけだったわけではない。アメリカ人のG. P. マードックもまた，その画期的な著作『社会構造』(1949, 第10章) において家族—社会化理論を支持している。マードックは，その仮説を250の社会の標本を用いて検定した。「インセスト・タブーについて容認できる理論と，異なる社会におけるそれの発生のさまざまな変異とは，第1に既知の事実と一致していなければならず，第2に，そのすべてあるいはほとんどに満足できる説明を提示しなければならない」[284]。マードックは，以下のように要約できる既知の事実を記述することから着手する。

1. 母親と息子，父親と娘，兄弟と姉妹の性交渉もしくは結婚の禁止は，普遍的である。
2. インセスト・タブーは核家族外ではどの異性親族にも普遍的に適用されない。
3. インセスト・タブーは核家族だけに限定されるものではない。
4. 核家族外の親族が第1次親族と同一の親族用語で指示されていたとしても，インセスト・タブーはこうした親族にはさほど厳しく適用されない傾向がある。
5. 核家族外の人びとに適用されるインセスト・タブーは，生物的関係の近さと驚くほど一致していない。
6. インセスト・タブーは，純粋に慣行的な親族集団と強く相関している。
7. 別の性的禁止と比べると，インセスト・タブーや外婚制限は特別の強度と感情的性質によって特徴づけられる。
8. インセスト・タブーの違反は，実際に発生する。

　マードックは，1つの理論をみいだすためにこうした舞台装置をつくったうえ

第 8 章　フロイトと家族——社会化流派

で，次々に理論を検定し，そして排除していく。彼は次の理由から同系交配理論を拒否する。すなわち，(*a*) 彼の尊敬する権威者（Sumner and Keller 1927）によると，同系交配は有害ではない，また (*b*) 一部の未開人は生物的父性を理解していない，そして (*c*) 核家族を越えるインセスト・タブーは生物的関係と一致していない，がその理由である。次にマードックは，本能理論を拒否する。彼のいう本能理論は，ウェスターマークの理論というよりローウィ（1920/1949）のそれである。ウェスターマークの理論は習慣形成論だと，マードックは考えていた（おそらく彼は，ウェスターマークが本能理論を考え出したことを知らなかったのだろう。彼が使用したウェスターマークの書物は，アメリカで発行された第 5 版 [1921] であった）。彼はまた，ウェスターマークの習慣形成の基本仮説を誤解しており，アングマグサリク・エスキモーのあいだでは，一緒に育てられた子どもたちが結婚すると述べている。しかしマードックは最初に，インセスト願望をしめすフロイトの「膨大な臨床的証拠」に反論している。「真剣な考慮に値するインセスト・タブーの起源に関する別の唯一の理論はフロイトの理論である」[1949: 291]。マードックは，インセスト・タブーの普遍性についてのフロイトの説明を受け入れるが，しかしそれは，なぜインセスト・タブーが核家族を越えて広がるかを説明するには不適切であると指摘する。

　　　フロイト理論は，インセスト・タブーの感情的性質を明らかにすることに加えて，それを人間の社会生活の普遍的条件，すなわち核家族に関係づけることによって，インセスト回避の普遍性を説明している。しかしそれは，直接的な家族を越えるそうしたタブーの拡張も，また異なる社会における多様なそれの適用も，説明してはいない。それはまた，タブーが文化の部分としてなぜそれほど規則的であるかを示唆しようともしない。ほとんどといわないまでも多くのフロイト学派の機構とその所産，たとえば退行，攻撃性の置き換え，投射，サディスティックな行動は，ふつうは文化によって妨害されるか，あるいはせいぜい文化によって大目にみられるに過ぎない。他方インセスト回避は，普遍的に社会の承認を受け，どこにおいてもとくに制裁的な文化規範に組み込まれている。有用ではあるけれども，フロイトの理論だけでは民族誌家によって明示されている事実を説明することができない。加えて，フロイトの個人心理学への驚異的な洞察，

もしくはこの分野における彼の革命的な貢献を少しも損なうことなく，われわれは彼の文化理論への冒険が比類なきものであることを認めねばならない［1949: 292］。

インセスト・タブーの付加的機能は「文化の伝播」である。マードックは，彼の学生の1人からアイディアを得ながら，すべての家族は別個の文化をもつ別個の社会単位であり，インセスト・タブーは，ある核家族の文化を広め，それを配偶者の核家族文化と結合するために，核家族を越えて結婚することを個人に強要するのだと断言する。この文化伝播が，社会的連帯を促進する（同盟理論の基礎概念）。インセスト・タブーの伝播は，「刺激の一般化」という行動心理学の原則によって説明することができる。遠縁の親族は，禁止されている核的親族と身体的に類似しているので，彼らは同じく回避されるというのだ。しかしなぜ，エゴと同じ親等にある親族のなかで，一部は禁止され，他は禁止されないのか。

マードックは，彼の総合を次のように提唱する。

> インセスト・タブーと外婚規則についての完全な科学的説明は，人間行動を扱う4つの別々の専門分野の理論を総合することから生じると思われる。精神分析理論は，こうしたタブーの特異な感情的性質，違反の発生（これは本能仮説もウェスターマークの獲得された嫌悪も説明していない），核家族外でのタブーの強度の低下，文化的洗練の基礎として資するインセスト回避傾向の普遍的な発生，を説明する。社会学理論は，家族内タブーおよび拡大されたインセスト・タブー双方の社会的効用を検証し，その普遍性を説明する。心理学的行動理論は，拡張が発生する機構，および社会的効用が慣習に変換される機構を明示し，そうすることによって拡張されるタブーの普遍性とその変異の双方の理由の基本的部分を提供する。最後に文化人類学は，一般化を水路づけたり，あるいは差別を生みだす社会構造のさまざまな条件や慣習についての説明に寄与し，その結果，外婚規則と拡大するインセスト・タブーの発生の相違，そのことと親族員の慣習的な集合化との相関関係，および実際の生物的親族関係の近さとの対応の欠如を説明する。
>
> こうした4つの社会科学理論の体系のどれ1つが欠けても，適切な説明は不可能である。インセスト・タブーに関するこれまでのすべての仮説は，

第8章　フロイトと家族——社会化流派

関係する専門科学の1つか，あるいはせいぜい2つを引き合いに出すに留まっていた。そのため観察された事実の重要な側面を説明し損ねたのだ［300］。

しかし彼は，「かなり完全」でしかない解釈に不満を隠せなかった。方法論的な障害が残されていたのだ。

> 家族内のインセスト・タブーの普遍性の理由に関するわれわれの合成的な仮説の部分は，われわれが処理できるいかなる方法によっても，独立した検定を行うことができない。というのも，タブーと，タブーが関連している家族組織双方の普遍性そのものが，相関する独立変数をわれわれから奪い取っているからである［300-301］。

要するにマードックは，起源を探求したにもかかわらず，機能しかみつけられなかった。彼は，インセスト的ダイアドを区別し損ない，回避とタブーと禁止とを混同したのである。とはいえ彼は，外婚的禁止の相互関連性を説明することに前進をみせた。

8.5　タルコット.パーソンズ

　タルコット.パーソンズは，家族—社会化流派にぴったり重なるわけではない。『ブリティッシュ・ジャーナル・オブ・ソシオロジー』(1954) に掲載した論文のなかでパーソンズは，フロイトの家族—社会化理論とタイラーの同盟理論とを総合しようと試みている。その論文は，パーソンズが1954年1月にロンドンで行った講義から生まれた。この年は構造—機能的社会学の頂点であった。パーソンズの単著，およびベールズとシルズと協力して執筆された書物——『社会体系論』(1951)，『行為の総合理論をめざして』(1952)，さらに『行為理論の作業論文』(1953)——が，多くの大学を次々に席巻した。当時印刷中であったベールズとの共著『核家族と子どもの社会化』(1955) は，パーソンズ理論の1つの

「社会制度」への最初の応用になるはずであった。それに続いて経済，政治，階層，価値と，人間社会の全領域を網羅するシリーズ本が出ることになっていた。

インセストについてのパーソンズ (1954) の扱い方は，それまでのいずれのものとも異なっていた。彼は「近年，いずれの人間社会にも共通している特徴は何か，こうした共通の特徴を維持するために作用している力はどのようなものかという問題への関心が復活してきた」こと，「社会は個々人の行動の内部において，およびそれを通じてのみ作動し，人間の社会—文化的水準でのパーソナリティは，人間成体の欲求と関係していると同時に，社会的に相互作用的な行動体系への参加者としてのみありうる」[115] ことを認識していた。彼は「分化の2つの生物的基礎，すなわち性と世代」の存在を認め，それが「小集団に一般的な社会組織の類型」の「準拠点」だとみなした [1954: 102]。

パーソンズは慎重に，インセスト・タブーは家族それ自体の構成部分であると仮定する (1954: 102, 脚注3) が，しかしそのようにすると，核家族についての彼自身の基礎的な基準，すなわち持続する母親と子どもの結合，を否定することに気づいていない。母親と子どもの結合は，明らかにその構成部分としてインセスト・タブーを必要としないし，少なくともその3形態すべてを必要としない。パーソンズの第2の仮定，すなわち社会学的父親は母親の出自集団外の出身者でなければならないという仮定もまた，多数の母系文化の証拠に照らしてみると問題である。生物学的父親は母親の出自集団外の出身者でなければならないが，しかしパーソンズはこのことについて言及していない。

パーソンズは，ゼルディッチの通文化的研究，およびベールズの小集団研究の結果（いずれも Parsons and Bales 1955）と，フロイトの心理性的発達理論とを統合している。ゼルディッチとベールズの研究は，手段的・表出的とリーダー・フォロワーという2つの軸に沿って構築される4役割体系という定式化を得ている。フロイトのいう4人からなる核家族は，この図式に合致する。パーソンズはこの図式を，人間幼児の長期にわたる依存，および「女性が男性よりも親密に子どもの世話に関わるという普遍的な事実」[1954: 103] の結果であり，それゆえ生物学的図式だと説明する。2人のリーダーは，その異性愛結合によって強化さ

第 8 章　フロイトと家族——社会化流派

れる連合を形成する。彼らはまた異性愛関係を独占している。

	リーダー	フォロワー
手段的	父親	息子
表出的	母親	娘

　パーソンズは，フロイトの心理性的発達理論，および，どの対象に対しても拡張するエロチシズムをもつ「幼児はつむじ曲がりの多形体」という彼の信念を受け入れている。4 役割図式を維持するために，母親は子どもたちを管理するが，「子どものエロチックな愛着は，『成長』という梯子段の低い水準から高い水準に［母親が］引き上げる『ロープ』なのである」[111]。パーソンズは以下のようにつづける。

　　　母親が子どものエロチックな愛着の第 1 の対象である段階は，3 段階に区別できるようだ。フロイトが，口唇期*，肛門期*，性器期と特定した局面である。これらの局面は，パーソナリティ組織化のための新しい水準の学習過程における相対的に不連続な 3 つの「段階」，すなわちあらたな目標，自立能力，責任ある遂行に対応する。各段階はエロチックな構造の残基を残している。この残基は，次の段階をつくるために基本的であるが，しかし活性化したままだと，後続する段階を妨害することになる。わたしの依存症仮説をふまえると，すべてのパーソナリティには，最下層にあるもっとも原初的なイド——パーソナリティ体系のもっとも退行的な部分——のすぐ下に，エロチックな連関を貫く回路が存在する。これらはいつでも再活性化されうる。この状況と，インセストのありうる心理学的重要性の問題との連結は，明瞭だと思われる。
　　　この観点からすると，インセストの問題は，時間の経過のなかで，また対象選択に関連したパーソナリティにおけるエロチックな動機づけの構造化という，より大きな状況にあてはまる。その状況には，同性愛と地位倒錯の問題が含まれる。社会化の目標——多くの変異をもつが，その広いパターンにおいては普遍的——は，たとえ他の可能性を凌駕する完全な独占でないとしても，家族外の対象の選択および対象への志向の安定性を含む，正常な性器的でエロチックな魅力の優位性を確立することである［111-112］。

潜伏期，そして同性仲間集団の発達とともに，子どもたちは核家族から徐々に「押し出され」，外部のパートナーへの異性愛的魅力を発達させる。この過程は，核家族の「自己浄化」機能および同盟形成に寄与する——すなわちそれが社会の「超家族的構造」を支持するのだ。

パーソンズは，自分が，インセストの起源よりもその機能に焦点を絞り込んでいると認めている。彼は「この水準の分析が軌道に乗り始めたら，起源の問題はしだいに重要性を失うが，しかしその解決に向けてこれまでより希望がもてる」[115] と考えた。

パーソンズの総合は重要であるが，しかしそれは彼自身が暗に答えを求めた疑問をそのまま残している。もし，事実「社会は個々人の行動の内部において，およびそれを通じてのみ作動し，人間の社会—文化的水準でのパーソナリティは，人間成体の欲求と関係していると同時に，社会的に相互作用的な行動体系への参加者としてのみありうる」のなら，個人は彼自身の欲求，パーソンズが同意しているフロイト理論に描かれている欲求を，どのように動機づけて否定するのだろうか。個人はどのようにして，同盟のための全体社会的な要件を受け入れるのであろうか。異なる種類の抑圧はどのように進化したのか。もし，事実「人間社会に共通している特徴」が重要であり，こうした特徴を「維持するために作用している力」が決定的に重要であるのなら，われわれはそれを，変異の領域である文化領域のなかでよりも，種規模で普遍的な領域，すなわち生物学の領域のなかで探求すべきではなかろうか。

家族—社会化理論の論者たちのこのリストは，決して網羅的ではない——社会学者と人類学者はすべての世代で家族—社会化理論に賛同してきたのだ。さらにいくつかの発言がとくに重要である。レヴィ (1955) は，インセスト・タブーをもっぱら核家族と連結させたとして，パーソンズを批判している。クルト (1963) は，方法論的に洗練されたその論文のなかで，外婚の禁止がインセストの禁止に先行したこと，および核家族における4役割体系の先行存在と内婚・外婚の実践とが一体となって，すべてのインセストの禁止を説明すると論じている。バグリィ (1969) は，彼が「機能的インセスト」と名づけたもの——すなわち組織的に

インセストを冒す家族——を考察し，インセスト的家族の異常性から，パーソンズおよびマードックの2つの分析の関連性を推測できるとの結論を得ている。

8.6　まとめ

　家族—社会化流派は，人間のインセスト規制のもっとも重要な機能として，それの2次的機能に焦点を合わせた。彼らの言説にしたがってその理論を取りあげるなら，われわれが学びうることは多い。確かに核家族の内部組織は，インセスト禁止を欠くと致命的な問題に遭遇する。しかしながらインセストの一般的な説明としては，家族—社会化理論は受け入れがたい。この理論では，核家族がインセスト規制に先行すると仮定されている。実際のところ，この流派に所属している科学者のなかで，今日では入手できている霊長類学や古人類学的な資料についての知識をもつ者は皆無である。それにもかかわらず，彼らの一部はその理論に内在する弱点に気づいていた。フロイトは，「集合心」の問題を解くために遺伝的な資質をもち出さざるをえなかった。セリグマンは，男性と女性の親としての投資の非対称性を認識していた。パーソンズは，起源の問題を意識的に避けた。マードックは23年後に，みずからの理論に関する疑念をしぶしぶながら認めた（Murdock 1972）。

9

同盟学派

　すでにみたように，家族—社会化流（学）派は，小集団—核家族—を強調し，インセストの禁止は核家族そのものを維持し，親が子どもたちを社会化することを可能にするために発生し持続してきたと論じた。その一部のメンバー，とくにフロイトとパーソンズは，個人に着目し，パーソナリティの重要性を強調した。インセスト・タブーは，パーソナリティの発達を扱うにあたって無視できないのだ。家族—社会化流派と同盟学派のあいだに架橋したパーソンズは，社会全体の利害に対するインセスト禁止の重要性も認識していた。

　同盟学派は完全に集団志向的である。インセストの禁止は，若者が核家族外部で配偶者を捜さざるをえないようにする社会的機能の一助だというのが，その基本議論である。こうした結婚は，家族集団間の同盟，すなわち基礎的な社会秩序を構成するネットワークをつくりだす。

9.1　エドワード. B. タイラー

　同盟学派は，E. B. タイラーが「制度の発達を考察する方法について——結婚および出自の規則の応用——」を公表した1888年にその起源をもつ。ロンドンで開催された王立人類学会大会での報告に先立って読まれていたその論文は，人類学における通文化的研究に基礎を据えていた。タイラーは，制度の発達は「作表と分類に基づいて考察できる」［245］と主張して，人類学は自然科学に劣らず科学的であることを証明しようと企て，彼の算定によれば350の社会から資料を

第9章　同盟学派

収集した。タイラーは，義理の母親回避と居住パターン，テクノニミー*と妻方居住，レヴィレート婚*と擬娩*のように，2つの現象を関連づけた。彼は，バッハオーフェンやスペンサーのような古典的進化論を批判し，進化論的仮説は通文化的証拠で検定されねばならないと論じた。

　タイラーは，インセスト問題にとくに関心をもってはいなかった。彼の関心は，彼の同時代人たちと同じく，外婚にあった。外婚は原初の人間集団の生存にとって不可欠であった，と彼は結論づける。

> 　この観点から内婚と外婚の区別に注目すると，社会が成長するあいだにはその区別が第1の重要性をもつ政治的問題であった時代が存在したとみなされる。広大な森林や大草原が数少ない人口集群にまだ豊富な食糧を供給していた頃，小規模なホルドが転々と動くか，あるいは世帯集団が構成されていただろうが，それぞれの小部族あるいは集落は他から切り離され，その範囲内で通婚していたと思われる。しかし部族同士が隣り合い，互いに圧迫し合い，もめ事が始まると，婚入と婚出の相違が明白になる。内婚は分離の方策であり，ホルドあるいは村落を，それがそこから分岐した親幹──わずか1, 2世代前に分岐した親幹でも──から切り離す。低度の文化をもつ部族のあいだでは，永続する同盟を保持するための唯一わかっている手段として，部族間の結婚があった。
> 　外婚は，分散を続けるクラン間の恒常的な結合によって，部族自体を緊密に保ちながらその成長を可能にさせ，孤立無援の多数の小規模な内婚集団を圧倒することができる。世界史において幾度となくあったことだが，未開の部族は，率直に自分たちが望む前に，婚出するか殺されるかという単純で現実的な二者択一をしなければならなかった。文化的にはさらに長いこと，内婚の政治価値は変わらないままだった。「結婚同盟は何にもまして友情を育む」は，モハメッドの格言である。「俺たちは娘をお前さんたちにくれてやる。その代わりに俺たちはお前さんたちの娘を連れて行く。こうすればわれわれはおまえさんと一緒にやっていけるし，仲間になれる」。これは古代ヘブライ人の箴言である［Tylor "On a Method of Investigating the Development of Institutions, Applied to Laws of Marriage and Descent" *Journal of the Royal Anthropological Institute* 1888, 18: 267-268］。

　このように，タイラーにとって外婚の問題は，政治的問題であった。外婚は政治

的同盟という1つの政策なのだ。

　ただし，この論文全体のなかでただ1ヵ所，インセストに関して言及されている部分があることが注目される。タイラーは，インセストは外婚を支配する規定に由来すると記している。たとえば，ある部族が出自規則を変更すると，それはインセスト的結婚の類別単位を再定義することになる。タイラーはインセストに関心をしめさなかったが，その後継者たちによってインセストの同盟理論の創始者として広く引用されている。

　タイラーは，みずからの説明にたった1つだけ問題がある——同盟はつねに衝突や流血を阻止するわけではない——ことを知っていた。それにもかかわらず彼は次のように主張する。

> 共同体は，共同体全体を血縁関係と姻縁関係の紐帯で結びあわせることによって，とくに1つのクランには姉妹として，別のクランには妻として帰属する女性たちをうまく調整することによって，確執を鎮め，またそれが発生しても収拾できる。そのようにして，内婚状態下で分解が生じた部族を重要な局面で1つに結合することができる。だから外婚は，低次の文化をもつ人口集団が不統合に向かう傾向に抗い，平和に生活し，そして戦時には団結できるような民族に統合しうる制度として，その姿を現す。そうすることでその人口集団は，強固な軍事的，政治的団体の時代に到達できる［268］。

　タイラーの当初の言明は，インセスト規制は外婚を支配する規定と同時発生すると暗黙に仮定している点で，彼の後継者たちが展開した理論とは大きくかけ離れている。

9.2　レオ. フォーチュン

　周知の『社会科学事典』（1932）において，インセストを記述し説明する任務がレオ. フォーチュンに託された。彼は，簡潔な論説でタイラーにくわしく言及している。フォーチュンの記述によれば，近代社会では結婚にともなう義務が重

第9章　同盟学派

要でなくなり，そのことが主たる理由となって，インセストに対処する法律は，未開社会におけるそれほど厳格な強制力をもたない。未開社会においては，血縁集団が内婚によってのみ関係していたので，したがってインセストは重要となった。

> 血縁関係からの姻縁関係の分離は，社会的義務についてのより広い認識を確実にする。なぜなら，姻縁関係は戦時における同盟，狩猟や葬儀における協同のような義務をともなうからである。単一の血縁集団内における2人の個人間のインセスト的同盟は，これまでのところ，彼らの血縁集団がその同盟から撤退することを結果し，そうするとその集団の生存を危険にさらすことになる。近代社会では姻縁関係に帰属する義務は広がらず，血縁関係に帰属する義務は制限されるので，インセストに対する規則は，英国国教の祈祷書に含まれるそれのように，国家によって強制されることはまったくない。しかし，現実の義務の限定的な範囲内にいる血縁親族間のインセストには，依然として厳罰が科せられがちである［Fortune, "Incest" E. R. A. Seligman(ed.) *Encyclopaedia of the Social Sciences* Vol.7 1932/1960: 620］。

　フォーチュンは，インセストを集団の生存にとって機能的なものと定義したために，それ以外の諸理論を批判せざるをえなくなった。彼は，フロイトとマリノフスキーとの相違を過度に強調し，彼らの合意している部分を無視した。彼はウェスターマークを無視し，「同系交配……は，その性質が強調されるには悪質すぎる血統を除けば，生物学的に有害だとは判明していない」［621］と主張する。フォーチュンはまた「もし，たとえば兄弟と姉妹が子ども期に性的に親密であるよう奨励されるとしても，彼らのあいだに性的嫌悪が発達することを裏づける証拠はない」［621］と論じる。彼は，ほとんどの社会は兄弟と姉妹のあいだの性的嫌悪を教え込むので，この回避が「インセストの阻止に有効に機能する」と仮定している。
　フォーチュンはまた，家族―社会化理論を完全に拒絶し，この理論はインセスト規制がなぜより広い血縁集団に拡張されるかを説明しない，と指摘する。セリ

グマンとフロイトを,「近代社会にみいだされるインセストの範囲」の狭さを過度に強調しすぎると批判しながら, 彼は, 血統の排他性を重視することに役立った古代エジプトやハワイの王族におけるインセスト的結婚に注目を寄せている。

フォーチュンは, 性交渉と結婚を弁別していない。だから, 外婚的——したがって同盟を創設する——結婚は性交渉の唯一の回路である, と述べるほかなかった。彼は, 母親と息子, 父親と娘, 兄弟と姉妹のインセストに対する中核的規制と, その拡張された規制とを区別していない。フォーチュンの論理的な欠陥は, 彼がインセスト・タブーの拡張——社会ごとに異なる範囲——から, 普遍的な中核的規制へと議論を展開したことにある。彼はまた, 集団機能主義を確信している点でも誤っている, とわたしは考えている。彼は, 近代社会がインセスト規制を厳格に強制しないことが重要だとみなしているので, こうした規制の起源を同盟理論によって説明することを選択したのだ。彼は, 異なるインセスト的ダイアドを区別せず, したがって少なくとも父親と娘のダイアドについての彼の研究事例を立証する機会を失っている。

9.3 レスリー. A. ホワイト：文化学主義者

ホワイトは, 人類学における文化進化論のもっとも重要な代表者である。ホワイトは, 人間がひとたび文化の基本要素——道具, 言語, 象徴的思考——を獲得すると, 人間生活, 行動, 社会活動は文化によって規定されるようになると確信していた。

> 文化の潮流はこのように, それ自体の法則に従って流れ, 変化し, 発展する。人間行動は, この文化的潮流への人間有機体の反応にほかならない。したがって人間——ある集団の大多数あるいは一般的メンバーの——行動は, 文化的に規定されている。ある人びとが牛乳を飲むことに嫌悪感をもち, 義理の母親を回避し, 鍛錬が健康を促進すると信じ, 占いあるいは予防接種を実践し, ローストしたミミズやイナゴを食べるのは, 彼らの文化がこうした反応を引き起こす特性—刺激を含むからである。こうした特性

は心理学的に説明できない［White, L.A. "The Definition and Prohibition of Incest." *American Anthropologist*, 1948, 50: 433］。

　この引用文は，1948年の『アメリカン・アンソロポロジスト』誌に掲載されたホワイトの長々とした論文，「インセストの定義と禁止」によっている。ホワイトは，インセスト問題——彼によれば，人間にとって奇妙な魅惑を維持している問題——を説明する理論に到達するために，消去法を用いる。彼はまず手始めに，インセスト回避は本能的であると言明するホブハウスとローウィの理論を却下した。却下の理由としてはただ，本能的に回避される行動に対して厳格な法律を施行する必要のある社会はみあたらないと述べるにとどまっている。さらにホワイトは，交差イトコと平行イトコ（前者は結婚相手として選好され，後者はふつうインセスト的と定義される）を区別できるのは，どのように奇妙な本能なのかと問う。ホワイトはまた，(*a*) 同系交配は退行の原因でなく，(*b*) 退行は同系交配の結果でなく原因であるとして，同系交配理論をいとも簡単に排除する。「われわれの社会においてもし兄弟と姉妹，あるいは父親と娘の結婚による子どもたちがしばしば精神障害をもったり，あるいはその他の点で劣っているとすれば，それは精神障害をもつ個人たちが，正常な男性や女性にもまして強力なインセスト・タブーに違反しやすく，したがって退行した子どもをもうけやすいからである」［417］。さらにホワイトは論じる。未開人は遺伝法則，あるいは生殖過程さえも理解できなかったし，たとえそれが理解できたとしても，彼らは遺伝要因と環境要因とを判別できなかっただろう。未開人は霊長目と同じように生殖の事実を理解できなかったので，同系交配の禁止に遺伝的根拠を見いだせなかったと論じることで，ホワイトは自らに罠をしかけてしまった。ホワイトは，インセストの禁止は父性の理解に先行したとも指摘しているからである。彼は，インセスト・タブーの拡張は遺伝的系統にしたがっていないという民族誌的事実を再度利用することによって，自分の議論をしめくくっている。ホワイトの見解によれば，フロイトの説明は，インセスト禁止の多くのさまざまな形態を説明しないので不適切である。ウェスターマークとデュルケムも同様に簡単に却けられた。

ホワイトは，インセスト問題の神秘的で得体の知れない性質に関して，まずフレーザー，ボアス，ゴールデンワイザーやウィスラーのような権威者から引用をすることによって，彼自身の推論を提起している。ホワイトは，生物学や心理学での説明を求める人たちは間違った方向に向いていると述べる。正しい方向は文化学*である。文化学は，1888年に文化主義的なタイラーによって最初に示唆され，そしてホワイトによって洗練されたものである。彼は臆面もなく，自らをダーウィンと対比する。

　　　科学への重要な貢献が「その時代以前」，すなわち科学発展の一般的水準が幅広い評価を受けるようになる以前に達成される場合がある。ダーウィンの業績において目新しいものは，本当にごくわずかでしかなかった。いいかえれば，その考えと事実は，すべてとはいわないまでも，ほとんどが過去に提示されている。しかし生物学的思考の文化過程の幅広い前線は，1859年以前には，この観点が広く受け入れられるほど十分な展開を遂げていなかった。インセストの問題も同様であり，妥当な説明が現れるまでには数十年の歳月が必要であった。しかしその問題が文化学的問題であるために，そしてその文化の科学がいぜん未成熟であり，またその研究者たちは今日でもまだその性質と広がりを把握し評価できていないために，インセストとその禁止についての理解はきわめて限定されている。しかしながら，文化学が進展し成熟するにつれて，他の多くの超心理学的問題と同様，これの理解はごく当たり前になることだろう［430］。

　人間は，他の動物と同じく協同と相互扶助をもっとも重要な武器にして生存闘争に従事している，とホワイトは推論する。霊長目にもいくらかの協同はあるが，しかし協同のための本当の必要は発話の発展と共に現れる。人間の子どもたちは，互いにきわめて親密であるために親や兄弟姉妹に惹かれており，すべての霊長目に共通するものの人間の協同とは両立しえない同系交配の性向をしめす。この協同は，家族という既存構造に基礎を据えている。

　　　われわれはほとんどいつも，社会的であれ生物的であれ進化の過程のなかに，古いものから成長し，またそれに基づいた新しいものをみつける。こ

こでもそうである。すなわち，食料や防衛のための新しい協同組織は，既存構造である家族の上に構築される。結局のところ，事実上すべての人はいずれかの家族に所属し，性に基礎を置く家族と協同集団との同一視は，相互扶助の便益が全員によって共有されることを意味することになる。したがって，類人猿のいくつかの種が明瞭な発話能力を獲得して人間になると，新しい要素，つまり経済的要因が，男性と女性の性的魅力にのみ依拠せざるをえなくなった制度に取り込まれた。もちろんわれわれは，ここで経済の用語を，生存維持と安全を含む広い意味で用いている。霊長目に属する人間の家族は，性的，そしてこれに付随する生殖的機能と共に，養育的ならびに防衛的機能においても協同をするようになる。その結果，生活はいっそう確実なものになった。

しかし，1つの家族の成員に限定された協同体制は，その便益の点で相応に制約される。もし協同が家族集団内で有利であるならば，家族間の協同はどうであろうか。いまや問題は，相互扶助の範囲を拡大することとなった。

すでにみたように，霊長目では配偶者間，親と子ども，そして兄弟姉妹間の社会関係は発話能力と協同に先行している。それは原基的であると同時に強固である。そして最初期の協同集団がこれらの社会紐帯によって築かれたように，それに次ぐ相互扶助の拡張もそうした社会紐帯を考慮に入れなければならない。この点でわれわれは，親密な仲間と配偶する傾向に真っ向から抵抗することになる。親と子どもが，兄弟と姉妹が結婚すると，家族間の協同は確立できない。この求心的傾向を遠心的な力によって乗り越える方法をみつけなければならない。その方法は，インセストの定義と禁止に見いだされた。人びとは，その親や兄弟姉妹と結婚することを禁止されるなら，他の家族集団に婚入することを受け入れるか，それとも生涯独身を貫くかである。これは霊長目の自然に反する。大跳躍がなされた。家族を相互に合体するために，1つの方法がみつけられ，人為作用としての社会進化がその経歴を開始したのだ。この段階の意義を誇張しすぎてはならない。家族間に強くて持続する社会紐帯を確立するための何らかの方法がみつからなかったならば，社会進化は類人猿のなかでとうてい人間にまで上り詰めることはできなかったはずである［424-425］。

家族は協同単位になり，その経済的必要に応じて提携する。ホワイトは，レヴィレート婚やソロレート婚【妻と死別した男性が行う亡妻の姉妹との結婚】，花

嫁代償や持参金がしめしているように，結婚は契約であり，家族は経済単位であると論じる。同様に，「インセストの禁止は根底に経済的な動機づけをもっている——未開の人びとがこの動機づけに気づいていたということではない，彼らは気づいていなかったのである」[425]。ホワイトは，最初期の人間は生殖の事実に気づいていなかったと主張することによって，同系交配理論を切り捨てた。しかし彼らがインセスト・タブーの経済的便益にも気づいていなかったとしたら，こうした便益はその存在をどのように説明できるのだろうか。明らかに，その答えはない。

　ホワイトは，結婚と家族が経済制度であるとする自らの主張を裏づけるために，さまざまな権威者の議論を参照する。結婚と家族をもたらしたのは性的はけ口の欲求ではなかった。「結婚は確かに性的行為と性的満足という通路を提供する。しかしその制度をつくりだしたのは性的欲求ではない」[426]。性的はけ口は，結婚とは別個に生じる。ロマンチックな愛情は，結婚と家族をつくりはしないし，「文化も，重要な制度の基礎としてそうした気まぐれでつかの間の情感を使うゆとりはなかった」[427]。

　インセストは文化的に創られたので，もちろんそれは文化的に可変であり，各文化はインセストを異なって定義する。われわれは親と子どもの結婚を慣習的に認めている社会を知らないが，ホワイトが指摘しているように，それにもかかわらず兄弟と姉妹の結婚は王族家族において時に許容されている。ホワイトはみずからの議論を以下のように要約している。

　　　　心理学からわれわれは，人間動物が親密な誰かと性的に結合しがちであることを学ぶ。外婚制度は，この傾向を引き合いに出すことだけでは説明できない，つまりその傾向と相いれない。しかし，ある集団のメンバー間の関係を規定し，彼らの社会的性交を規制する文化に目を向ければ，インセストの定義の理由と外婚の起源をみつけることはたやすい。生存闘争は他の場合と同様に，人間種においてもはげしい。協同によって，集団にとっても個人にとっても生活はいっそう確実になる。人間社会において，発話能力は協同を可能にし，拡張し，そして多様化する。協同を強制的かつ大規模に行うために，インセストが定義され，外婚規則が定式化された。その結果，生

第 9 章　同盟学派

活はより確かなものになった。こうした制度は，神経—感覚—筋肉—腺の系によってではなく，社会体系によってつくられる。それらは，文化特性の相互的な流れのなかで形成される文化的諸要素の総合である。インセストの定義と禁止の変異性は，きわめて多様な状況のせいである。ある状況，文化的特性——技術的，社会的，哲学的など——のある組織化においては，インセストのある型の定義と1組の外婚規則が見いだされるが，異なる社会では別の定義と別の規則が見いだされる。つまりインセストと外婚は，人びとの生活様式——生存様式，攻撃と防衛の手段，コミュニケーションと輸送の手段，居住慣行，知識，思考法など——によって定義されるのだ。そしてその生活様式とは，技術的，社会学的，哲学的などそのすべての側面において，文化的に規定されている［433-434］。

　未開人が生殖過程を知らなかったとする議論は説得力がなく，またインセスト規制と遺伝的同質性とは対応関係がないとするホワイトの考えは，インセスト・タブーそれ自体よりも，むしろそれの拡張に限定されている。一方において中核的タブーとその拡張との区別，他方において異なるインセスト的ダイアド間の区別，これら区別の欠落は，ホワイトの議論をさらに脆弱にする。
　ホワイトは，協同が必要な単位を明示しない。その単位は核家族なのか，拡大家族なのか，リネジ，クランなのだろうか。核家族とより広い社会圏との類推が妥当だとするなら，インセスト禁止は協同する単位内部に位置づけられねばならない。ホワイトは，通婚単位間の経済的協同についてなんの証拠も提示していない。経済的協同が通婚に依存するならば，結婚が禁止されている単位はその内部で経済的に協同できない。これは明らかに事実に反する。なぜなら，複数の核家族内部においてもリネジにおいても，強固な協同があるからだ。ホワイトは，マリノフスキーやセリグマンのような家族—社会化理論の代表者を引き合いに出して，インセスト・タブーは核家族の分解を阻止し，その内部での協同を促進する作用をはたしていると論証している。しかし彼は，家族内の性的関心がなぜ破壊的なのか，それにもかかわらずそれがなぜ家族間の協同を促進するのかを説明しない。ホワイトはその問題を，マリノフスキーとセリグマンは性欲がつくりだす「混乱と不和」を述べただけだが，しかし自分は同じ性欲から結果的に生じる「肯

定的な価値」を強調しているのだと指摘することによって，解決しようと試みる。

ホワイトはくりかえし，インセストは文化的に定義されねばならないと強調する。しかしホワイト自身は，インセスト禁止は父性の認知に先行したと主張する。もし人びとが父性を理解していなかったとすれば，彼らはどのようにして父親と娘のインセストを文化的に定義し，そして禁止できたのだろうか。母親と子どもの関係は，同腹の兄弟姉妹と同様，明らかな身体的行為から生じるために，人間以外の霊長目や哺乳類によって認知されている。しかし父性が認知もされず，理解もされないとすれば，原初の人間はこの特定の男性とその娘である女性との性的関係や結婚をどのようにして禁止できたのだろうか。さらに，父親の役割を文化的に定義しないで，母系的・母親中心的であるという以外，どのように社会的単位を協同的だと定義できるのだろうか。こうした下位単位は，狩猟・採集と精巧な性別分業を進化させた種において維持されえたのだろうか。そして大切なことをいい忘れていたが，ある要因の無知が，その要因が原因である可能性を排除するなら，父性についての無知にもかかわらず，十分に定義された人間家族集団間の関係はどのようにしてインセスト・タブーを引き起こせるのだろうか。

ホワイトは，性交渉と結婚，あるいはインセスト・タブーと外婚との区別をしていないので，その議論はさらに説得力をなくす。ホワイトは，結婚と家族が経済制度であると議論するなかで，性交渉と結婚を区別しているけれども，インセスト禁止が外婚を確実にするためにつくられたと議論する場合には，この区別を看過している。セリグマンが確信的に論じたように，男性たちは，婚前の純潔が要求されなければ，自分の娘や姉妹を嫁がせるために彼女たちとの性関係を慎む必要はない（とくに彼らが生物学的父性を理解していなければそうである）。ちなみに，人間社会において婚前の純潔が要求されることはきわめて稀な現象である。

9.4　クロード．レヴィ＝ストロース：構造主義者

親族体系，社会構造，神話学に関するレヴィ＝ストロースの記念碑的な研究

は，甚大な影響力をもった。周知の『親族の基本構造』(1949/1967)の最初の4章は，もっぱらインセスト問題に言及している。

インセスト問題へのレヴィ＝ストロースのアプローチは，同盟学派における先行者たちよりも知的な深みがある。彼は自然と文化の問題から着手して，人間は生物的存在であると同時に社会的存在であると論じる。外的および内的刺激に対する人間反応は完全に生物学に依存しているが，別の反応は社会環境に依存する。この2つの反応を区別することは，必ずしもたやすいわけではない。「文化は生命体に並置されるだけでなく，それに重ね合わされるが，しかしある場合には生命体の代替物として役立つし，別の場合にはあらたな秩序の総合をもたらすために，生命体を用いてそれを変容させる」。レヴィ＝ストロースは主として，どこで自然が終わり，どこから文化が開始するかを決めることに関心を抱いており，そうするために動物の社会組織よりも人間の社会組織に注目する。

レヴィ＝ストロースは「自然的」という用語を，人間に普遍的であり，また自然発生によって特徴づけられるすべてのものに付与している。「文化的」という用語は，規則に表現された規範に帰属し，相対性と特殊性によって特徴づけられるすべてのもののことである。したがって彼にとってインセスト禁止は，自然から文化への移行を形づくっている。なぜならこの禁止は，普遍的であると同時に，規則によって禁止され，文化的で特殊的だからだ。インセスト禁止の普遍性は，結婚制限から完全に自由な文化は存在しないという事実のうちにある。彼が列挙する例外ですら，本当のところまったくの例外ではない。レヴィ＝ストロースは以下のように要約する。

> インセストの禁止は気質および本能の普遍性と，法律および制度の強制的性格を有する。それでは，それはどこで発生するのか，その場所はどこにあり，その意義は何であるのか。インセストの禁止は，歴史的・地理的な文化の限界を超えて不可避的に拡張し，また生物種と同じ広がりをもつ。それでもそれは，社会的禁止によって，形態は適用分野においてさまざまであるものの，それ自体の特徴が対比される自然力の自然発生的な活動を倍増する。そのようなものであるインセストの禁止は，社会学的思考にと

って禁断の神秘である。われわれの社会における一部の社会的指令は，神聖な対象に固執する畏敬的恐怖のオーラを強く保っている［Claude Lévi-Strauss, translated by J. H. Bell, J. R. von Sturmer and R. Needham *The Elementary Structures of Kinship*, 1969: 10］。

　レヴィ＝ストロースは1つの問題に注目する。彼は，レヴィ＝ブリュールに倣いながら，インセストの明示的な禁止は普遍的でないが，インセストは稀にしか発生しないし，またもしそれが発生すると，それは嫌悪と恐怖をまき散らす怪物と考えられる，と述べる。こうしてレヴィ＝ストロースは，近代の社会学者たちが「規範」の概念をもったように，「規則」の概念に遭遇するのである。明示的な禁止があろうがなかろうが，規則あるいは規範が「実行され」ようがされまいが，インセストは発生しないと主張した点で，レヴィ＝ブリュールは正しい。規則は人びとが自然に行いがちであることを規定する。しかしながら，もしレヴィ＝ブリュールが間違っていて，明示的な禁止が普遍的であるとすれば，その規範あるいは規則は「禁止的」である。

　この難問を解くために，レヴィ＝ストロースはさまざまなインセスト理論を探査する。彼はまず同系交配の理論に取り組み，インセストの禁止は血族結婚の惨憺たる結果から種を保護すると主張したモーガンとメインを引用する。レヴィ＝ストロースは，いくつかの未開の民間伝承がこうした特定の信念をもっていると認めるが，しかしその説明は拒絶した。そのさい彼が引き合いに出したのは，植物遺伝学者のイーストと人類遺伝学者ダールバーグである。イーストは，同系交配をしたトウモロコシがすばらしい成果を産みだしたと報告していた。またダールバーグ（1937）は，「遺伝に関するかぎり，こうした抑制が正当化されるとは思えない」との結論を下していた。同型接合は小さな集団でより危険であることを認めたうえで，レヴィ＝ストロースは再度ダールバーグを引用し，以下のように結論づけている。「一部の未開社会および原始社会の経済体系は，人口集群の規模を厳しく制限した。その規模は精密に，血族結婚の規制が看過できるほどの遺伝的結果しかもたらさないほどの規模である」［16］。もし小集団において危険

第9章　同盟学派

であるならば，どうしてそれが「看過できる」結果しかもたらさないといえるのだろうか。

レヴィ＝ストロースは，ウェスターマークとエリスについて，彼らは，インセストの禁止を自然的傾向の投影と考え，インセスト回避を馴化によるエロチックな感情の鈍化だとみなす社会学者と心理学者の代表者だと考えている。また彼らは，2つの形態の親密性，すなわち定期的に性的接触をもつ者同士の親密性と，それをもたない人びとのあいだの親密性とを混同している，とレヴィ＝ストロースは論じる。定期的に性的接触をもたない者同士の親密性が，それをもつ者同士の親密性と同じように，エロチシズムを鈍化させるかどうかを知るためには，馴化の効果と禁止の効果とを解析する実験的状況が必要であるが，そのような実験的状況はない，とレヴィ＝ストロースは述べる。

レヴィ＝ストロースは「もしそれが禁止されていないとしたら，起こるかもしれないものを禁止するのは無駄である」[18]と宣言することによって，先行者たちの多くと同じ罠にはまっている。それでも彼自身は2つの論理的反論を提示している。すなわち，こうした禁止は稀有な例外を阻止するために用いることができるが，自殺は抑制されるものの禁止もされる。ところが彼は，自殺は完全に社会的に発生し，動物界にそぐわないのに対し，インセストは動物界にもあてはまると主張して，前者の議論を拒絶するのだ。

レヴィ＝ストロースはこの点について，「社会は，社会が産み落としたもののみを表立って禁止する」[18]という結論を下している。次に彼は，インセストと外婚の問題を取り上げる。

> インセストの禁止を1つの社会制度と考えるなら，それは2つの異なる側面をもつ。時にそれは，近い血族あるいは傍系親族間の性的結合の禁止でしかないが，しかし明確な生物学的基準に基づいているこの禁止の形態が，明らかにいかなる生物学的基礎ももたない，より広汎な体系の一側面でしかない場合もある。多くの社会において外婚規則は，近親者と，しかしこれらと共に，もっとも遠い血族や姻族関係としか確定できないかなりの人数の個人を含む社会的類別単位間の結婚を禁止している。この場合，後者

を生物学的親族に対する禁止に該当する個人たちと同定することは，親族名称法の明らかな気まぐれである [19]。

モーガンやフレーザーのような論者たちは，外婚規制はつねにインセスト規制よりも広いのだから，外婚はインセスト・タブーを含むとしたが，レヴィ＝ストロースは彼らの考えを拒絶する。彼はマクレナン，スペンサー，ルボックやデュルケムを軽視する。彼らが花嫁略奪や血の恐怖理論を提示したからである。しかし性的交渉と結婚とを明瞭に区別するという基本的な問題に対して，レヴィ＝ストロースは解決法をみつけていない。彼は，こうした解決法をみつけることに絶望したロバート．ローウィを引用しながら，彼の中心テーマに回帰している。

> インセストの禁止は，その起源において純粋に文化的でもないし，純粋に自然的でもない。またそれは，自然と文化双方の諸要素の合成的な複合でもない。それは，自然から文化への移行が達成される，その達成の手段であり，なかんずくその達成過程における基本的段階である [24]。

> しかしこの連合は，静態的でもまた恣意的でもない。それがひとたび発生すると，全般的状況が一変するのだ。確かにそれは，連合というよりも変容あるいは移行である。変容あるいは移行が発生する以前，もちろん文化はまだ存在していない。文化の成立によって，人間に行使される自然の主権は終わりを告げた。インセストの禁止は，自然が自らの限界を超えたところに存在する。それは新しくてより複雑な型の構造形成に拍車をかけることになり，これら自体が動物生命体のより単純な構造に重ね合わされたように，統合によって人間のより単純な身体的寿命の構造に重ね合わされたのである。それは新しい秩序という利点をもたらし，また新しい秩序それ自体のなかに存在する [25]。

『親族の基本構造』の第3章においてレヴィ＝ストロースは，インセストと外婚の問題に回帰している。彼は，外婚は父系出自体系における母親と息子のインセスト，母系出自体系における父親と娘のインセストを阻止しないとするセリグマンの言明を認めるが，それにもかかわらず彼は，「多くの場合，第1親等の関

係はさておき，血族関係を考慮しないで決定されるのが外婚規則である」[29]。このいささか矛盾する文章のなかで，レヴィ＝ストロースは自然と文化の二項対立の問題との格闘を開始する。オーストラリアとオセアニアの事例を引用しながら，「父親」「母親」「息子」「娘」「兄弟」「姉妹」の言葉は生物学的紐帯というより，社会関係の実際的な指標だと彼は宣言する。したがってインセストの禁止は，血族という自然的事実から，同盟という文化的事実への移行である。自然は配偶を指示するが，しかし文化はそれを結婚だと修正する。自然が配偶を通じて同盟を課すと，ただちに文化はその手順を定義する。こうしてレヴィ＝ストロースは安堵のため息をもらす。「かくして禁止の規制的性格とその普遍性とのあいだの明白な矛盾は解決された」[32] と。

　しかし本当にそうだろうか。レヴィ＝ストロースの最終的な結論は次のようである。文化の主たる役割は，集団の存在を保証することだ。集団はインセストの禁止によって，それ自体の存在を確保しようとする。集団は，集団間で有価物を交換するために存在する。もっとも重要な有価物は，食料と女性である。食料の稀少性は説明を必要としないが，しかし女性の稀少性は，ふつう性比が男女同数を保証しているので，説明と証明を要する。レヴィ＝ストロースは，なぜ女性が稀少財であるかについておもしろい分析を行っている。ほとんどの未開社会において，結婚はただ単に性愛的な関係ではなく，経済契約である。男性たちの富と地位の相違が女性の需要に相違をもたらすので，女性は稀少財なのである。『親族の基本構造』の第4章においてレヴィ＝ストロースは，タイラーに戻って，次のように推論する。すなわち，女性は同盟を創設するためのもっとも有価な「基盤」であるため，男性は，他の集団と交換したいと思う女性たちへの特権的な接近を放棄しなければならない。このようにしてレヴィ＝ストロースは，交換と互恵性の考えに基づいた親族関係に関する彼の代表作の基礎を用意したのだ。

　レヴィ＝ストロースは，結局のところインセストよりも結婚に興味をしめす。親族関係について記述し，インセスト規制はすべての親族体系の中枢にあると確信しつつ，彼はその問題について延々と所見を述べる。親族関係への彼の構造主義的アプローチは，必然的に同盟理論を彼に容認させることになった。

9.5 まとめ

　同盟学派は，インセスト規制は核家族をより広い社会単位に結びつけ，そうすることによって家族間に政治的および経済的同盟を創出するために発生した，と論じる。同盟学派の理論家たちは，完全に集団志向的である。これに対して家族―社会化流（学）派の理論家のなかには，ある程度，個人とその（彼・彼女の）動機づけに言及する論者もいる。同盟学派にとって，より大きな社会単位の維持は，社会組織化の目標であり，また社会規則の基盤である。この見解はきわめて広く流布したので，同盟学派も家族―社会化流派もともにその基本的な理論アプローチとして集団機能主義を使用している事実にもかかわらず，同盟理論家たちは家族―社会化流派の議論を完全に拒絶している。

　明らかに，ホワイトもレヴィ＝ストロースも，今日われわれが保持している同系交配による機能低下についての情報をもちあわせていなかった。レヴィ＝ストロースは，自然から文化への移行の問題と悪戦苦闘した。ホワイトは，単にそれを無視した。異なるインセスト的ダイアドを区別し損ねた失敗は，同盟理論家を，家族―社会化理論家たちの攻撃に際して脆弱にさせる。事実セリグマンは，その機会をうまく活用した。同盟理論家たちがそうした区別を行っていたならば，彼らは父親と娘のインセスト禁止を説明するために，その理論の一部を留保できただろう。

　実際には，同盟学派の中心的議論――インセスト規制は外婚を強制することによって同盟をつくる――でさえ，民族誌家たちのあいだではいぜん論争の的である。それにもかかわらず，同盟学派はその支持者の割合を増やしつづけている（たとえば，Cohen 1978）。

　もし2つの理論が同じ現象を説明しようとするにあたって完全に対立しているのならば，それらは明らかにどこかで間違っているに違いない。われわれはここで2人の卓越した理論家，すなわちジャック.グッディとデヴィッド.シュナイダーに目を向けなければならない。グッディは社会的観点から，シュナイダーは文化的観点から，それぞれ家族―社会化理論および同盟理論の弱点を分析した。

10

グッディとシュナイダー：定義の問題

　インセスト理論の大きな問題は，定義である。広すぎる定義は，インセストと他の親族組織の問題との区別をぼやけさせる。狭すぎる定義は，インセスト禁止の「拡張」の問題を看過することになる。

　グッディとシュナイダーは，定義の問題に取り組む。グッディのアプローチは基本において社会的であり，シュナイダーのそれは文化的である。彼らの共分母は，彼らが記述する文化／社会の人びとによって付与されているインセスト定義を受けいれることである。グッディとシュナイダーは，有力な学派の抱える欠陥を厳しく批判するが，しかし両者とも起源の問題を看過し，特別な目的のための特定の説明に甘んじている。

10.1　ジャック.グッディ

　グッディ（1956）は，科学としての人類学の現状についてマードック（1955）と議論する。マードックは，人類学は「類別」段階を越えて，力学的過程の分析に前進できると主張した。他方グッディは，人類学者たちが使用する用語はあいまいであり，理解と評価に不一致が際立つとした。グッディは『オックスフォード・コンサイス辞典』中のインセスト，不倫，密通の定義を検討し，インセスト・タブーを取りあげたすべての人たちが同じ範囲の現象について議論していないと主張した。彼はこの主張を，ラドクリフ＝ブラウン，マードック，マリノフスキーからの引用に基づいて立証する。グッディは，基礎概念をはっきりさせる

ため，かねて定評がある2つの文化，すなわちアシャンティ族（Rattray 1929）とタレンシ族（Fortes 1936, 1949）に関する証拠を考察した。彼はまた，トロブリアンド島，ヌア族，および彼自身が調査したロダガー族の資料を補助的に活用した。その結果グッディは，次のことを見いだした。すなわち，母系のアシャンティ族の場合，母系クランの女性との性交渉の禁止と，父系クランの女性との性交渉の禁止には，明確な区別がある。2つの違反は，双方とも死刑に処せられ，また同じ法廷で処理されるけれども，異なる名称で呼ばれている。第3の違反には，不倫の諸形態と，茂みのなかでの妻との性交渉すら含まれている。その刑罰は一般に，嘲笑から科料にまで広がっている。もっとも，族長の妻との性交渉や彼女をレイプした場合には死刑に処せられる。

このようにグッディは，アシャンティ族のなかに禁止についての3つの類別単位をみつけた。(a) 母系クランの女性との性交渉，(b) 父系クランの女性との性交渉，そして (c) 既婚女性との性交渉（不倫）である。母親や姉妹との性交渉は第1類別単位に分類され，父親と娘のインセストは第2類別単位にはいる。同じ体系は，母系のトロブリアンド島民のあいだでもみられる（Malinowski 1929）。

フォーテスは，父系のアシャンティ族にはインセスト概念がないけれども，しかし彼らは3つの型の性犯罪を区別しているという。(a) 同じ父系クランのメンバーとの性交渉，(b) 同じ父系クランのメンバーの妻との性交渉，そして (c) クランメンバーでない他人の妻との性交渉である。兄弟と姉妹および父親と娘のインセストは第1類別単位に属し，母親と息子のインセストは第2類別単位に属す。息子が母親と一緒に寝ることを禁じられているのは，彼女が母親だからでなく，彼女が同一父系クランのメンバー，この場合には彼自身の父親，の妻だからである。しかしながらそれがフォーテスの記述の本意ではない。フォーテスによれば，「現地人は，自分の母親とのインセストを，とんでもなく奇っ怪な不道徳であるとみなしており，それを冒して精神的に混乱しない者を想像するなどできはしないという」[Fortes, *The Web of Kinship among the Tallensi* 1949: 112]。クランの人たちの他の中核的妻たち——母親以外の父親の別の妻たち，兄弟の妻，息子の妻——と性的関係をもつことは，「ほとんど憎むべき罪」であるが，「さほど

第10章 グッディとシュナイダー：定義の問題

の戦慄はともなっていないとみなされる」[112]。つまり，タレンシ族は明らかに，母親と，近親のクランメンバーの妻である他の女性たちとをある程度区別しているのである。

グッディは，こうした犯罪を処罰に応じて分類してはいないが，しかし第1類別単位の違反（たとえば娘，姉妹，あるいは父方のオバ）は単純に恥ずべきことなのに対して，第2類別単位の違反はインセストにつねに付随する恐怖とみなされる，と指摘している。グッディは，リネジの圏内と圏外との相違も確認している。リネジ外の人びとのあいだでは女性との恋愛関係が事実上許容されるが，リネジ内では父系クランの遠縁のメンバーの妻との不倫はもっとも不届きな形態の密通だと考えられているそうである。

知見を要約するにあたってグッディは，インセストの概念は単系出自集団での禁止された性交渉を指示するために留保されること，恐怖の概念はインセストそのものとは関係しないことを示唆した。第2類別単位の犯罪についてグッディは，集団内の妻の不倫という概念を提案した。このタブーが，女性の結婚上の地位に依存しているからである。もしその女性たちが当該の単系出自集団に婚入してこなければ，彼女たちとの性交渉は密通と考えられ，処罰されることはまったくない。その言外の意味は，母系社会における父親は，彼の未婚の娘と性的関係をもつかもしれないし，あるいは彼のクラン外で結婚する娘とさして問題視されない不倫を行うかもしれないということである。もうひとつの言外の意味は，父系社会における息子は，彼の未婚の母親と性的関係をもちうるということである。こうした事例が現実に発生している証拠は，グッディによってしめされていない（わたしの知る限り，他の誰もしめしていない）。

グッディによれば，恐怖はインセストと関係するのでなく，彼が「社会的繁殖」と呼ぶものと関係している。というのも，父系社会では父系クランの持続性は「妻」という類別単位を占める個人に依存するので，妻たちと同じ父系クランの他のメンバーとの違法な性交渉は戦慄である。しかしながら母系社会においては，社会的繁殖は姉妹によって確保されているので，したがって姉妹との性交渉が戦慄となる。父親と娘のインセストは，アシャンティ族でもタレンシ族でもも

211

っとも戦慄すべき類別単位には含まれないが，しかし母親と息子のインセストは両方の社会においてその単位に該当する。グッディは，生物学的説明よりも，以下のような説明を選好している。すなわち，「タレンシ族において母親は，年長世代のクランメンバーのもっとも近い妻であるが，アシャンティ族での母親は年長世代のもっとも近い女性クランメンバーである」[1956: 296]。

　グッディの文化的な説明には欠陥がある。彼は，父親と娘のインセストが両方の社会においてもっとも悪質でない類別単位に属するのはなぜか，なぜ母親と息子のインセストはもっとも悪質な類別単位なのか，そして兄弟と姉妹のインセストがその間のどこかに位置するのはなぜか，これらについて説明していない。その説明は，わたしの主張する生物学的説明でなければならない。さらにグッディの図式化は，なるほどこなれてはいるが，ありうるかぎりで包括的な説明でもないし，また有効な説明ともいいがたい。たとえば，アシャンティ族では，父親と娘のインセストが第2級の犯罪「でしかない」という事実にかかわらず，またタレンシ族では第2級の違反は単にいかがわしいだけなのに，なぜアシャンティ族はそのインセストを死でもって罰するのかがわからない。このことはまた，フォーテスの記述にあてはまらない。フォーテスは，兄弟と姉妹のインセストと，クラン男性の妻たちとのインセストの相違をはっきりと記述しているが，兄弟と姉妹のインセストに関しては興味深い見解をいくつかもっている。

　　先に述べたように，タレンシ族は兄弟と姉妹のインセストを罪深いこととはみなさない。彼らは時に，それは禁じられている（kih）というのだが，その場合それは，限られた儀礼的な意味なのではなく，みっともない，恥ずべき，不自然だという意味なのである。そうなる機会と誘惑は多いと思われるが，どうしてそれはふつうでないのかと尋ねられると，彼らは，子ども期および思春期における兄弟と姉妹の親密さをもちだして説明する。彼らは，誘惑があることを否定する。「考えてもごらんなさい」とシンカウォルはいう。彼はわたしにこの点について「わたしの姉妹と結婚できるわけはない。彼女がどれほど魅力的だとしても，わたしにはなんてことないし，それに気づきもしない。彼女が処女かどうかさえ知らない。彼女はわたしの姉妹なのだ。だからいつか誰かが訪ねてきて彼女と結婚する。その

第 10 章　グッディとシュナイダー：定義の問題

ときわたしは，彼女を彼に与え，彼から牛を手に入れる。あなたとあなたの姉妹が一緒に育てられ，喧嘩をし，仲直りをする。どうしたらあなたは，彼女とセックスしたい気持ちになれますか」[1949: 112]。

タレンシ族では，非難がましい噂話になるのは父親と娘あるいは兄弟と姉妹のインセストに関する社会的論評だけなのだろうか。グッディはまた，ヌア族の資料でも問題を抱えている。なぜなら，そこでは父親，同父同母の兄弟あるいは息子の妻の場合を除き，他の親族の妻たちとの性的関係が広い範囲で許容され，妻たちとの不倫という古典的な父系社会の恐怖が存在しないからである。

グッディは，自らのカテゴリーをふまえて，インセストの2つの指導的な理論——家族—社会化理論と同盟理論——を評価する。彼は，彼自身の類型化のみごとな応用によって，2つの理論を統合することに成功を収めている。単系的親族集団内での性交渉の禁止は，同盟理論を反映する。その禁止が，リネジのメンバーを婚出させ，同盟をつくり出すからである。これに対して，妻たちとの性交渉の禁止は，家族—社会化理論を反映する。この整然とした説明における唯一の欠陥は，以下の文章に含まれている。

さてここで，出自集団の既婚者たちとの性交渉禁止に注目してみよう。これは，セリグマンやフォーテスをはじめ多くの論者がインセストとして語ったものである。しかし結婚同盟に関するフォーチュンやレヴィ＝ストロースなどの説明は，明らかにあらゆる点でこの現象と関係をもたない。なぜならそれは，禁止されている女性自身との性交渉ではなく，集団メンバーたちの妻としての女性たちとの性交渉だからだ。彼女たちの性的サービスに対する権利は，先に関係をもった別の男性に優先権がある。こうした女性は，エゴの母親を除けば，絶対に血族ではない。彼女たちは姻族である [1956: 303]。

しかし，エゴの母親はそうたやすく除外されるだろうか。生命の普遍的事実——配偶，生殖，社会化——を理解するためには，アシャンティ族やタレンシ族の魅惑的な文化的対称性の先にあるものを見通すことがよいのではなかろうか。

10.2 デヴィッド. M. シュナイダー：インセストの事実からインセストの意味へ

ラトガーズ大学の博士課程に在籍していたとき，わたしは図書館のほこりっぽい片隅に隠れていた謄写版刷りの論文をみつけた。その論文は「インセスト・タブーを説明する試み」と題してあり，その日付は手書きで1956年1月となっていた。

1956年の論文は，実際には文献解題の小編である。シュナイダーは，彼が「奇っ怪な理論」と呼んでいるものにまったく注意を払っていない。彼がそう呼んだもののなかには，フロイトの親殺しに関する理論，デュルケムの血の復讐に関する理論，また，かつて男性たちは川の同じ側で生活した女性と性交渉をもつことを危険と考えていた，というラグラン卿の信念が含まれる。シュナイダーは，「しばしば突然現れて，ほとんどそのたびに論破される遺伝に関係する考察」にも目を止めない。しかしシュナイダーは次の点については慎重である。「しかしながら，いまだ発見されていない遺伝学的な検討事項，あるいはいまだ科学的に実証されていない本能的基盤があるかもしれないということは，想像できる。したがって，こうした着想を完全に無視することは実際的ではない」[2]。

その論文の第2章においてシュナイダーは，タイラー，ホワイト，マリノフスキー，セリグマン，マードック，パーソンズの理論を精細に記述し，そしてパーソンズとマードックによる総合に向けた努力に注目している。第3章でシュナイダーは，これらの理論について重要な疑問を提起する。彼が要請したのは，(a) インセスト・タブーの歴史的起源，(b) その機能，(c) その普遍的維持のための条件という三者間の明瞭な区別である。第2点と第3点とは同じかもしれない，と彼は指摘する。

シュナイダーは，タイラー，フォーチュン，ホワイトの路線を以下のように批判する。

1. ホワイトは，インセスト・タブーが成立した時点におけるその機能的重要性を立証するために，現代のデータを用いている。

第 10 章　グッディとシュナイダー：定義の問題

2. 協同を促進する際に，さまざまな個人的紐帯が結婚の代替になりうるのは，現代社会においてのみである。
3. ホワイトは明らかに，核家族がインセスト・タブーと外婚規則に先行して存在したと仮定している。
4. ホワイトは，もしインセストの禁止がなかったなら，社会的に適切なすべての結婚はインセスト的になったと仮定している。

次いでシュナイダーは，3年後にスレーターが提示した知見（第6章をみよ）を予測し，たとえインセストの禁止がなくても，ほとんどの人びとは家族外の人と配偶すると論じている。彼はまた，結婚を成立させるためには，配偶者双方の家族のあいだに平和で正常な関係が保たれねばならないこと，こうした条件は，結婚による結びつきの結果であるよりも，その前提条件であると主張する。さらに，家族は結婚による結びつきよりも多くの理由で互いに協同する。「手に負えないマストドン」あるいは剣歯の虎は，即時にいくつかの家族を危険にさらす。

シュナイダーはまた，インセスト規制と外婚規則との混同に注目し，同盟理論は，父系体系における母親と息子のインセスト禁止および母系体系における父親と娘のそれについての説明と同時に，禁止される結婚と許容される性的関係との分岐に関する多様な事例の説明にも失敗しているために，支持しがたいと指摘する。シュナイダーはここで，非常に重要な3つの方法論的な規則にたどり着く。

　　　したがって明らかに必要と思われるものは，第1に，結婚を性的関係から区別するようなインセスト・タブーの定義である。第2に，核家族のメンバー間の性的関係の禁止を，核家族外に適用される禁止から区別するようなインセスト・タブーの定義である。第3に，それを明確に弁別し，それを外婚規制の維持あるいは確立とは別問題として扱うようなインセスト・タブーの定義である［1956: 13］。

シュナイダーはさらに，後の著述において重要となる，同性愛関係と異性愛関係を区別する。彼はまた，インセスト的ダイアド間の区別を行う。とはいえ彼

215

は，そうしたダイアドがなぜ実質的に異なるかについては説明していない。

シュナイダーは家族―社会化理論を批判し，以下のように指摘する。

1. 性的関係は，アメリカ最南部地域における奴隷主と奴隷との性的関係の事例が証明したように，権力関係と抵触しない。
2. 家族に対する性的嫉妬の破壊的効果は，インセスト・タブー以外の手段，たとえば制度化という手段によって排除できる。
3. タブーが実際にインセストを阻止すると仮定する根拠はない。

次にシュナイダーは代替案を提示する。

> こうした有益で役立つ効果は，タブーそれ自体からではなく，特定の「病的な」事例を除いて，ほとんどの母親が息子と関係をもとうとしない，多くの父親が娘と関係をもとうとしない，兄弟が姉妹と関係をもとうとしないという現実的な可能性に由来するものであり，たとえタブーが存在しなくても，こうした関係はあまり頻繁には起こらない――すなわちタブーがある場合と同様に頻繁に起こらない――ので，こうした効果は実際には悩みの種にはならない，と述べることは等しく支持できる見解である［15］。

彼は，家族―社会化理論に異議を唱えた最初の議論から，母親と息子のダイアドを除外し，母親と息子の権力の相違が性的交渉とどれほど両立しがたいかを指摘し，10年後における数人の霊長類学者による知見を予期している。残念ながらシュナイダーは，その決定的に重要な分析に内在する結論を引き出さないままだった。次の20年間における研究が，彼の早期のテーマの一部を確認する証拠を提供した時，シュナイダーは再考し，まったく異なる結論に到達した。

シュナイダーの1976年の論文は，社会生物学者および生物社会人類学者の最近の思考についての認識を取りあげ（彼はフォックスの著述を「遺伝子学および動物行動学の言葉遊び」と呼んでいる），インセスト禁止の普遍性ははなはだ疑問であること，またすべてでないとしてもほとんどの人間が，第1次社会化単位のメンバーとの性的行為を回避しがちである証拠が積み重ねられつつあると述べ

第10章　グッディとシュナイダー：定義の問題

ている。彼は，ウェスターマークの古典的仮説が復権したことを承知していたが，しかしその遺伝的証拠については危ぶんでいる。

シュナイダーの第2論文における議論は，ふたたび概念を分類することに集中している。彼は，同性愛関係に言及し，一部オセアニア部族にとってはこれがインセストの定義に含まれねばならないと述べている。彼は，こうした人びとは3種のインセスト的ダイアドについて異なる考え方をもっていると主張し，内集団の性的違反と外集団のそれとの区別に関してグッディを引き合いに出している。しかし彼のもっとも重要な理論的仮定は次のとおりである。

1. インセスト，外婚，結婚，そして親族関係は，繁殖様式の規制をはるかに越えている。
2. 人間にとってのインセストと，動物にとってのインセストは別の事柄である。動物の場合，インセストは集団内関係の問題であるが，人間の場合には集団間関係の問題である。
3. 禁止は，文化的に定義され，道徳的に認識された行動パターンに相当し，実際に行われること，あるいは行われる割合とは異なる。

シュナイダーは，禁止は第1次社会化集団のメンバーとの性交渉を回避する一般的な人間の性向とまったく関係しないと強調する。彼は，ハワイと古代エジプトの王族の有名な事例は，それらではインセストが禁止されていないので，インセスト・タブーの普遍性の例外ではないと主張する。生物学者にとっては，ある動物種が同系交配をするかどうかを知るだけで十分だろうが，人類学者は人間の社会組織と文化を知らなければならない。動物行動学は人類学と混同されるべきでない，と彼は主張する。社会規範は道徳的権威を帯びており，また社会規範は実践的性質と同時に道徳的性質を有するというデュルケムの考えを，シュナイダーは甘受する。しかしシュナイダーはこの考えを修正して，ある文化にとって道徳的問題であることが，別の文化では実用的な問題であると付言している。要するに，道徳権威は何もないところから突然生まれることはない。それは，それ自

体道徳権威に依拠する社会規範に依拠し，今度は社会規範から道徳権威が出現するのだ。この議論はめまぐるしく循環する。

シュナイダーは，インセスト・タブーの起源を追求することを取り止めた。彼はリンゼイ（1967）（本書の第6章101頁をみよ）を引用しながら，タブーの起源が生物学的であることを受け入れるが，しかし自分はその社会的目的により強い関心をもつとも述べている。

> 　第1次社会化単位のメンバーとの性的交渉を回避しようとする人間の資質は，文化的に定義され規範的に制御される社会的行為の様式というよりも，むしろ人間の資質のように思われるし，またそのように思わざるをえない。しばらくのあいだわたしは，先天的な人間の資質が，ある程度規範的で文化的に定義された側面から独立してどのように存在しうるかという明白な疑問を停止状態にしておこうと思う。
> 　それはまさしく，人間行動を1組の資質とみて，どのような文化的あるいは規範的側面がその資質と関連していようとも，それは区別できないし区別するに値しないと処理される見解である。この見解は，動物行動学者，霊長類学者，進化生物学の学徒を高速ギアに切り替えさせるもので，その結果彼らは，新しい交雑した分野に最大限の勇気をもって反応する。より通俗的に論じられているように，それはすべて先天的であり，遺伝子に完全に基づいているので，われわれは社会文化的素材を形づくる先天的資質に関する理論に注目しなければならない。確かに文化は，先天的な人間性に違背しない。はたしてそうだろうか。それとも，文化が人間性を形づくるのだろうか［158-159］。

このようにしてシュナイダーは，すべてが先天的だと主張する社会生物学者を非難した。この非難は，たぶん1976年には具体化されていなかったが，現在は確かに整備されている。

旧来の自然—文化の問題には，死亡宣告がなされた。確かに，人間に関わる・す・べ・て・のことが先天的である，あるいはインセスト回避は全般的に先天的であるとさえ主張できる人など誰もいない。それはちょうど，すべてのことが文化的に規定されていると誰もが議論できないのと同じである。シュナイダーは，かつて生

第10章　グッディとシュナイダー：定義の問題

物学が発言権をもっていたことはもはや重要でなく，この課題に関する次なる項目は文化だと暗示している。それでも，現実の行動――インセスト回避あるいはその比較的に稀少な発生――は，インセスト回避という生物学的疫学にだけでなく，同時に文化的禁止にも従っている。もっとも単純な動物の場合でさえ，生物的素因はその環境との複雑な交互作用の後にはじめて現実行動に現れる。人間の場合，生物的に進化した種に特有な文化は，その環境の部分であると同時に，生物的背景の部分でもある。異なる社会間にみられるインセストの解釈上の変異は，魅惑的であるかもしれないが，しかしわれわれがそれをあちこち探し回るなら，われわれは単なる収集家である。シュナイダーがインセストの意味に関心をもっているなら，わたしもその意味に関心を抱く。人間生活については，その基礎的事実――性交渉，生殖，社会化――を考慮しないで，その意味を理解することは決してできない。人間が文化的動物である事実が，その社会行動を理解することを，他の動物の行動を理解するよりもむずかしくさせている。シュナイダーの豊富な民族誌的資料にもかかわらず，それでも文化的規制は基本的な生物的素因を反映しているのだ。一部の社会がインセスト・タブーに同性愛を含めているのは事実だが，しかし，すべての異性愛関係を許容しながら，インセスト禁止を同性愛関係に限定する社会は存在しない。

10.3　まとめ

　グッディとシュナイダーは，インセスト理論の２つの中心的な学（流）派に的を絞って，厳しい批判を行った。グッディは，インセストの定義を確定し，それを不倫や密通のような他の禁止された性行動から区別している単系的な社会構造の要件を強調した。彼は「社会的繁殖」という重要な概念を導入する。シュナイダーは，意味の問題に集中した。彼にとって，インセストの定義は１つの社会に特定的であり，その文化の人びとにとってのインセストの意味が定義される。グッディもシュナイダーも，関心を抱いているのはインセスト規制の人間的普遍ではなく，特定の社会文化的構成なのである。

それにもかかわらず両者いずれも，インセスト規制の基礎的特徴をきちんと整えることに成功を収めている。グッディは，父親と娘のインセストと，他のダイアドのインセストとの重要な相違を明らかにしている。シュナイダーは，インセスト禁止がない場合でも，インセストは起こらないと結論づけた。しかしながら，社会生物学的・生物社会的な説明への彼らの抵抗は，より包括的なインセストの見解を獲得するために彼ら自身の知見を探求することを妨げている。

11
結　論

　人間が自己と自己の世界を知ろうとする永年の真摯な努力は，驚くほど豊穣な冒険であった．ルネサンス期までは，人間にとって哲学の基本的な信条をいくつか知るだけで十分であった．だから人間はソクラテスの遺産を保持したのだ．ルネサンスの経験科学と合理主義的な思考は，新しい宇宙観を築きあげた．産業革命は，観察と探査のための驚異的な装置を科学者に与えた．そしてわれわれの原子時代は，走査型電子顕微鏡，核加速装置，スーパーコンピュータによって，知識の限界を拡大することの障壁がほとんどすべて取り払われたかのようである．

　それでも，われわれが知ることができるようになればなるほど，その画像はいっそう複雑になった．人知の地図は，既知の領域よりも未知の領域を含むように，つねに書き換えられる．

　宇宙は4元素から構成されていて，人間自身も4元素の合成物であると人間が考えた時，可能な組み合わせは無数ではなかった．今日，実際に識別できる変数はほぼ無限である．かつての4元素は，2,000種の異なる型の酵素に取って代わられ，それが何千もの合成物を触媒している．そうした合成物の1つであるDNAは，自己複製を行う並はずれた能力をもっており，したがってそのうちに生命の秘密が潜んでいる，とわれわれに思わせる．それは，一見単純な原理上に築かれているので，膨大な次元の変化をつくりだせる．それぞれが他のどれとも異なる何百万種もの生命体——植物と動物——がつくられ，一部の種はすべてが他個体とは異なる何百万の個体を含んでいる．相違は，それぞれがわずか3文字しか含まない，同じ単語に基づいたDNA言語に記号化される．1単語における

単純な誤りは，それの担体やその子孫を殺し，あるいは彼らに不治の病をもたらすのに十分である。人間にとって最悪の仇敵の1つであるガンを治療する手がかりは，DNA記号のどこかにあるはずである。

人類のもっとも特徴的な形質の1つは，社会性という特徴である。人間を理解するために，社会科学が人間の社会生活を研究する方途を選んだことに不思議はない。人間が他者と何をするかについての理解は，人間が何者であるかについて重要な——おそらくもっとも重要な——手がかりを与える。しかし人間の社会生活は，人間生理学よりもさらに複雑である。各個人が他のすべての個人と異なるだけでなく，社会行動が発生する布置連関もそれぞれ独自である。1789年7月14日，ある複数の社会活動がフランスのパリで勃発した。これをわれわれは「革命」と呼んでいる。1917年11月6日，ある複数の社会活動がロシアのサンクトペテルブルグで勃発した。われわれはこれにも同じ名称を被せている。しかしわれわれは，これらの2つの事件が同一であるという確信をもてない。だからわれわれは，最初の事件を「フランス革命」と呼び，そして後者を「十月革命」と注意深く呼びわけている。人びとに革命を起こさせるよう動機づけるものを，われわれはどのようにして知ることができるのだろうか。2つの布置連関は同一，あるいは類似しているのだろうか。もしそうであれば，人びとはそうした布置連関にやみくもに従うのだろうか。どのような人びとの集団が「革命的布置連関」に引き込まれ，革命を離陸させたのだろうか。あるいはそのドラマに登場する人物たち——民衆をバスティーユや冬宮殿に導いた革命家たち——も重要なのだろうか。民衆自身はどうだったのか。

講壇的な社会学は，20世紀の最初の60年間に，あらゆる社会行為を説明する理論を獲得すると主張する個別専門科学に成長を遂げた。しかし調査研究が理論を検証しないことが判明した。新しい理論が登場すると，注目は方法論に向けられた。調査研究はますます洗練され複雑になった。近代社会科学の偉大な巨匠の1人であるアルヴィン.グールドナー（1970）は，『西欧社会学の来るべき危機』【岡田直之ほか訳『社会学の再生を求めて』1978】において，その状況を次のように解説している。

第 11 章 結　　論

　　今日，アメリカ合衆国を席巻している社会学の視点によれば，測定単位は人間でなく，社会である。社会学や社会についてのこうした考え方は，かつて高く評価された。なぜならそれは，人びとが他の人たちからなる環境によって形成され，互いに依存し合い，そして互いに苦しんだり楽しんだりすることを強調し，また人間が自然的，生物的，あるいは地理的な諸力の奴隷でないことを強調したからである。人間と社会についてのこの視点はかつて，少なくとも中世のノスタルジーが消失した時，19 世紀に結実した個人主義的そして競争的なブルジョアジーにとって快適な解毒剤であった。しかしながら，今日，その状況はますます官僚制化され，中央集権化し，そして委員会に縛られた福祉-戦争国家になりはてている。そのため，この社会学に内在する個人の集団への従属は，人間の互いに対する負い目の痕跡であるだけでなく，現状への順応や，確立している権威への服従，またじわじわと締めあげる制約の根拠になっている。社会学は，機会を追求することへの誘いであるよりもむしろ，制約への警告になっている [508]。

　その 2 年後，さらに痛烈な批判がアンドレスキー (1972) によってなされた。彼は，アカデミックな社会学の「犯罪」を暴いたのだ。グールドナーが「再帰的社会学」に出口を見いだしたのに対して，アンドレスキーは「自然科学の急速な発展を複製する社会研究に，偉大な跳躍を期待する根拠はない」[242] と宣言した（Eisenstadt and Curelaru 1976 もみよ）。

　しかし自然科学は，その偉大な進展をもってしても，タブーであった。2 つの科学の間隙を埋めようとするいかなる試みも，艱難辛苦の末に勝ち取った社会科学の自立性と独自性を危うくするとみなされた。ほんの少数の社会科学者だけが，タブー視された前線にあえて踏み込み，社会よりも人間の研究に復帰した。彼らは嘲られ，迫害され，復古主義者だと非難され，一部の者は所属大学で仲間はずれになった。しかし彼らの書物，論文，そして講義は，しだいに多くの大学院生を引きつけた。生物社会的な視点，生物社会人類学，社会生物学（収斂する学問，すなわち社会学，人類学，あるいは生物学の特有の焦点によって，同一の理論に別の名称が使用された）が，規格化した社会科学に挑戦状を突きつけた。

　無理からぬことではあるが，社会生物学における初期の刊行物のほとんどは，

223

省察に終始した。人間は自らに向かう実在であり，人間なしにはいかなる社会集団も理解できないとする考えは，きわめて革命的で動揺をあたえるものだったので，この考えの効果を探求することは論者の全エネルギーを要した。さらに加えて，人間を動物から分離する壁は難攻不落ではないとする考えは，ひどく大胆な推測と裏付けをともなわない類推を新しい著作のなかにもちこませることになった。

予想外なことに，この問題にいくらかの支援を提供したのは生物学——「対立科学」——の分野であった。E. O. ウィルソンの『社会生物学』(1975) の出版は，社会科学者たちに途方もない挑戦状をたたきつけた。すなわち，この十分に組織された新しい理論に照らして，社会科学はその従来のすべての結論を見直すべきだというのである。わたしは本書においてこの新しい理論の諸仮説を検定することを試み，研究すべき素材としてインセストを取りあげた。わたしは，生物社会理論がそれ以外の理論よりも，インセストについて多くの疑問を説明する——より多く，またよりよく説明することを立証したと確信している。

なぜ，より多くを説明できるのか。家族—社会化理論は，親と子どものインセスト禁止を説明したが，兄弟と姉妹のインセスト問題という難敵に遭遇した。その一方で同盟理論は，兄弟と姉妹のインセスト禁止の説明に成功を収めたが，しかし単系社会における親と子どもの禁止にいくつかの困難を露呈した。どちらの理論も，異なるインセスト的ダイアドにおける異なる形態の規制を説明できなかった。いずれの理論も，現実行動の予測基準によって検定できなかった。

生物社会理論は，5種の行動の予測について検定された。第1は，インセスト発生頻度の明確なパターンを予測し，第2はインセスト的関係に参入する両性間の示差的パターン，第3はインセスト的行動が起きやすい社会的ならびに生態的パターン，第4は抑制が活性化されず，したがってインセスト的行動が発生する環境，第5はインセストに対する社会的反応の社会的変異の方向性と厳格さの程度，をそれぞれ予測した。

しかし，予測という言葉を用いる資格がわたしにはあるのだろうか。たとえばローレンツの雁【ハイイロガン】の場合のように，もし仮に人びとを実験的に配偶させることが可能であれば，この用語のわたし流の使用は完全に正当化される

第 11 章 結　　論

だろう。しかしながら人間の場合，すべての研究者は「擬似予測」を受け入れざるをえない。「予測を定式化する以前に資料が収集されていたとしても，一定の頻度分布をみつけるだろうと予測し，そして事実みつけた」と述べることは可能である。この「遡及的予測」（あるいは「逆進法」）は，人間行動のほとんどの側面，したがってむろん性的側面を立証するために活用できる最良の方法である。

　わたしの証拠が確かに網羅的でないことは承知している。われわれは，冒されたインセストに関して，臨床資料の再検討と共に，よりよい，より信頼できる統計量を必要としている。われわれは，これまでは誰もが価値あるとは気づかないまま見過ごされた変数に注意を払ってきた臨床心理学者，精神分析学者，そしてソーシャルワーカーを必要としている。われわれは抑制の心理学的側面や，インセスト規制および処罰の変異に関する優れた通文化的な調査研究を必要としている。

　わたしの結論をより優れた証拠と照らし合わすことは，わたしの理論を強化するかもしれないし，逆にそれを壊すかもしれない。つまりそれは，生物社会的な理論の支持と異議申し立て双方への挑戦である。

　優れた理論の重要な特徴は，それが付加的な問題へうまく適用できることである。インセストは生殖，配偶，家族と連動しているので，これらはさらに検証しなければならない領域である。これらの論題についてのわたしの初期の著述――とくに『キブツの女性たち』（Tiger and Shepher 1975）――のなかでより多くの事実が浮き彫りになっていたとしたら，親投資理論が1つの理論的枠組みとして使えただろうと，今は確信している（Shepher and Tiger, in press）。

　抑制，阻止，禁止のパラダイムは，インセストに限定されるわけではない。おそらく他の一連の行動のすべて，たとえば殺人は同一のパラダイムによって説明できるだろう。このパラダイムが殺人にあてはまることを立証するためには，抑制が活性化されない特定の布置連関をみつけなければならない。抑制されると共に阻止される行動がめったに起きないことが真実であるなら，また殺人抑制の機構がみつかるなら，母親と息子のインセストと同様に，殺人が稀有である状況をつくりだすことができるかもしれない。

　さらに，もし親の投資理論を適用することによって配偶者選択をよりよく理解

できるとすれば，配偶者選択の危険をより少なくし，したがって不幸せな家族の数を減少させるために文化的尺度を適用できるかもしれない。

要するに，人間性についてのより完全な理解に到達することによって，われわれの運命に影響をおよぼしうる，よりすぐれた位置にわれわれは立てるかもしれない。人間性は数百万年におよぶ進化の産物であるだけでなく，それはまた「将来の社会による意図的な設計によって達成することができるかもしれない潜在的な配列でもある」[Wilson 1978: 196]。しかし未来にどのような配列の設計をどれほど豊かになしうるかは，人間が自然の一部であるという単純な前提に立脚しなければならない。この仮定は，生物学的決定論に導くものではない。その反対に，インセストの分析は，生物学的な後成規則がいかにして共進化過程の複雑なネットワークをつくりだすかをわれわれに教える。文化，すなわち人間のもっとも重要な適応手段は，種の生物的進化に沿って進化する。ひとたび行動パターンが進化すると，適応的文化がそれに沿って進行し，それを精巧にし，それを装飾し，そしてそれを潤色する。インセスト回避は，進化の安定戦略のひとつとなるべく進化した。それは，インセスト行動が稀有になるような状況をつくりだした。文化は，その稀有な発生を禁止することによって，それ自体の影響力を増大した。もしその発生がきわめて稀であるとすれば，文化は嘲笑を甘んじて受け入れ，もし抑制を弱体化する状況のために絶滅の危機が迫るような違背がより頻繁になるなら，文化は神聖化されたタブーと恐怖を適用するであろう。

結局のところ，インセストについての生物社会的な理論は，共進化理論へのささやかな貢献である。共進化とは，ラムズデンとウィルソン（1981）が述べているように，「起こりそうにない，またたぶん不可能な複数の過程の組み合わせを意味するように思われる」[1]。しかし，そうではないのだ。人間についての真の理解は，この種の出現とそれの社会的ならびに文化的生活を導いたあらゆる事柄——生物的および社会文化的——についての知識から出発しなければならない。おそらくこうした理解は，人間性の最大の問題の若干の解決に資することができる。

用 語 集

adelphic（ギリシア語：兄弟）　複数形も含む。
affinity（姻族）　血縁ではなく結婚による親族をしめす人類学用語。
agnates, agnatic（父系親族，父系親族の）　父系によって関係する親族。
allele（対立遺伝子）　染色体上の特定の場所にある1つの遺伝子がもつ対立的な諸形態の1つ。
allomothering（母親代理）　生物的母親以外の者による育児。
altruism（利他主義）　社会生物学において，エゴの適応度をある程度犠牲にして他の適応度を増す行為。
amygdala（扁桃体）　停止反応，激怒，性的活動と関係する大脳辺縁系の部分。
analogy（ギリシア語：類似）　機能や，時には構造の類似性。これは祖先を共通にしているためではなく，進化における収斂のために生じる（相同性と対照）。
anal phase（肛門期）　精神分析学において，大便の排出あるいは滞留から満足が引きだされる心理性的発達の第2段階。
androgynization（ギリシア語：andros＝男，gynos＝女）（男女同質）　性差を無視し，男性と女性に同じ特質を帰属させる傾向。
angina pectoris（狭心症）　心臓障害の1例。冠動脈による心筋の酸素供給が不十分なせいで，締め付けられるような痛みをともなうのを特徴とする。
anomie（アノミー）　規範の欠如によって特徴づけられる社会状況。
assortative mating（選択的配偶）　任意の配偶ではない。一定の型の配偶者が選好される配偶。
Atid（ヘブライ語：将来）　ベッテルハイムが『夢の子どもたち』において考察したキブツに付けた仮名。
avunculocal residence（ラテン語：avunculus＝母方オジ）（母方オジ処居住）　母系文化における居住規則の1つ。姉妹の息子が結婚後彼の母親の兄弟と一緒に生活する規則。
clan（クラン）　単系出自集団。その創設者は伝説的である。母系クランがふつうだ

が，時に父系クランもある。父系クランはゲンスと呼ばれることがある。

cognitive dissonance（認知不協和）　互いに矛盾する信念あるいは行動傾向をもつこと。その理論（フェスティンガー）によれば，主体は行動あるいは信念を変えることで不協和を縮小しようとする。

consanguinity（血縁）　出生による遺伝的関係性。姻縁と対照。

cortex（**cerebral cortex**）（皮質，大脳皮質）　脳（大脳）の主要部分の表層を被っている薄い層（2〜5 mm）。随意な運動機能，感覚認知，連想解釈，ならびに思考，記憶，学習と関係している。

couvade（擬娩）　父親が，自分が分娩するかのように，分娩する母親を模倣することによって母親との同一性を表現する社会慣行。

cross cousins（交差イトコ）　異性の兄弟姉妹の子どもたち（たとえば父親の姉妹の子どもたちや母親の兄弟の子どもたち）。

crossing over（交差）　2個の相同染色体間における遺伝子情報の交換過程。

culturgen（カルチャジェン，文化遺伝子）　社会メンバー間において学習によって伝達される人造物，行動，制度の比較的相同的な集合，およびそれらが形成する全体的なパターン。

culturology（文化学）　レスリー.A.ホワイトの理論的指針。これによると，文化は人間行動を形成する唯一の決定因とされる。

descent（出自）　世代から世代への権利継承を指示するために人類学で用いられる用語（単系出自，母系出自，父系出自もみよ）。

diaspora（ギリシア語：分散）（ディアスポラ）　第二神殿崩壊後にユダヤ人が生活したイスラエルの外の集団や場所を指示するための用語。

diploid（2倍体）　2倍体の染色体をもつ細胞で，単体細胞と対比される。体細胞は2倍体である。

dominant（**gene, allele**）（最有力遺伝子，対立遺伝子）　同型接合体と異型接合体双方の表現型に影響をおよぼす対立遺伝子もしくは遺伝子。

endogamy（内婚）　特定の社会集団内で結婚することを義務づける規則（明示的な規則をもたないでそうする傾向も含む）。

epigenetic rule（後成規則）　周辺的な感覚フィルターによる刺激の篩い分け，介在

用語集

細胞組織過程，方向づけられた認知の深層化過程を含む精神の集合を指示する遺伝的に規定された手順。

estrogen（女性ホルモン物質）　哺乳動物のメスの排卵過程を引き起こすホルモン。

ethology（動物行動学）　動物の行動を研究する動物学の部門。

evolutionary stable strategy（進化の安定戦略）（ESS）　ほとんど全員がそれを行うことによって，なにか違う突然変異体が生まれないようにする戦略。

exogamy（外婚）　特定の社会集団外で結婚することを義務づける規則（明示的な規則なしにそうする傾向も含む）。

Fehlleistung（ドイツ語：無意識を言葉にすること）　思わず口にしてしまうこと。

fellatio（フェラチオ）　男性に対して行われる口唇による性交。

gene（遺伝子）　探知できる機能をもつ染色体の部分。不連続な遺伝情報の単位。

genetic fitness（遺伝子適応度）　同一種の他の生物体の子孫数と比較した場合の，ある生物体の子孫の数。

genetic load（遺伝荷）　ある個体群における，致命的および致死相当の突然変異の割合。

genetrix（ラテン語：女親）　子どもを産む女性。

genitor（ラテン語：男親）　実父あるいは生物的父親を指示するための人類学での用語。

genome（ゲノム）　遺伝子の集団。細胞における遺伝物質の集合。

genotype（遺伝子型）　染色体上のすべての遺伝子から成る，ある生物体の遺伝子組成。

group selection（集団選択）　単位としての集団に働く自然選択。

haploid（半数体）　染色体の１単位セットをもつ細胞。２倍体と対照をなす。性細胞は半数体である。

heterozygosity（異型接合性）　両親のそれぞれから，同一の遺伝子座にある異なる対立遺伝子を受け継ぐ特質。同型接合性と対照をなす。

hippocampus（海馬）　脳の辺縁系の部分。不随意運動，感情反応，大脳辺縁系の他の部分への感覚入力の回路づけと結びついている。

homology（ギリシア語：相同性）　共通祖先から受け継いだことに起因する２つの構造の類似性。

homozygosity（同型接合性）　両親から同一の遺伝子座にある同一の対立遺伝子を受け継ぐ特質。異型接合性と対照をなす。

hypergyny（上昇婚）　女性がより高い階級あるいはカストの男性と結婚する規則もしくは選好。

inbreeding depression（近親交配による機能低下）　個体群の近親交配によってもたらされる繁殖力や生理学的効率の低下。

inclusive fitness（包括適応度）　エゴの子孫とエゴの親族の子孫とを一緒にした単位における適応度。

infanticide（幼児殺し）　幼児を殺すこと。

kibbutz meuchad（ヘブライ語：キブツ連合）　イスラエルの三大キブツ連合体の1つ。

kiryat yedidim（ヘブライ語：友人の村）　スパイロが『キブツ：ユートピアの冒険とキブツの子どもたち』において考察したキブツの仮名。

latency（潜伏期，潜在性）　精神分析学において，ほぼ6歳から12歳までの子ども中期。

lethal equivalents（致死相当遺伝子）　重大な致命的障害を引き起こし，したがってそれをもっている一定割合の個体たちを殺す遺伝子。

levirate（レヴィレート婚）　弟が兄の未亡人と結婚することを義務づける社会規則。

lineage（リネジ）　歴史的創設者をもつ単系出自集団（母系リネジと父系リネジ）。

locus（ラテン語：座）　染色体上の遺伝子の位置。

mastigophora（ラテン語：鞭棘をもつ虫）　歩行細胞小器官をもつ原生動物の集団。

matriarchy（母権制）　母親支配に基づく家族パターン。

matrilineal（**descent**）（母系出自）　権利の移転を女系（母親から娘）に限定する社会規則。

meiosis（**reduction division**）（減数分裂，還元分裂）　染色体数の半分（人間の場合23個）をもつ半数体配偶子をもたらす性細胞の2段階分裂。

Miocene（中新世期）　2,500万年前から500万年前におよぶ地質時代。

mitosis（有糸分裂）　遺伝物質の重複と仕分けが親と2つの娘細胞間の遺伝的同一性を保証する体細胞の分裂。

non sequitur（ラテン語：論証不足）　証拠から引きだされる結論が誤っていること

をしめす論理誤謬。

ontogeny, ontogenetic（個体発生，個体発生的）　単一生物体の生活史。系統発生から区別される。

oral phase（口唇期）　精神分析学において，口から快楽がえられる心理性的発達の最初の段階。

parallel cousins（平行イトコ）　同性であるきょうだい（たとえば父親の兄弟，母親の姉妹）の子どもたち。

parricide (patricide)（父親殺し）　子どもによる親（父親）殺し。

pater（ラテン語：父親）　社会学的父親を指示するために人類学で用いられる用語。子どもたちに対して社会的責任をもつ男性。これは生物的父親（genitor）の役割と対立する。両者は，一致することもしないこともある。

patriarchy（家父長制）　父親支配に基づく家族パターン。

patrilineal (descent)（父系出自）　権利の移転を男系（父親から息子）に限定する社会規則。

phallic phase（陰茎段階）　精神分析学において，外部性器や異性の親への愛着から満足がえられる心理性的発達の段階。

phenotype（表現型）　生物体の観察できる部分。遺伝子型と対照。

phylogeny, phylogenetic（系統発生，系統発生的）　親族関係をもつ生物体集団の進化史。個体発生と対照。

Pleistocene（更新世期）　200万年前から1万年前におよぶ地質時代。

Pliocene（鮮新世期）　500万年前から200万年前におよぶ地質時代。

polyandry（一妻多夫婚）　1人の女性と複数の男性との安定的配偶。

polygynandry（多夫多妻婚）　男性集団（通常は兄弟）がまず1人の女性と，後に複数の女性たちとも結婚するという，人間の配偶制の稀有な1形態。おもにインドのヒマラヤ山麓地方に存在する。

polygyny（一夫多妻婚）　1人の男性と複数の女性との安定的配偶。

positive feedback system（正のフィードバック）　生物体における反応連鎖。1つの要因が別の要因の増加を引き起こし，それがさらに別の要因の増加を引き起こすような連鎖。

presenting（プレゼンティング）　オスの交尾を誘うために外部性器の向きを変えるメスの行為。

primates（霊長目）　動物学上の目。原猿（たとえばキツネザル），サル，類人猿，人類が含まれる。

primatology（霊長類学）　動物科学の一部。その主題は霊長目の研究である。

prolactine（黄体刺激ホルモン）　哺乳動物のメスに母乳を生成させるホルモン。

protista（原生生物界）　原生動物，藻，菌類のような生物体を含む個別生物界。

protozoa（原生動物）　1つの細胞（単細胞）からなる生物体。通常，動物界の一部と考えられる。

recessive (gene, allele)（劣性遺伝子，劣性対立遺伝子）　対立接合の表現型に影響をおよぼさない，つまり同型接合のみに影響を与える対立遺伝子あるいは遺伝子。

reinforcement（強化）　条件付きの刺激につづいて無条件の刺激が生じる行為あるいは手順。

rites de passage（フランス語：通過儀礼）　ファン.ヘネップによって導入された用語。個人の生活周期におけるある重要な局面から別の局面への移行を祝す儀礼。

sex ratio（性比）　ある人口集群中の男性の数を女性の数で除し，それに100をかけた数値（SR = 100M/F）。

stimulus satiation（刺激飽満）　反復刺激に対する神経系の適応。このことのために，反応の強度は刺激頻度の増加に伴い低下する。

teknonymy（テクノニミー）　親を，彼の子孫の名前でよぶ社会規則。

unilinear descent（単系出自）　出自が男性もしくは女性を辿って数えられる出自規則。

uterine（同腹の）　同一の母親から出自すること。

uxorilocal（ラテン語：uxo 妻）（妻方居住）　結婚した男性が妻および彼女の親族とともに彼らの場所で生活することを期待される規則。

vir（ラテン語：夫）　正式に女性と結婚した男性を指示する人類学上の用語。

virilocal（夫方居住）　結婚した女性が夫および彼の親族とともに彼らの場所で生活することを期待される規則。

Völkerwanderung（ドイツ語：民族大移動）　ヨーロッパ史の一局面。紀元前200年頃ゲルマン部族のローマ帝国への侵入にはじまり，ローマ帝国の没落によって終わる。

xenophilic（余所者好き）　見知らぬ人（余所者）を愛すること。

Yaara（ヘブライ語）　シェファーが研究したキブツの仮名。

参考文献

Aberle, D. F. et al., 1963, The Incest Taboo and the Mating Patterns of Animals. *American Anthropologist* 64: 253-266.
Abernethy, Virginia, 1974, Dominance and Sexual Behavior: A Hypothesis. *American Journal of Psychiatry* 131: 813-817.
Adams, N.S., and J. V. Neel, 1967, Children of Incest. *Pediatrics* 40: 50-62.
Albrecht, H., and S.C. Dunnett, 1971, *Chimpanzees in Western Africa*. Munich: Piper.
Alexander, R.D., 1974, The Evolution of Social Behavior. *Annual Review of Ecology and Systematics* 5: 325-383.
Alexander, R.D., 1975, The Search for a General Theory of Behavior. *Behavioral Sciences* 20: 77-100.
Alexander, R.D., 1977, Natural Selection and the Analysis of Human Sociality. In *The Changing Scene of the Natural Sciences*. Special Publication of the Academy of Natural Sciences. Pp.282-337.
Alexander, R.D., 1979, *Darwinism and Human Affairs*. Seattle: Washington University Press.
Alexander, R.D., n.d., Incest, Culture and Natural Selection. Unpublished manuscript.
Altmann, M., 1962, A Field of the Sociology of Rhesus Monkeys Macaca mulatta. *Annuals of the New York Academy of Sciences* 102: 338-435.
Altmann, M., 1963, Naturalistic Studies of Maternal Care in Moose and Elk. In *Maternal Behavior in Mammals*. H.L. Rheinhold, ed. New York: John Wiley & Sons.
Andreski, Stanislav, 1972, *Social Sciences as Sorcery*. Harmondsworth: Penguin.
Ardrey, R., 1961, *African Genesis: A Personal Investigation into the Animal Origin and Nature of Man*. New York: Atheneum.
Ardrey, R., 1966, *The Territorial Imperative*. New York: Atheneum.
Ardrey, R., 1970, *The Social Contract: A Personal Inquiry into the Evolutionary Sources of Order and Disorder*. London: Collins.
Ardrey, R., 1976, *The Hunting Hypothesis: A Personal Conclusions Concerning the Evolutionary Nature of Man*. New York: Atheneum.
Armstrong, Louise, 1978, *Kiss Daddy Goodnight – A Speak-Out on Incest*. New York: Hawthorn Books.
Atkinson, J.J., 1903, *Primal Law*. London: Longmans.
Backhofen, J.J., 1861, *Das Mutterrecht*. Stuttgart: Krais and Hoffmann. (J.J. バッハオーフェン『母権論――古代世界の女性支配に関する研究：その宗教的および法的本質』岡道男・河上倫逸監訳,

参考文献

みすず書房，1991 年）
Bagley, Chrisopher, 1969, Incest Behavior and Incest Taboo. *Social Problems* 16: 505–519.
Barash, David P., 1977, *Sociobiology and Behavior*. New York: Elsevier.
Barash, David P., 1979, *Sociobiology: The Whispering Within*. Glasgow: Fontana/Collins.
Barkow, Jerome H., 1978, Evolution and Human Sexuality. In *La sexualite humaine: Textes fondamentaux*. Claude Crepault and Joseph Leoy, eds., Montreal: Presse de l'Universite de Quebec.
Barlow, George, W., and James Silverberg, eds., 1980, *Sociobiology: Beyond Nature/Nurture*. Boulder, Colorado: Westview Press.
Barrai, I., L.L. Cavalli-Sforza, and M. Mainardi, 1964, Testing a Model of Dominant Inheritance for Metric Traits in Man. *Heredity* 19: 651–668.
Bateson, P. P. G., 1978, Early Experience and Sexual Preferences. In *Biological Determinants of Sexual Behavior*. J. B. Hutchinson, ed. London: John Wiley & Sons.
Beach, Frank A., 1951, Instinctive Behavior: Reproductive Activities. In *Handbook of Experimental Psychology*. S.S. Stevens, ed. New York: Wiley.
Ben-David, J., ed., 1964, *Agricultural Plannings and Village Community in Israel*. Paris: Unesco.
Bender L., and A. Balu, 1937, The Reaction of Children to Sexual Relations with Adults. *American Journal of Orthopsychiatry* 7: 500–518.
Bender, L., and A.E. Geugett, 1952, A Follow-Up Report on Children Who Had Atypical Sexual Experience. *American Journal of Orthopsychiatry* 22: 825–837.
Bengtsson, B.O., 1978, Avoiding Inbreeding: At What Cost? *Journal of Theoretical Biology* 73: 439–449.
Bettelheim, B., 1969, *Children of the Dream*. New York: Macmillan.
Bigelow, Robert, 1969, *The Dawn Warriors*. Boston: Little, Brown.
Bischof, N., 1972a, Inzuchtbarrieren in Saugetiersozietaten. *Homo* 23: 330–351.
Bischof, N., 1972b, The Biological Foundations of the Incest Taboo. *Social Information* 2 (6): 7–36.
Bischof, N., 1975, Comparative Ethology of Incest Avoidance. In *Biosocial Anthropology*. R. Fox, ed. Pp. 37–67. London: Malaby Press.
Bixler, Ray H., 1980, Nature versus Nurture: The Timeless Anachronism. *Merril-Palmer Quarterly* 26 (2): 153.
Bixler, Ray H., 1981a, Primate Mother-Son "Incest." Psychological Reports 48: 532–536.
Bixler, Ray H., 1981b, The Incest Controversy. *Psychological Reports* 49: 267–283.
Bixler, Ray H., 1981c, Incest Avoidance as a Function of Environment and Heredity. *Current Anthropology* 22: 639–643.
Bodmer, W.F., and L.L. Cavalli-Sforza, 1976, *Genetics, Evolution, and Man*. San Francisco: W. H. Freeman.
Brace, C.L., and A. Montague, 1979, *Atlas of Human Evolution*. Second ed., New York: Holt, Rinehart and Winston.
Briggs, Cabot L., 1975, Environment and Human Adaptation in the Sahara. In Physiological Anthropology. Albert Damon, ed. Pp.93–119. New York, London and Toronto: Oxford University Press.
Brown, R.W., and D. McNeill, 1966, The "tip-of-the tongue" phenomenon. *Journal of Verbal Learning and Verbal Behavior* 5: 325–337.

Burnham, Jeffrey T., 1975, Incest Avoidance and Social Evolution. *Mankind* 10: 93-98.
Burton, Robert, 1973, Folk History and the Incest Taboo. *Ethos* 1: 504-516.
Campbell, Bernard, 1976, *Humankind Emerging*. Boston: Little Brown.
Caplan, Arthur L., ed., 1978, *The Sociobiology Debate*. New York: Harper & Row.
Caprio, Fr. S., and D. R. Brenner, 1964, *Sexual Behavior*. New York: Citadel.
Carpenter, C.R., 1942, Sexual Behavior of Free-Ranging Rhesus Monkeys: Periodicity of Oestrus, Homo Sexual, Auto-Erotic and Non-Conformist Behavior. In *Naturalistic Behavior of Non-Human Primates*. C.R. Carpenter, ed. Pp. 319-342. University Park Press, Pennsylvania: State University Press.
Carpenter, C.R.,1964, A Field Study in Siam of the Behavior and Social Relations of the Gibbon. In *Naturalistic Behavior of Non-Human Primates*. C.R. Carpenter, ed. Pp.145-271. University Park Press, Pennsylvania: States University Press.
Carpenter, C.R., 1965, The Howlers of Barro Colorado Islands. In *Primate Behavior*. I. DeVore, ed. Pp.250-292. New York: Holt, Rinehart and Winston.
Carter, C.O., 1967, Risks to Offspring of Incest. *Lancet*. February 25, p.436.
Caspari, E., 1963, Selective Forces in the Evolution of Man. *American Naturalist* 97: 5-14.
Cavalli-Sforza, L. L., and W. F. Bodmer, 1971, *The Genetics of Human Populations*. San Francisco: W. H. Freeman.
Chagnon, N. A., and W. Irons, eds., 1979, *Evolutionary Biology and Human Social Behavior*. North Scituate, Massachusetts: Duxbury.
Chance, M. R. A., 1962, Nature and Special Features of the Instinctive Social Bonds of Primates. In *Social Life of Early Man*. S.L. Washburn, ed. London: Methuen.
Clutton-Brock, T. H., and P. H. Harvey, eds., 1978, *Readings in Sociobiology*. San Francisco: W. H. Freeman.
Cohen, Morris R., and Ernest Nagel, 1934, *An Introduction to Logic and Scientific Method*. New York: Harcourt Brace.
Cohen, Y. A., 1964, *The Transition from Childhood to Adolescence*. Chicago: Aldine.
Cohen, Y. A.,, 1978, The Disappearance of Incest Taboo. *Human Nature* 7: 27-28.
Constantine, L. L., and J. M. Constantine, 1973, *Group Marriage*. New York: Macmillan.
Coult, Allan D., 1963, Causality and the Cross-Sex Prohibition. *American Anthropologist* 65 (2): 266-278.
Count, Earl W., 1958, The Biological Basis of Human Sociality. *American Anthropologist* 60: 1049-1085.
Count, Earl W., 1973, *Being and Becoming: Human Essays on the Biogram*. New York: Van Nostrand Reinhold.
Crook, John H., 1980, *The Evolution of Human Consciousness*. London: Clarendon Press.
Crow, J. F., and M. Kimura, 1970, *An Introduction to Population Genetic Theory*. New York: Harper and Row.
Curtis, H., 1970, *Biology*. New York: Worth.
Dalhberg, G., 1937, On Rare Defects in Human Populations with Particular Regard to In-Breeding and Isolated Effects. *Proceedings of the Royal Society of Edinburgh* 58: 213-232.
Daly, M., and M. Wilson, 1978, *Sex, Evolution and Behavior*. North Scituate, Massachusetts: Duxbury

参考文献

Press.
D'Aquili, Eugene, 1972, The Biological Determinants of Culture. Module 13, McCaleb Module in Anthropology, Addison-Wesley Modular Publications, 1–29.
Darling, F. F., 1951, A Herd of Red Deer. London: Oxford University Press.
Davis, Kingsley, 1940, Extreme Social Isolation of a Child. *American Journal of Sociology* 45: 554–565.
Davis, Kingsley, 1947, Final Note on a Case of Extreme Isolation. *American Journal of Sociology* 50: 430–433.
Dawkins, Richard, 1976, *The Selfish Gene*. Oxford: Oxford University Press.（日高敏隆・岸由二・羽田節子・垂水雄二訳『利己的な遺伝子』増補改訂版, 紀伊國屋書店, 2006年）
Demarest, William J., 1977, Incest Avoidance among Human and Nonhuman Primates. In *Primate Biosocial Development: Biological, Social and Ecological Determinants*. Suzanne Chevalier-Skolnikoff and Frank E. Poirier, eds., pp.323–342. New York and London: Garland Press.
DeVore, I. ed.,1965a, Male Dominance and Mating Behavior in Baboons. In *Sex and Behavior*. Frank Beach, ed. New York: Holt Rinehart and Winston.
DeVore, I., ed., 1965b, *Primate Behavior*. New York: Holt Rinehart and Winston.
DeVos, George A., 1975, Affective Dissonance and Primary Socialization: Implications for a Theory of Incest Avoidance. *Ethos* 3: 165–172.
Dickemann, Mildred, 1979, Female Infanticide, Reproductive Strategies and Social Stratification: A Preliminary Model. In *Evolutionary Biology and Human Social Behavior: An Anthropological Perspective*. N.A. Chagnon and W. G. Irons, eds., pp.321–367. North Scituate, Massachusetts: Duxbury Press.
Dickerson, E.E. et al., 1954, Evaluation of Selection in Developing Inbred Lines of Swine. *Bulletin of the Agricultural Experiment Station* 551: 60–120.
Durham, William H., 1976, The Adaptive Significance of Cultural Behavior. *Human Ecology* 4: 89–121.
Durham, William H., 1979, Toward a Coevolutionary Theory of Human Biology and Culture. In *Evolutionary Biology and Human Social Behavior: An Anthropological Perspective*. N.A. Chagnon and W.G. Irons, eds. Pp.39–58. North Scituate, Massachusetts: Duxbury Press.
Durkheim, E., 1963, *Incest: The Origin and Nature of the Taboo*. New York: Lyle Stewart (First ed. 1897).
Durkheim, E., 1952, *Suicide: A Study in Sociology*. London: Routledge and Kegan Paul.（宮島喬訳『自殺論』岩波文庫）
Dyke, B., and W. T. Morrill, eds., 1980, *Geneological Demography*. New York: Academic Press.
East, E.H., 1938, *Heredity and Human Affairs*. New York.
Edholm, Otto G., 1978, *Man – Hot and Cold*. London: Edward Arnold.
Eibl-Eibesfeldt, I., von, 1951, Beobachtungen Zur Fortpflanzungsbiologie Und Jugendentwickelung des Eichhörnchens. Zeitschrift für Tierpsychologie 8: 370–400.
Eisenberg, J.F., 1966, The Social Organization of Mammals. In *Handbuch der Zoologie, Band* 8. G.H. Helmeck et al., eds., Pp.1–83. Berlin: Gruyter.
Eisenstadt, S.N., 1956, Ritualized Personal Relations. *Man* 96: 90–95.
Eisenstadt, S. N., and M. Curelaru, 1976, *The Form of Sociology—Paradigms and Crises*. New York: John Wiley and Sons.

Elkes, Joel, 1968, Mental Disorders: Biological Aspects. *International Journal of the Social Sciences* 10: 139-149.
Ember, Melvin, 1975, On the Origin and Extension of the Incest Taboo. *Behavior Science Research* 4: 249-281.
Engels, F., 1905, Origins of the Family, Private Property and the State. Chicago: Kerr (First ed. 1884). (フリードリッヒ・エンゲルス『家族・私有財産・国家の起源』戸原四郎訳, 岩波文庫, 1965年)
Etkin, W., ed., 1964, *Social Behavior and Organization among Vertebrates*. Chicago: University of Chicago Press.
Evans Pritchard, E.E., 1951, *Kinship and Marrige among the Nuer*. Oxford: Clarendon Press. (エヴァンス・プリッチャード『ヌアー族の親族と結婚』長島信弘・向井元子訳, 岩波書店, 1985年)
Ewer, R. F., 1968, *Ethology of Mammals*. London: Logos Press.
Falconer, D.S., 1976, *Introduction of Quantitative Genetics*. New York: Ronald Press (First ed. 1960).
Festinger, L., and D. Katz, eds., 1953, *Research Methods in the Behavioral Sciences*. New York: Holt, Rinehart and Winston.
Finkelhor, D., 1980, Sex among Siblings. *Archives of Sexual Behavior* 9: 171-194.
Fortes, M., 1936, Kinship, Incest and Exogamy of the Northern Territories of the Gold Coast. In *Custom Is King*. L.H. D. Buxton, ed., Pp.239-259. London: Hutchinson.
Fortes, M., 1949, *The Web of Kinship among the Tallensi*. Oxford: Oxford University Press.
Fortune, R.F., 1932, Incest. In *Encyclopedia of the Social Sciences* 7. E.R.A. Seligman, ed. Pp. 620-622. New York: Macmillan.
Forward, Susan, and Craig Buck, 1978, *Betrayal of Innocence: Incest and its Devastation*. Los Angeles: J. P. Tarcher.
Fox, Robin, 1962, Sibling Incest. *British Journal of Sociology* 13: 128-150.
Fox, Robin, 1967a, In the Beginning: Aspects of Hominid Behavioral Evolution. *Man* 2: 415-433.
Fox, Robin, 1967b, *Kinship and Marriage*. Harmondsworth: Penguin. (ロビン・フォックス『親族と婚姻』川中健二訳, 思索社, 1971年)
Fox, Robin, 1967c, Totem and Taboo Reconsidered. In *The Structural Study of Myth and Totemism*. Edmund Leach, ed. Pp.161-178. ASA Monographs 45. London: Tavistock.
Fox, Robin, 1968, Incest, Inhibition and Hominid Evolution. Paper presented at the Wenner-Gren Symposium Burg Warternstein.
Fox, Robin, 1972, Alliance and Constraint: Sexual Selection in the Evolution of Human Kinship. In *Sexual Selection and the Descent of Man 1871-1971*. B. Campbell, ed. Pp.282-331. Chicago: Aldine.
Fox, Robin (ed.), 1975a, *Biosocial Anthropology*. London: Malaby Press.
Fox, Robin (ed.), 1975b, Primate Kin and Human Kinship. In *Biosocial Anthropology*. Robin Fox, ed. Pp.9-35. London: Malaby Press.
Fox, Robin (ed.), 1980, *The Red Lamp of Incest*. New York: E. P. Dutton.
Frances, Vera, and Allen Frances, 1976, The Incest Taboo and Family Structure. *Family Process* 15: 235-244.
Franklin, W. L., 1974, The Social Behavior of the Vicuna. In *The Behavior of Ungulates and Its Relation to*

参考文献

   Management, Vol.1, V. Geist and F. Waltner, eds. Pp. 477-487. Morges, Switzerland: IUCN Publications.
Frazer, J. G., 1910, *Totemism and Exogamy*. London: Macmillan.（比嘉根安定訳編『宗教民族学』誠心書房，1965年，抄訳所収）
Freud, Sigmund, 1910, *Three Contributions to the Theory of Sex* (A. A. Brill, trans.). New York: Dutton.（ジークムント・フロイト『フロイト全集6　性理論三篇』渡邊俊之・越智和弘・草野シュワルツ・道旗泰三訳，岩波書店）
Freud, Sigmund, 1950, *Totem and Taboo*. New York: Norton (First ed. 1913).（ジークムント・フロイト『フロイト全集12 トーテムとタブー』門脇健訳，岩波書店，2009年）
Freud, Sigmund, 1953, Three Essays on The Theory of Sexuality. In *The Standard Edition of the Complete Psychological Works of Sigmund Freud*. London: Hogarth; New York: Macmillan. Vol. 7: 123-245 (First ed. 1905).
Freud, Sigmund, 1961, The Ego and the Id. In *The Standard Edition of the Complete Psychological Works of Sigmund Freud*. London: Hogarth; New York: Macmillan. Vol.19: 12-63 (First ed. 1923).
Gebhard, P. H. et al., 1965, *Sex Offender*. New York: Harper & Row.
Geiser, R. L., 1979, *Hidden Victims: The Sexual Abuse of Children*. Boston: Beacon Press.
Giraud-Teulon, A., 1874, *Les origines de la famille*. Geneva-Paris: Cherbuliez-Sandozet, Fichbacher.
Goethe, F. W., 1944, *Faust*. Basel: Verlag Birkhausen.
Goodall, J., 1965, Chimpanzees of the Gombe Stream Reserve. In *Primate Behavior*. I. DeVore, ed. Pp.53-110. New York: Holt, Rinehart and Winston.
Goodall, J., 1967a, Mother-Offspring Relationship in Free Ranging Chimpanzees. In *Primate Ethology*. D. Morris, ed. Pp. 287-347. London: Weidenfold and Nicholson.
Goodall, J., 1967b, *My Friends the Wild Chimpanzees*. New York: National Geographic Society.
Goodall, J., 1968, The Behavior of Free-Living Chimpanzees in the Gombe Stream Reserve. *Animal Behavior Monographs* 1 (3): 161-311.
Goodall, J., 1971, In *the Shadow of Man*. London: W. Collins.
Goodale, J. C., 1971, *Tiwi Wives: A Study of Women of Melville Island, North Australia*. Seattle: University of Washington Press.
Goody, J., 1956, A Comparative Approach to Incest and Adultery. *British Journal of Sociology* 7: 286-305.
Gough, K. E., 1959, The Nayars and the Definition of the Marriage. *Journal of the Royal Anthropological Institute* 89: 23-34.
Gould, J. L., and C. G. Gould, 1981, The Instinct to Learn. *Science* 81 2 (4): 44-50.
Gould, Julius, and William L. Kolb, eds., 1964, *A Dictionary of the Social Sciences*. New York: The Free Press.
Gouldner, Alvin W., 1970, *The Coming Crisis of Western Sociology*. New York: Basic Books.
Granit, Ragnar, 1963, Recurrent Inhibition as a Mechanism of Control. In *Progress in Brain Research*. G. Moruzzi, A. Fessard, and H. H. Jasper, eds. Pp.23-37. Vol.1: Brain Mechanisms. Amsterdam: Elsevier.
Greene, Penelope J., 1978, Promiscuity, Paternity and Culture. *American Ethnologist* 5: 151-159.
Greenland, C., 1958, Incest. *British Journal of Delinquency* 9: 62-65.

Greenwood, P. J., and P.H. Harvey, 1976, The Adaptive Significance of Variation in Breeding Area Fidelity of the Blackbird. *Journal of Animal Ecology* 45: 887–898.
Greenwood, P. J., and P.H. Harvey, 1977, Feeding Strategies and Dispersal of Territorial Passerines: A Comparative Study of the Blackbird. *Ibis* 119: 528–531.
Gregory, M.S., and A. Silvers, 1978, *Sociobiology and Human Nature*. San Francisco: Jossey-Bass Publishers.
Gundlach, H., 1968, Brutfürsorge, Verhaltensontogenese und Tagesperiodik beim Europäischem Wildschwein. *Zeitschrift für Tierpsychologie* 25: 955–995.
Hall, K.R.L., and I. DeVore, 1965, Baboon Social Behavior. In *Primate Behavior: Field Studies of Monkeys and Apes*. I. DeVore, ed., New York: Holt Rinehart and Winston.
Hamburg, D.A., and E. McCown, 1979, *The Great Apes*. Menlo Park, California: Benjamin/Cummings.
Hamilton, W.D., 1964, The Genetic Evolution of Social Behavior. *Journal of Theoretical Biology* 7: 1–52.
Hamilton, W.D., 1970, Selfish and Spiteful Behavior in an Evolutionary Model. *Nature* 228: 1218–1220.
Hamilton, W.D., 1972, Altruism and Related Phenomena, Mainly in Social Insects. *Annual Review of Ecology and Systematics* 3: 193–232.
Harcourt, A.H., 1979, The Social Relations and Group Structure of Wild Mountain Gorilla. In *The Great Apes*. D.A. Hamburg and E.R. McCown, eds. Pp.187–192. Menlo Park, California: Benjamin/ Cummings.
Hart, C.W.M., and H.R. Pilling, 1960, *The Tiwi of North Australia*. New York: Holt Rinehart and Winston.
Hartl, Daniel L., 1977, *Our Uncertain Heritage Genetics and Human Diversity*. Philadelphia: J.B. Lippincott.
Hartung, J., 1976, On Natural Selection and the Inheritance of Wealth. *Current Anthropology* 17: 607–622.
Hartung, J., 1982, Polygyny and Inheritance. *Current Anthropology* 23: 1–12.
Heinroth, O., 1911, *Beiträge zur Biologie, Namentlich Ethologie und Psychologie der Anatiden*. Verhandlungen des V. Internationalen Ornithologen-Kongresses. Berlin. Pp.652–654.
Hendrichs, H., and N. Hendrichs, 1971, *Dikdik und Elefanten*. Munich: Piper.
Herman, J.L., 1981, *Father-Daughter Incest*. Cambridge, Massachusetts: Harvard University Press.
Herzog, Elizabeth, 1966, The Chronic Revolution: Births Out of Wedlock. *Clinical Pediatrics* 5: 130–135.
Hill, J.L., 1974, Peromyscus: Effect of Early Pairing in Reproduction. *Science* 186: 1042–1044.
Hobhouse, L., 1912, *Morals in Evolution*. London: Chapman and Hall.
Homans, G.C., and D.M. Schneider, 1955, *Marriage, Authority and Final Causes*. Glencoe, Illinois: Free Press.
Houriet, Robert, 1971, *Getting Back Together*. London: Abacus.
Howell, Nancy, 1976, The Population of the Dove Area 'Kung'. In *Kalahari Hunter-Gatherers*. R.B. Lee and I. DeVore. Pp.137–151. Cambridge, Massachusetts: Harvard University Press.
Howitt, A. W., 1904, *The Native Tribes of South East Australia*. London and New York: Macmillan.
Hrdy, Sarah B., 1977a, Infanticide as a Primate Reproductive Strategy. *American Scientist* 65: 40–49.
Hrdy, Sarah B., 1977b, *The Langurs of Abu*. Cambridge, Massachusetts: Harvard University Press.
Hrdy, Sarah B., 1981, *The Women That Never Evolved*. Cambridge, Massachusetts: Harvard University Press.
Hughes, Graham, 1964, The Crime of Incest. *Journal of Criminal Law* 55: 322–331.

参考文献

Huxley, A., 1932, *Brave New World*. London: Chatto and Windus. [Reprinted New York: Harper and Row, 1969].（オルダス・ハックスリー『すばらしい新世界』松村達雄訳,講談社文庫, 1974 年）
Imanishi, Kinji, 1963, Social Behavior in Japanese Monkeys Macaca fuscata. In *Primate Social Behavior*. C.H. Southwick, ed. Pp.68-82. New York: Van Nostrand.
Imanishi, Kinji, 1965, The Origins of the Human Family. In *Japanese Monkeys*, S. A. Altman and K. Imanishi, eds., University of Alberta Emory.
Itani, Junichiro, 1972, A Preliminary Essay on the Relationship between Social Organization and Incest Avoidance in Nonhuman Primates. In *Primate Socialization*. Pp.165-171. New York: Random House.
Jacquard, Albert, 1974, *The Genetic Structure of Population*. Berlin, Heidelberg and New York: Springer Verlag.
Johanson, D.C., and M.A. Edey, 1981, *Lucy – The Beginning of Humankind*. New York: Simon and Schuster.
Jonas, D.F., 1976, On an "Alternative Paleobiology" and the Concept of Scavenging Phase. *Current Anthropology* 17: 144-145.
Justice, B., and R. Justice, 1979, *The Broken Taboo*. New York: Sciences Press.
Kaffman, Mordecai, 1977, Sexual Standards and Behavior of the Kibbutz Adolescent. *American Journal of Orthopsychiatry* 47: 207-216.
Kaufman, I., A.L. Peck, and C. K. Tagiuri, 1954, The Family Constellation and Overt Incestuous Relations between Father and Daughter. *American Journal of Orthopsychiatry* 24: 266-277.
Kaufmann, J. H., 1962, Ecology and Social Behavior of the Coati (Nasua marica) on Barro Colorado Islands, Panama. *University of California Publications in Zoology* 60: 95.
Kaufmann, J. H., 1965, A Three-Year Study of Mating Behavior in a Free-Ranging Band of Rhesus Monkeys. *Ecology* 46: 500-512.
Kaufmann, J. H., 1974, Social Ethology of the Whiptail Wallaby. *Animal Behavior* 22: 281.
Kinsey, A.C, et al., 1953, Sexual Behavior in the Human Female. Philadelphia: W. P. Sanuders.
Kitagawa, E.M., 1981, New Life-Styles: Marriage Patterns, Living Arrangements, and Fertility outside of Marriage. *Annals of the American Academy of Political and Social Science* 453: 1-27.
Klingel, H., 1967, Soziale Organization und Verhalten Freilebender Steppenzebras. *Zeitschrift für Tierpsychologie* 24: 518-624.
Koford, C. B., 1963, Rank of Mothers and Sons in Rhesus Monkeys on Cayo. *Science* 141: 456-357.
Koford, C. B., 1965, Population Dynamics of Rhesus Monkeys on Cayo Santiago. In Primate Behavior. I. DeVore, ed. Pp.160-175. New York: Holt, Rinehart and Winston.
Kortmulder, K., 1974, On Ethology and Human Behavior. *Acta Biotheoretica* 23 (2): 55-78.
Koyama, N., 1970, Changes in Dominance Rank and Division of a Wild Japanese Monkey Troop in Hrashiyama. *Primate* 11: 335-390.
Krunk, H., 1972, The Spotted Hyena: A Study of Predation and Social Behavior. Chicago: University of Chicago Press.
Kubo, S., 1959, Researches and Studies on Incest in Japan. *Hiroshima Journal of Medical Sciences* 8: 99-159.

Kummer, H., 1968, *Social Organization of Hamadryas Baboons*. Chicago: University of Chicago Press.
Kummer, H., 1971, *Primate Societies*. Chicago: Aldine.
Kunstadter, Peter et al., 1964, Demographic Variability and Preferential Marriage Patterns. *American Journal of Physical Anthropology* 21: 511-519.
Kurland, J.A., 1979, Paternity, Mother's Brother and Human Sociality. In *Evolutionary Biology and Human Social Behavior*. N. A. Chagnon and W. Irons, eds. Pp.145-180. North Scituate, Massachusetts: Duxbury Press.
Lahiri, R.K., and C. H. Southwick, 1966, Parental Care in Macaca sylvana. *Folia Primatologica* 4: 257-264.
Lang, A., 1905, *The Secret of the Totem*. London: Longman.
Larsen, R.R., 1974, Rules of Inference: When Arguing from Animal to Man. Paper presented at the meeting of the Animal Behavior Scoiety, University of Illinois.
Lawrence, Douglas H., 1968, Discriminative Learning. In *The International Encyclopedia of the Social Sciences*. Vol. 9: 143-148.
Leach, Edmund R., 1962, The Determinants of Differentiated Cross-Cousin Marriage. *Man* 62: 238.
Leakey, R.E., and R. Lewin, 1977, *Origins*. New York: Dutton.
Lee, Richard B., and I. DeVore, 1968, *Man the Hunter*. Chicago: Aldine.
Lee, Richard B., and I. DeVore, 1976, *Kalahari Hunter-Gatherers*. Cambridge, Massachusetts: Harvard University Press.
Lerner, I. M., 1968, *Heredity, Evolution and Society*. San Francisco: W. H. Freeman.
Lévi-Strauss, C. [1949] 1969. *The Elementary Structures of Kinship*. Boston: Beacon Press. (レヴィ=ストロース『親族の基本構造』上下, 馬淵東一・田島節夫訳, 番町書房, 1977・78年)
Levy-Bruhl, L., 1963, Le Surnaturel et la Nature dans la Mentalite Primitive. Paris: F. Alcan (First ed. 1931). (レヴィ・ブリュル『未開社会の思惟 上下』山田吉彦訳, 岩波文庫, 1991)
Levy, Marion T., 1955, Some Questions about Parsons' Treatment of the Incest Problem. *British Journal of Sociology* 6: 277-285.
Li, C. C., 1962, *Population Genetics*. Chicago: University of Chicago Press. (First ed. 1955).
Lindzey, Gardner, 1967, Some Remarks Concerning Incest, the Incest Taboo, and Psychoanalytic Theory. *American Psychologist* 22: 1051-1059.
Livingstone, F. B., 1980, Cultural Causes of Genetic Change. In *Sociobiology: Beyond Nature/Nurture*. G. W. Barlow and T. Silverberg, eds. Pp.397-329. Boulder, Colorado: Westview Press.
Loffler, Von Lorenz, G., 1972, Inzest und Exogamie. *Homo* 23: 351-365.
Lorenz, Konrad, 1943, Die Angeborenen Formen Möglicher Erfahrung. *Zeitschrift für Tierpsychologie* 5: 235-409.
Lorenz, Konrad, 1960, *King Solomon's Ring*. London: Pan Books Ltd. (First ed. 1952).
Lorenz, Konrad, 1966, *On Aggression*. New York: Harcourt Brace and World. (First ed. 1963).
Lowie, R.H., 1933, The Family as a Social Unit. *Papers of the Michigan Academy of Science, Arts and Letters* 18: 53-69.
Lowie, R. H., 1940, In *Introduction to Cultural Anthropology*. New York: Rinehart.
Lowie, R. H., 1949, *Primitive Society*. London: Routledge and Regan Paul. (First ed. 1920).
Loy, James, 1971, Estrous Behavior of Free-Ranging Rhesus Monkeys (Macaca mulatta). *Primate* 12

参考文献

(1): 1-13.
Lubbock, Sir John, 1874, *The Origin of Civilization and the Primitive Condition of Man*. London: C. Knight.
Lumsden, C. J., and E. O. Wilson, 1980, Gene – Culture Translation in the Avoidance of Sibling Incest. *Proceedings of the National Academy of Sciences*, 77: 6248-6250.
Lumsden, C. J., and E. O. Wilson, 1981, Genes, Mind and Culture. Cambridge, Massachusetts: Harvard University Press.
Lyons, Andrew P., 1978, Wild Man and Beast Children. Paper presented at the Tenth International Conference of Anthropological and Ethnographic Science, New Delhi.
Maccoby, E. E., T.M. Newcomb, and E. Hartley, eds., 1958, *Readings in Social Psychology*. (Third ed.), New York: Holt, Rinehart and Winston.
Maine, Sir Henry Sumner, 1864, *Ancient Law*. New York: C. Scribner.
Maisch, H., 1968, *Inzest*. Hamburg: Rowohlt.
Maisch, H., 1972, *Incest*. New York: Stern and Day.
Malinowski, B., 1927, *Sex and Repression in Savage Society*. New York Meridian. (ブロニスロー・マリノフスキー『未開社会における性と抑圧』阿部年勝・真崎義博訳, 社会思想社, 1972年)
Malinowski, B., 1929, *The Sexual Life of Savages*. New York: Harcourt Brace and World. (ブロニスロー・マリノフスキー『未開人の性生活』泉清一・蒲生正男・島澄訳, ペリカン社, 1968年)
Malinowski, B., 1931, Culture. In *Encyclopaedia of the Social Sciences*, Vol.4. Seligman, E. R. A., ed. Pp.621-646. London: Macmillan.
Mann, T., 1951, *Der Erwaehlte*. Oldenburg: S. Vischer Verlag. [The Holy Sinner, New York: Knopf.]
Marshall, Lorna, 1976, *The! Kung of Nyae Naye*. Cambridge, Massachusetts: Harvard University Press.
Masters, R. E. L., 1963, *Patterns of Incest*. New York: Julian Press.
Mathews, R. H., 1897, The Totemic Division of Australian Tribes. *Journal and Proceedings of the Royal Society of New South Wales* 31: 272-285.
Mathews, R.H., 1905, Ethnological Notes on the Aboriginal Tribes of New South Wales and Victoria. *Journal and Proceedings of the Royal Society of New South Wales* 38: 272-381.
Maynard-Smith, John, 1971, The Origin and Maintenance of Sex. In *Group Selection*. G. C. Williams, ed. Chicago: Aldine Atherton.
Maynard -Smith, John, 1978, *The Evolution of Sex*. Cambridge: Cambridge University Press.
Mayr, Ernst, 1970, *Population, Species and Evolution*. Cambridge, Massachusetts: Harvard-belknap.
Mead, Margaret, 1968, In *International Encyclopedia of the Social Sciences*, Vol. 7, p.115. New York: Macmillan and The Free Press.
Meiselman, Karin C., 1978, *Incest*. San Francisco: Jossey-Bass Publishers.
Merton, Robert K., 1949, *Social Theory and Social Structure*. Glencoe, Illinois: The Free Press.
Middleton, R., 1962, Brother-Sister and Father-Daughter Marriage in Ancient Egypt. *American Sociological Review* 27: 603-611.
Missakian, Elizabeth A., 1972, Genealogical and Cross-Genealogical Dominance Relations in a Group of Free-Ranging Rhesus Monkeys (Macaca mulatta) on Cayo Santiago. *Primates* 13: 169-180.
Missakian, Elizabeth A., 1973, The Timing of Fission among Free-Ranging Rhesus Monkeys. *American Journal of Physical Anthropology* 38: 321-624.

Morgan, L. H., 1877, *Systems of Consanguinity and Affinity of the Human Family*. Washington. D.C.: Smithsonian Institution.

Morley, F. H. W., 1954, Selection for Economic Characters in Australian Merino Sheep, IV : The Effect of Inbreeding. *Australian Journal of Agricultural Research* 5: 305-316.

Morris, Desmond, 1967, *Primate Ethology*. Chicago: Aldine.

Morris, Desmond, 1971, *The Human Zoo*. New York: Dell.

Morris, Desmond, 1973, *The Naked Ape*. New York: Dell.

Morton, N.E., J. F. Crow, and H.J. Muller, 1956, An Estimate of Mutational Damage in Man from Data on Consanguineous Marriages. *Proceedings of the National Academy of Science* 42: 855-863.

Murdock, G. P., 1949, *Social Structure*. New York: Macmillan. (ジョージ・マードック『社会構造』内藤莞爾監訳, 新泉社, 1978年)

Murdock, G. P., 1955, Changing Emphases in Social Structure. *Southwestern Journal of Anthropology* 11: 361-370.

Murdock, G. P., 1962-1967, Ethnographic Atlas. *Ethnology*. 1-6.

Murdock, G. P., 1972, Anthropology's Mythology. *Proceedings of the Royal Anthropological Institute of Great Britain and Ireland for 1971*, Pp.17-24.

Newsweek, 1981, Incest Epidemic. November 30, p.68.

Nishida, Toshisada, 1979. The Social Structure of Chimpanzees of the Mahale Mountains. In *The Great Apes*. D.A. Hamburg and E. McCown, eds. Menlo Park, California: Benjamin/Cummings.

O'Neal, Joseph M., 1977, When Are You Going to Make Me a Grandmother? An Explanatory Look at Pronatalist Pressure in Social Networks. Paper presented at the 76th Annual Meeting of the American Anthropological Association, Houston, Texas.

Packer, C., 1979, Inter-Group Transfer and Inbreeding Avoidance in Papio anubis. *Animal Behavior* 27: 1-36.

Parker, Seymour, 1976, Precultural Basis of the Incest Taboo: Toward a Biosocial Theory. *American Anthropologist* 78: 285-305.

Parsons, T., 1951, *The Social System*. Illinoies: Free Press.

Parsons, T., 1954, The Incest Taboo in Relation to Social Structure and the Socialization of the child. *British Journal of Sociology* 5: 101-17.

Parsons, T., and Robert F. Bales, 1955, *Family Socialization and Interaction Process*. Glencoe, Illinois: The Free Press. (タルコット・パーソンズ, ロバート・ベールズ『家族』橋爪貞雄ほか訳、1981年)

Parsons, T., and Edward A. Shils, eds., 1952, *Toward a General Theory of Action*. Cambridge Massachuesetts: Harvard University Press.

Parsons, T., Robert F. Bales, and Edward A. Shils., 1953, *Working Papers in the Theory of Action*. Glencoe, Illinois: The Free Press.

Peter, Prince of Greece and Denmark, 1963, *A Study of Polyandry*. The Hague: Mouton.

Pusey, Ann, 1979, Intercommunity Transfer of Chimpanzees in Gombe National Park. In *The Great Apes*. D. A. Hamburg and E. R. McCown, eds. Pp.465-479. Menlo Park, California: Benjamin/Cummings.

Pusey, Ann, 1980, Inbreeding Avoidance in Chimpanzees. *Animal Behavior* 28: 543-552.

参考文献

Rabin, I. A., 1965, *Growing Up in a Kibbutz*. New York: Springer.
Rattray, R. F., 1929, *Ashanti Law and Constitution*. Oxford: Oxford University Press.
Reynolds, H. C., 1952, Studies on Reproduction in the Opossum (Didelphis virginiana). *University of California Publications in Zoology* 52: 223 sq.
Reynolds, V., 1968, Kinship and the Family in Monkeys, Apes and Man. *Man* 3: 209-223.
Reynolds, V., and F. Reynolds, 1965, Chimpanzees of the Budongo Forest. In *Primate Behavior*. I. DeVore, ed., Pp.368-425. New York: Holt, Rinehart and Winston.
Richerson, P. J., and R. Boyd, 1978, A Dual Inheritance Model of the Human Evolutionary Process. *Journal of Social and Biological Structures* 1: 127-154.
Riemer, Svend, 1936, Die Blutschande als Soziologisches Problem. *Monatschrift der Kriminalbiologie* 27: 86.
Riemer, Svend, 1940, A Research Note on Incest. *American Journal of Sociology* 45: 566.
Robertson, A., 1954, *Inbreeding and Performance in British Friesian Cattle*. Proceedings of the British Society of Animal Production 1954. Pp.87-92.
Robinson, H. G., S. C. Woods, and A. E. Williams, 1980, The Desire to Bear Children. In *The Evolution of Human Social Behavior*. J. S. Lockard, ed. Pp.87-105. New York: Elsevier.
Rosenfeld, E., 1958, The American Social Scientist in Israel: A Case-Study in Role Conflict. *American Journal of Orthopsychiatry* 28: 563-571.
Ruse, Michael, 1979, *Sociobiology: Sense or Nonsense*. Doordrecht: D. Reidel.
Sade, D. S., 1968, Inhibition of Son-Mother Mating among Free-Ranging Rhesus Monkeys. *Science and Psychoanalysis* 12: 18-38.
Schachter, M., and S. Cotte, 1960, Etude Medico-Psychologique et Social de l'Inceste, dans la Perspective Pedo-Psychiatrique. *Acta Pedo-Psychiatry* 27: 139-146.
Schaller, G.B., 1963, *The Mountain Gorilla*. Chicago: University of Chicago Press.
Schaller, G.B., 1967, *The Deer and the Tiger*. Chicago: University of Chicago Press.
Schaller, G.B., 1972, *The Serengeti Lion: A Study of Predator-Prey Relations*. Chicago: University of Chicago Press.
Schneider, David M., 1956, *Attempts to Account for the Incest Taboo*. Unpublished paper.
Schneider, David M., 1972, What is Kinship all About? In *Kinship Studies in the Morgan Centennial Year*. P. Reining, ed. Pp.32-63. Washington, D. C.: Anthropological Society of Washington, D.C.
Schneider, David M., 1976, The Meaning of Incest. *The Journal of the Polynesian Society* 85: 149-169.
Schull, W.J., and J.V. Neel, 1965, *The Effects of Inbreeding on Japanese Children*. New York: Harper & Row.
Schwartzman, John, 1974, The Individual, Incest, and Exogamy. *Psychiatry* 37: 171-180.
Second Abstracts of British Historical Statistics, 1971, Cambridge: Cambridge University Press.
Seemanova, Eva, 1971, A Study of Children of Incestuous Matings. *Human Heredity* 21: 108-128.
Seligman, Brenda A., 1929, Incest and Descent: Their Influence on Social Organization. *Journal of the Royal Anthropological Institute* 59: 231-72.
Seligman, Brenda. A., 1932, The Incest Barrier: Its Role in Social Organization. *British Journal of Psychology* 22: 250-276.
Seligman, Brenda. A., 1935, The Incest Taboo as a Social Regulation. *The Sociological Review* 27: 75-93.

Seligman, Brenda. A., 1950, The Problem of Incest and Exogamy: A Restatement. *American Anthropologist* 52: 305–316.

Shepher, Joseph., 1969, Familism and Social Structure: The Case of the Kibbutz. *Journal of Marriage and the Family* 31:568–573.

Shepher, Joseph., 1971a, Mate Selection among Second-Generation Kibbutz Adolescents and Adults: Incest Avoidance and Negative Imprinting. *Archives of Sexual Behavior* 1: 293–307.

Shepher, Joseph., 1971b, *Self Imposed Incest Avoidance and Exogamy in Second Generation Kibbutz Adults.* Ann Arbor: University Microfilms.

Shepher, Joseph., 1977, *Introduction to the Sociology of the Kibbutz.* (In Hebrew.) Tel-Aviv: Hamidrashah Hachaklaith.

Shepher, Joseph., 1978, Reflections on the Origin of the "Human Pairbond." *Journal of Social and Biological Structure* 1: 253–264.

Shepher, Joseph., and L. Tiger, In press, *Kibbutz and Parental Investment – Women in the Kibbutz Reconsidered.* Small Groups: Social-Psychological Processes, Social Action and Living Together, P. A. Hare et al., eds. London: John Wiley and Sons.

Shepher, Joseph et al., 1977, Female Dominance and Sexual Inadequacy. Research report submitted to the 76th Annual Meeting of the American Anthropological Association, Houston, Texas.

Shoffner, R.N., 1948, The Reduction of the Fowl to Inbreeding. *Poultry Science* 27: 448–452.

Simonds, Paul E., 1974, *The Social Primates.* New York: Harper & Row.

Slater, M. Kreiseman, 1959, Ecological factors in the Origin of Incest. *American Anthropologist* 61: 1042–1059.

Sloane, P., and E. Karpinski, 1942, Effect of Incest on the Participants. *American Journal of Orthopsychiatry* 12: 666–673.

Spencer, B., and F. J. Gillen, 1899, *The Native Tribes of Central Australia.* London: Macmillan.

Spencer, B., and F. J. Gillen, 1904, *The Northern Tribes of Central Australia.* London: Macmillan.

Spencer, H., 1915, *Principles of Sociology.* New York: Appleton.

Spiro, M.E., 1958, *Children of the Kibbutz.* Cambridge, Massachusetts: Harvard University Press.

Starcke, C. N., 1889, *The Primitive Family in its Origin and Development.* New York: Appleton.

Steadman, Lyle, 1977, On Marriage, the Incest Taboo and Exogamy. Paper presented at the 76th Meeting of the American Anthropological Association.

Stern, Curt, 1973, *Principles of Human Genetics.* (Third ed.) San Francisco: W. H. Freeman.

Sumner, W.G., and A. G. Keller, 1927, *The Science of Society.* New Haven: Yale University Press.

Symons, Donald, 1979, *The Evolution of Human Sexuality.* New York: Oxford University Press.

Talmon, Gerber Y., 1964, Mate Selection in Collective Settlements. *American Sociological Review* 29: 408–491.

Tembrock, G., 1957, Zur Ethologie des Rotfuchses. *Der Zoologische Garten* (NF) 23: 431.

Thorpe, W. H., 1964, *Learning and Instinct in Animals.* London: Methuen.

Tiger, Lionel, 1969, *Men in Groups.* New York: Random House.

Tiger, Lionel, 1975, Somatic Factors and Social Behavior. In *Biosocial Anthropology.* R. Fox, ed. Pp. 115–132. London: Malaby Press.

Tiger, Lionel, 1979, *Optimism*. New York: Simon and Schuster.
Tiger, Lionel, and R. Fox, 1971, *The Imperial Animal*. New York: Holt, Rinehart and Winston. (L・フォックス, L・タイガー『帝王的動物 上下』河野徹訳, 思索社, 1975 年)
Tiger, Lionel, and J. Shepher, 1975, Women in the Kibbutz. New York: Harcourt Brace Jovanovich. (L・タイガー, J・シェファー『女性と社会変動 キブツの女たち』荒木哲子・矢沢澄子訳, 思索社, 1981 年)
Tokuda, K., 1961, A Study of Sexual Behavior in the Japanese Monkey Troop. *Primates* 3: 1-41.
Trivers, Robert L., 1971, The Evolution of Reciprocal Altruism. *Quarterly Review of Biology* 46: 35-57.
Trivers, Robert L., 1972, Parental Investment and Sexual Selection. In *Sexual Selection and the Descent of Man*, B. Campbell, ed. Pp.136-179. Chicago: Aldine.
Trivers, Robert L., 1974, Parent-Offspring Conflict. *American Zoology* 14: 249-264.
Trivers, R. L., and H. Hare, 1976, Haplodiploidy and the Evolution of the Social Insect. *Science* 191: 249-263.
Turnbull, C. M., 1972, *The Mountain People*. New York: Simon and Schuster.
Tylor, E.B., 1870, *Researches into the Early History of Mankind and the Development of Civilization*. London: T. Murray.
Tylor, E.B., 1888, On a Method of Investigating the Development of Institutions, Applied to Laws of Marriage and Descent. *Journal of the Royal Anthropological Institute* 18: 245-272.
U.S. Department of Commerce, 1975, *Historical Statistics of the United States*. Washington, D.C.: Government Printing Office.
Vandenberg, S.G., 1967, In *Recent Advances in Biological Psychiatry*. F. Wortis, ed. Vol. 9.
Van den Berghe, Pierre, 1975, *Man in Society: A Biosocial View*. New York: Elsevier.
Van den Berghe, Pierre, 1977, Territorial Behavior in a Natural Human Group. *Social Science Information* 16: 419-430.
Van den Berghe, Pierre, 1979, *Human Family Systems: An Evolutionary View*. New York: Elsevier.
Van den Berghe, Pierre, 1980a, The Human Family: A Sociobiological Look. In *Evolution of Human Social Behavior*. J. Lockard, ed. New York: Elsevier.
Van den Berghe, Pierre, 1980b, Incest and Exogamy: A Sociological Reconsideration. *Ethology and Sociobiology* 1: 151-162.
Van den Berghe, Pierre, In press, *Human Inbreeding Avoidance: Culture in Nature*. Behavior and Brain Sciences.
Van den Berghe, Pierre, and G.M. Mesher, 1980, Royal Incest and Inclusive Fitness. *American Ethnologist* 7: 300-317.
Wachter, K. W., 1980, Ancestors at the Norman Conquest. In *Geneological Demography*. B. Dyke and W. T. Morril, eds. Pp.85-93. New York: Academic Press.
Wagner, Roy, 1972, Incest and Identity: A Critique and Theory on the Subject of Exogamy and Incest Prohibition. *Man* 7: 601-603.
Wallis, Wilson, 1950, The Origin of Incest Rules. *American Anthropologist* 52: 277-279.
Washburn, S.L., 1973, The Evolution Game. *Journal of Human Evolution* 2: 557-561.
Washburn, S.L., and I. DeVore, 1961a, Social Behavior of Baboons and Early Man. In *Social Life of Early*

Man. S. L. Washburn, ed. Pp.91-105. Chicago: Aldine.
Washburn, S.L., and I. DeVore, 1961b, The Social Life of Baboons. *Scientific American* 204 (6): 62-71.
Watson, James D., 1976, *Molecular Biology of the Gene*. Menlo Park, California: W. A. Benjamin, Inc. (Addison-Wesley Student Series).
Webster, G., and B. C. Goodwin, 1982, The Origin of Species: A Structuralist Approach. *Journal of Social and Biological Structures* 5: 15-47.
Weinberg, Kirson S., 1955, *Incest Behavior*. New York: Citadel Press.
Weintraub, D. et al., 1969, *Moshava, Kibbutz and Moshav*. Ithaca: Cornell University Press.
Wendt, Herbert, 1968, *The Sex Life of the Animals*. New York: Simon and Schuster.
Westermarck, E. A., 1891, *The History of Human Marriage*. London: Macmillan.
Westermarck, E. A., 1921, *The History of Human Marriage* (Fifth ed.) . London: Macmillan.（エドワード・ウェスターマーク『人類婚姻史』江守五夫訳，社会思想社，1970 年）
Westermarck, E. A., 1934a, Recent Theories of Exogamy. *The Sociological Review* 26: 22-40.
Westermarck, E. A., 1934b, *Three Essays on Sex and Marriage*. London: Macmillan.
Westoff, Charles, 1978, Marriage and Fertility in the Developed Countries. *Scientific American* 238 (6): 35-41.
White, L.A., 1948, The Definition and Prohibition of Incest. *American Anthropologist* 50: 416-435.
Whiting, J.W. M., R. Kluckhohn, and A. Anthony, 1958, The Function of Male Initiation Ceremonies at Puberty. In *Readings in Social Psychology*. (Third ed.) E. E. Maccoby, T. M. Newcomb, and E. Hartley, eds. Pp. 359-370. New York: Holt, Rinehart and Winston.
Williams, George C., 1975, *Sex and Evolution*. Princeton, New Jersey: Princeton University Press.
Willner, Dorothy, 1975, Sexual Appropriation and Social Space: Another View of Incest. Paper presented at the 74th Annual Meeting of the American Anthropological Association.
Wilson, Edward O., 1971, *The Incest Societies*. Cambridge, Massachusetts: Harvard University Press.
Wilson, Edward O., 1975, *Sociobiology - The New Synthesis*. Cambridge, Massachusetts: Harvard University Press.（エドワード・E・ウィルソン『社会生物学』伊藤嘉昭監修・坂上昭一ほか訳，新思索社，1999 年）
Wilson, Edward O., 1978, *On Human Nature*. Cambridge, Massachusetts: Harvard University Press.（E・O・ウィルソン『人間の本性について』岸由二訳，思索社，1975 年）
Wilson, Edward O., et al., 1973, *Life on Earth*. Sunderland, Massachusetts: Sinauer Associates.
Wilson, M., 1951, *Good Company: A Study of Nyakyusa Age Villages*. London: Oxford University Press.
Witherspoon, Gary, 1975, *Navajo Kinship and Marriage*. Chicago: University of Chicago Press.
Wolf, A.P., 1966, Childhood Association, Sexual Attraction and the Incest Taboo: A Chinese Case. *American Anthropologist* 68: 883-898.
Wolf, A.P., 1968. Adopt a Daughter-in-Law, Marry a Sister: A Chinese Solution to the Problem of Incest Taboo. *American Anthropologist* 70: 864-874.
Wolf, A.P., 1970, Childhood Association and Sexual Attraction: A Further Test of the Westermarck Hypothesis. *American Anthropologist* 72: 503-515.
Wolf, A.P., and C. Huang, 1980, *Marriage and Adoption in China 1845-1945*. Stanford, CA: Stanford University Press.

参考文献

Wundt, W., 1906, *Volkerpsychologie*. Leipzig: A. Krômer.（ウィルヘルム・ヴント『民族心理学』比嘉根安定訳，誠心書房，1959年）

Yamaguchi, M., T. Yanase, H. Nagano, and N. Nakamoto, 1970, Effects of Inbreeding on Mortality in Fukuoka Population. *American Journal of Human Genetics* 22: 145-159.

Yengoyan, Aram A., 1968, Demographic and Ecological on Aboriginal Australian Marriage Sections. In *Man the Hunter*. R. B. Lee and I. DeVore, eds. Pp.185-200. Chicago: Aldine.

Young, Frank W., 1962, The Function of Male Initiation Ceremonies: A Cross Cultural Test of an Alternative Hypothesis. *American Journal of Sociobiology* 67: 379-391.

訳者あとがき

　本書は，Joseph Shepher, *INCEST: A Biosocial View* (1983, New York: Academic Press) の全訳である。

　本書を翻訳した2人は，2012年に，ジョナサン．H．ターナーとアレクサンドラ．マリヤンスキーの共著『インセスト　近親交配の回避とタブー』(2005) の訳書をすでに刊行している（明石書店）。ジョセフ．シェファーの『インセスト　生物社会的展望』は，ターナーたちの書物よりも20年以上も前に刊行されたインセストに関する古典的な文献である。なぜ今になってこの書物を翻訳する必要があるのかと訝（いぶか）る人たちもいるにちがいない。

　現状においてインセスト（近親相姦）の問題が理論的に，また経験的に完全な結着を見ているとすれば，ジョセフ．シェファーのこの書物も数多くある古典の1冊として研究史に位置づけるだけでこと足りる。前記したターナーとマリヤンスキーの文献もまた然りである。確かに，インセストとそのタブーに関する研究は1960年代以降，それまでの低迷と混乱を打ち破る革新的な進展を見せた。しかし残念なことに，現状はまだそれほど見通しのよいところまで到達してはいない。むしろようやく，前世紀後半以降の研究成果とあらたに浮上した疑問とを再精査し，この問題の全貌を視野に収めながら，インセストとインセスト・タブー，およびそれらの関連について，何が本当の問題であるかを問い直さなければならない局面が訪れた，とわれわれは考えている。したがって本書は，古典の1冊として祭りあげるのでなく，あらたな研究の進展を目指し，批判的研究の俎上に乗せねばならない貴重な文献の1冊というべきである。

訳者あとがき

　インセストとインセスト・タブーに関する研究にようやく新しい光が見え始めたのは，上記したように20世紀後半になってからのことである。この研究をめぐって，とりわけ社会人類学（または文化人類学），そして社会学に革新的な変化を呼び起こす契機になったのは，すぐ後で指示するようにロビン．フォックスの鋭い指摘であった。彼は，それまで長いあいだ社会科学（人類学や社会学を含む）と精神分析学を支配してきた発想を逆転させることを要請したのである。彼は果敢にも，学会のみならず医療現場を長年にわたって制覇してきたフロイトの「エディプス・コンプレックス」論に挑戦したのだ。彼の問いかけは，人間社会においてインセストが高頻度で発現しないのはなぜか，であった。周知のように，フロイトはエディプス・コンプレックスの考えに基づいて，人間はインセストを強く欲すると主張した。だからインセストは精神的ならびに社会文化的に禁止されねばならないと考えた（しかし彼は禁止の理由に関して深く考えていなかった）。フォックスは，人間がもし本当にフロイトが言うようにインセストを欲し，しかもそれを何らかの理由で禁止しなければならない事態に追い込まれたのだとすれば，禁止する以前の人間世界にはインセスト現象が蔓延していたと想定することが理に適っていると論じる。しかしインセストは流行することも，また蔓延することもなかった（ただしすでに絶滅した特定の人口集群については不明である）。人間は，インセストを欲しているのかもしれないが，禁止されなくても，通常インセスト欲求を行動に移さない，と考えるほうが事実に適合する。言い換えれば，インセスト・タブーの起源を考える場合に，人間のインセスト欲求を考慮する必要はないということだ。

　その一方でフォックスは，インセスト・タブーが「外婚」の調整によって大きな社会の結束を産みだし，強化する機能をもつという人類学の屈強な伝統的理論にも異議を申したてた。外婚による調整が社会文化的な利点となりうるためには，いうまでもなくその前提として一夫一妻婚を基礎とする核家族が成立していること，そして核家族内および核家族を超える幅広い親族関係の認知とその区別が成り立っていなければならない。だとすれば，「外婚」の利益を得るためにインセストが禁止されたという考えは，われわれがインセスト問題の発生を始原的

251

に考えねばならなくなった論理的な挑戦課題とは次元を異にする，いわば二次的な，インセスト禁止の社会的機能を事後的に解釈しているに過ぎない。インセストの本当の問題は「禁止」ではなく，その抑止あるいは阻止（防止）なのである。つまり，人類史の太古における人類の祖先あるいはホミニドの祖先が，後で指摘するように，現代の類人猿と同じく，子どもたちが早期に親元から離れてインセストを自然に回避していたとすれば，持続する核家族をつくることによってこの機構を失ったホミニドは，それを抑止する機構を進化させる必要があった。こうした考えに基づいてフォックスは，長年にわたって厳しく批判され，またその後長期にわたって無視されたエドワード．ウェスターマークのいわゆる「嫌悪説」の復活を宣言したのである。

　こうしたフォックスの挑戦的な議論の提示は，社会科学者たちに，フロイトという巨人の呪縛から解放されるきっかけを与えただけでなく，伝統的な人類学あるいは社会科学の狭量な枠組みから離れて，それまでタブーとみなされた生物学や遺伝子学，霊長類学，人間精神の哲学など，広く専門外の知識と知見を参照することへの途をつけたということができる。

　遺伝子学，神経科学，霊長類学，古生物学などの学問の進展はきわめて顕著であった。こうした学問は，専門科学としての成果を次々に提出した。なかでも人類学や社会学に衝撃を与えたのは，E. O. ウィルソンの『社会生物学』(1975)であった。人間の社会文化のほとんどを生物学領域の「植民地」だとみなしたウィルソンの生物学覇権主義は，低迷し混乱していた当時の人類学と社会学に，社会生物学と対峙するための防衛的な結束をにわかにもたらした。と同時に，アンチ社会生物学の立場を貫徹するためには逆に，生物学の理論を理解しなければならないとする学問的な進取の気概の芽生えを副産物としてもたらしした。ウィルソンはインセスト問題に正面から取り組んだわけではない（あるいは取り組む必要がなかった）が，結果的に，インセスト回避の問題に生物的あるいは神経的基盤を据える機会を人類学者や社会学者に与えることになった。

　ウェスターマークのインセスト「嫌悪説」がさらに注目を集め，その理論的ならびに実証的研究の関心がいちじるしく高揚した。そのなかで，ウェスターマー

訳者あとがき

クの「嫌悪説」には重大かつ困難な問題があることが明瞭になっていった。

その1つ目の問題は，辛苦の末に復活を遂げたウェスターマークの「嫌悪説」そのものの複雑さと，その経験的実証の困難さにある。2つ目の問題は，より根本的であるが，なぜインセストが人間の生存に関わる重大な挑戦課題になったかの疑問である。3つ目の問題は，「インセスト・タブー」という社会文化的規範がいつ，どのような経緯を経て成立したのかという疑問である。

こうした疑問の解明に重大なヒントを与えてくれる文献が少なくとも4冊，すでに公表されているとわれわれは考えている。その1冊がジョセフ．シェファーの本訳書であり，またもう1冊がターナーとマリヤンスキーの共著『インセスト 近親交配の回避とタブー』（2005）である。残り2冊のうちの1冊は，先に挙げたロビン・フォックスの『インセストの赤ランプ 精神と社会の起源』（1980），そして最後の書物は，アーサー．P．ウルフとウィリアム．H．ダーハムの編著『同系交配，インセストとインセスト・タブー』（2005）である。これら4冊の書物はいずれも，エドワード・ウェスターマークのインセスト「嫌悪説」を認め，これに立脚している点で共通している。しかし上記した4冊の文献も，問題のすべてを解決しているわけでなく，それぞれが問題解決に向けて部分的な貢献を果たすにとどまっている。言い換えれば，4冊の文献はウェスターマークの「嫌悪説」をめぐる数多くの問題の一部を析出し，説明している。

前記した書物『同系交配 インセストとインセスト・タブー』の共編著者のうちウィリアム．ダーハムは，その編著に収録した論文「ウェスターマーク理論の裂け目と査定」のなかで，ウェスターマーク理論については，そこに含まれる3つの仮説が立証されなければならないとしている。すなわち「嫌悪仮説」「進化的適応仮説」，そして「発現仮説」である。「嫌悪仮説」とは，いわゆる「ウェスターマーク効果」と呼ばれるものであり，「幼少期から共に親密な生活を営んだ人たちのあいだには先天的に性交への嫌悪が喚起される」という命題である。「進化的適応仮説」とは，嫌悪は進化の適応であり，同系交配を減少させることが繁殖状態に効果をもつゆえに嫌悪が自然選択されたという命題である。「発現仮説」とは，嫌悪はインセスト禁止の直接の原因だとする主張であり，あまねく

感じられる嫌悪が近親同士の性交禁止として慣習や法律に発現することで違反者に対する道徳非難をもたらすという命題である。これら3つの命題は，ウェスターマークの「嫌悪説」を立証するうえでどうしても証明されなければならない重要事項であるが，上記した4冊の文献はこれら事項にそれぞれ一定の貢献を果たしている。

　ところで，これらの仮説成立の論理的前提が問われなければならない。かつて本共訳者のうち正岡は『家族　その社会史と将来』(1981，学文社) において，核家族はきわめて複雑な親族関係から成る高度な構造の社会集団であるため，人間が最初に思いついた家族ではないとする議論を展開し，長期にわたる母子関係こそが家族の原型であると提唱したことがある。しかし当時の正岡はまだ，人類の祖先がいつ，どうして核家族をつくる結末に至ったかについて，類人猿とホミニドの行動パターンの類似性，そしてホミニドの歴史考古学の知識を欠いていた。それのみならず学会の知識水準も，その問題を十分に解明できるほど進展していなかった。

　人類の祖先であるホミニドが彼らを保護してきた熱帯樹林を離れざるをえなかった時点は，今から800万年前から600万年前頃と考えられている。いかなる事情があったにせよ，ホミニドたちはサヴァンナに追いやられたのである。捕食者のあふれたサヴァンナで生き延びるために有効な手だてをほとんどもたなかったホミニドの祖先は，その多くが絶滅しただろう。ターナーとマリヤンスキーは上記の書物のなかで，持続する核家族の成立と，夫婦の長期にわたる分業と，彼らの親としての子どもへの大きな投資が，彼らのたどり着いた解決法であったと持論を展開している。これは注目に値する知見であり，また仮説である。しかし持続する核家族を安定的に維持するためには，まだ解決すべき大問題が残っていた。すなわちインセスト発生という問題である。すでに多くの人たちが知っているように，類人猿は性的に乱交である（フロイトのように，息子は母親に対して人生の早期から性的欲求をもっていると仮定する必要はまったくない）。性的乱交とは，繁殖上有利であれば物理的に近接している異性と交尾を行うということである。人類の祖先も乱交していたにちがいない。しかし人類が持続する核家族

を標準化するとなると,もっとも近くにいる異性は核家族のなかにいることになる。

　この大問題に対処するための方法は,乱交という一般的な相互交流欲求を断つか,それとも近親者同士を性的に無関心にさせるかのいずれか,あるいは双方である。しかし人間の乱交欲求を抑止する機構は,数百万年を経ても発達する気配はなかった（だから一部の社会では宗教や社会道徳が乱交の禁欲を強固に要請した）。しかし,兄弟と姉妹のインセスト回避という制御機構が「負の刷り込み」という形で発達することには成功した。こうした人間のインセスト回避過程を最初に提唱したのが,ウェスターマークだったのである。

　ウェスターマークは,人間の「本能」としての「嫌悪感」が,近親者同士,とくに兄弟と姉妹間のインセストを拒ませると単純に考えていた。いわゆる「嫌悪説」である。しかしこれでは,たとえ高頻度でないにしても,現実に発生する兄弟と姉妹間のインセスト事件を因果的に説明できない。つまり,先に指摘したように,ウェスターマークの「嫌悪説」はそれ自体複雑な考えなのであり,十分に理論化されていないのである（前掲のダーハムの3つの仮説を見よ）。ウェスターマークのように嫌悪を「本能」と呼んで片付けてしまうと,嫌悪感の発現の条件や,誰が誰に対してどのような状況で嫌悪感を抱き,またいかなる状況下で嫌悪感が未発達になるのかを解き明かすことができない。

　われわれは,シェファーと同様,インセスト回避過程を表現するには,嫌悪という激しい感情を用いるより,むしろ性的無関心状態の発達と呼ぶほうがよいと考えている。なぜなら,インセスト回避過程において重要であるのは,嫌悪それ自体でなく,特定の社会文化的な条件が満たされると兄弟と姉妹が互いに性的関心の対象でなくなるということだからである。

　少なくとも持続する核家族が成功を収める1つの条件は,兄弟と姉妹間の性的無関心状態の発達によっている。これが親子間にも有効であるかどうかは,現在なお論争の余地を残しているし,現実に多くの問題を発生させている。しかし太古の時代には,かつてスレーターが指摘したように,親の寿命の短さと子どもの生存率の低さが親子間のインセスト発生率の可能性を低めていたと考えられる。

20世紀における霊長類学ならびに動物行動学の実証的研究の伸張は華々しかった。この分野における驚くべき知見は、霊長類のみならず哺乳類や鳥類もインセストを自然に回避しているという成果である（このことは自然界において同系・近親交配が進化的に不利であることをしめしているといえる）。別言すれば、「インセスト」という問題は人間特有の課題になったといえるかもしれない。その淵源は、すでに示唆したように、ホミニドがサヴァンナに飛び出し、核家族をつくりだしたことに起因する。核家族の創出は、人間が子孫を残存し繁殖するために成し遂げた進化的な大変化であった。

　ここで付言すべきことは、持続する核家族における時間の経過にともなう心理的、文化的、社会的な発達過程である。持続する核家族が社会集団として発達し、存続しうるためには、兄弟と姉妹間に性的無関心状態を生みだすだけでは不十分である。集団としての存続、より具体的には家族員の集団単位への連帯や連係を形成するには、兄弟と姉妹間の性的無関心と共に、互いに対する愛着（attachment）、そして信頼と誠実の気持ちを醸成することが肝要である。また核家族の維持には、核家族内で唯一性愛的関係を許容されている夫婦関係も、時の経過のなかで愛着と信頼と誠実の気持ちを育成しなければならない。

　さて、シェファーによる本書のインセスト問題に対する貢献は、まず第1に、複雑なウェスターマーク理論のなかの「嫌悪説」を、誠に皮肉というほかないが、非家族的状況（キブツ）において実証したことである。彼の大がかりな調査によれば、たとえ血縁がなくても、キブツの小規模な年齢集団で人生の乳幼児期から幼児期の特定の時期を親密に過ごした男子と女子のあいだには、性的無関心（馴化）が発達し、成人後の婚前交渉も結婚（再婚）も、その事例は皆無であった（この証明については、台湾や中国において養女婚を結んだ夫婦の性的関心の低下と、場合によれば嫌悪の発達という知見を提示したアーサー・ウルフの成果も重要である）。

　本書の第2の貢献は、「先天的性向」「負の刷り込み」「後成規則」「利他主義」（ハミルトン）など、社会生物学の概念の取り込みと、生物学と社会科学との交流に道を開いたことである。本書は、シェファーによる網羅的な文献の渉猟と共

に，E. ウィルソンが本書の「序言」でいみじくも指摘しているように，「生物学理論と現実的な民族誌的データ世界の双方による類例のない理解へと導いていく……生物学的ならびに社会的な組織化のあらゆる水準での厳密な分析と究極的で深い進化的理解に至る道筋を指示」しているのである。とはいえ，インセスト研究全体からすると，ダーハムが指摘した「適応的進化仮説」と「発現仮説」の検証は，現状においてもほとんど未着手であり，また3つの仮説間の論理的関係をいかに理論化するかの大問題も残されている。

　最後に，本訳書中重要な用語である「社会生物学的」と「生物社会的」について訳者の使い分けを明記しておく必要がある。シェファーは，もとより社会生物学者ではなく，生物学に関心を抱く社会学者である。したがって本訳書中では，自らを社会生物学者と名乗る研究者およびその業績を除き，生物学との連係を図る研究者や文献はすべて「生物社会的」の用語を用いて表現した。なお付言すれば，社会神経科学や神経社会学という新しい社会学の分野も定着し，発展を遂げつつある。

　本書刊行にあたって，学文社社長の田中千津子氏から賜ったわれわれ2人に対する友情とご厚情に衷心より感謝する次第である。

正岡寛司・藤見純子

事項索引

あ

異型接合性 ……………………………………… 116
遺伝子／における普遍的行動 …………………… 18-19
　　――／定義 …………………………………… 18-19
　　――／優勢と劣性 ………………………… 114-115
遺伝子プール …………………………………………16
遺伝子荷 …………………………………………106-107
遺伝的血族性／とインセスト規制 ………………43
遺伝的血族度／共通の祖先 ………… 16-19, 112-114
遺伝的適応度／と配偶者選択 ……………… 112-114
一妻多夫婚 …………………………………… 19-20, 25
一夫一妻婚 …………………………………… 19-20, 25
一夫多妻婚 …………………………………… 19-20, 25
イトコ婚／の遺伝的影 ……………………… 117, 116
　　――／の選好 …………………………… 126, 131-133
インセスト／タブー ………………… 50, 100, 102, 105
　　――／――／の拡張 …………… 157-158, 186, 201, 219
　　――／――／の普遍性 ………… 9, 11, 61, 185, 217
　　――／――／フロイトの …………………… 172-174
　　――／――／示差的な密度 ………………… 167
『インセストの赤ランプ』（フォックス） …………94
インセスト／の禁止 …………… 40, 47-49, 101, 144-145,
　　148-149, 159, 205-206
インセスト／の阻止 … 47-49, 147-149, 152-153, 144-147
インセスト／の定義 ………………… 36-40, 141-144, 160
　　――／――／社会文化的 ………… 200, 202, 209-220
インセスト／の頻度 ……………………… 160-163
インセスト／の抑制 ………… 47-49, 138-141, 145-147,

150-153, 160-163, 166-167
インセスト／への女性の抵抗 …………………… 162-165
インセスト／関係の参加者 ………………… 39-42
インセスト／規制 …………………………………10
　　――／――／タブー拡張のため ………… 167-168
　　――／――／の機構 ……………… 47-49, 100
　　――／――／の機能 ………………… 50, 100
　　――／――／の起源 …………………… 55, 64-65
　　――／――／家族同盟 …………… 186, 192-209
　　――／――／近親交配の阻止 ……… 105-107, 110-112,
　　129-133
　　――／――／兄弟姉妹のインセスト ……… 145-148
　　――／――／定義 ………………………… 47-48
　　――／――／動物 ………………… 103-105, 134-137
　　――／――／同系交配の阻止 ………… 100, 102
　　――／――／父親と娘のインセスト ……… 150-154
　　――／――／母親と息子の …………… 138-145
インセスト／孤立要因 ………………………… 164-166
インセスト／本能的回避／とキブツ …………… 70-84
インセスト／抑制／の生存 ………………………… 154
インセスト／理論 …………………………………13
　　――／――／家族―社会化流派 ………… 171-191
　　――／――／家族同盟 …………………… 157-159
　　――／――／経験的研究と …………………11
　　――／――／自然と愛育 ………………………10
　　――／――／社会生物学的 ………… 110-170, 223-224
　　――／――／インセストと規制 ……… 136-160
　　――／――／の証拠 ……………………… 160-166
　　――／――／の批判 ……………… 197, 204-205

258

事項索引

——/——/——/動物のデータ……………134-137
——/——/発達 ………………………91-109
——/——/同系交配の費用と便益…………112-128
——/——/命題 ………………………110-112
——/——/動物データ……………50-53, 100-105
——/——/同盟学派……………157-159, 182, 186, 192-209
——/——/タイラー……………………192-209
——/——/ホワイト………………195-198, 214
——/——/レヴィ=ストロース………202-207
——/——/フォーチュン………………194-196
インセスト/理論/本能的回避…173-174, 185, 195-198
——/——/本能的回避/ウェスターマーク…61-63, 65, 67
——/——/——/養女婚における…………84-90
——/——/抑止対禁止…………………8-9
インセスト/類別的……………………………42
インセスト・タブー/定義……………………216
インセストの畏怖……………50, 67, 173, 204, 212
インセストの人口誌的理論……………92-94, 100
『選ばれし人』(マン)……………………155
縁故主義………………………………22-23
王族のインセスト……………………165-166
親と子どもの対立……………………27, 32
親の投資理論……………124-126, 151-152, 183
——/配偶者選択における………………24-29

か

学習，遺伝子の監視下……………………19
家族/インセスト規制……………………155-156
——/——/家族—社会化流派…………171-191, 195
——/——/同盟理論………………192-209
——/とインセスト禁止……………39, 201
——/協同…………………………198, 201
——/結婚……………………………40-42, 60
起源，機能と…………………………48-49
機能，の概念…………………………55-57
キブツ/の研究………………………69-71
——/の集団社会化……………………70-84

——/性的回避…………………70-71, 145-146
『キブツの子どもたち』(スパイロ)……………71
禁止/と社会規範…………………………47-48
——/の性的行動……………………210-212
——/結婚……………………………………61
偶像崇拝……………………………………9
兄弟姉妹/の型……………………………149
——/の頻度…………………………………161
——/対立……………………………………33
——/利他主義………………………………32, 34
兄弟姉妹のインセスト/の禁止…………148-149
——/の攻撃者………………………………163
——/の費用と便益……………………121-123
——/の文化的定義……………………210-212
——/の抑止……………………………166-167, 195
——/人口誌的説明……………………93, 99
——/同盟理論と……………………………182
結婚/と家族………………………………60
——/禁止…………………………………61
——/性交渉と………………………………46
——/率……………………………………30
血族，度の……………………………112-114
『原始社会』(ホブハウス)……………67-68
原初的ホルド理論…………………………95
減数分裂/の費用…………………………113
攻撃………………………………………34
——/性的興奮…………………………107-108
行動/における生物的素因…………………17
——/学習された……………………………19
——/社会的…………………………………222
交差イトコ婚…………………63, 99, 132
——/の禁止……………………………63, 99
後成規則……………………………18-19, 145

さ

殺人，抑止………………………………225
死亡率/と異種交配のバランス………………119
——/同系交配との関係………………116-120
自殺……………………………………205

259

『自殺論』（デュルケム）……………………… 8
自然選択……………………………………… 12-20
　　　／親族の……………………………… 20-21
　　　／同系交配と……………………………… 102
社会学／の批判…………………………… 222-223
　　　／個人の行動…………………………………3
『社会学の再生を求めて』（グールドナー）………… 222
社会規範／と道徳的権威……………………… 219
　　　／役割集合…………………………… 52-54
『社会構造』（マードック）…………………… 184
社会生物学／の基本教義…………………… 14-35
　　　／の創発……………………………………223
『社会生物学』（ウィルソン）…………………… 224
社会秩序／の起源………………………… 53-54
社会的行動／の研究………………………… 222
社会的繁殖の概念……………………………… 212
出生率……………………………………… 30, 31
　　　／低下……………………………… 28, 30
雌雄同体性………………………………………120
狩猟・採集民, 親の投資………………………97
障害／同系交配との関係……………………… 119-120
女性, インセスト犠牲者としての…………… 162-165
進化／と自然選択………………………… 14-16
　　　／の継続…………………………… 14-15
　　　／均衡理論と……………………… 95-96
　　　／出自, プラス同盟………………………96
　　　／象徴的文化………………………………15
『進化する道徳』（ホブハウス）…………………67
『親族関係の基本構造』（レヴィ＝ストロース）…… 203
親族選択………………………………… 21-22
親族利他主義……………………………… 21-23, 120
人類学, インセストの定義………… 209-213, 216-218
『人類婚姻史』（ウェスターマーク）………………59
刷り込み／の決定的な時期……………………82
　　　／性の無関心……………………………… 100
　　　／負の……………………………… 95, 109-110
性交渉／と結婚…………………………………46
生殖／遺伝子変異……………………………… 113
　　　／雌雄同体…………………………………120
　　　／性交渉の分離…………………………… 28-30

　　　／無性…………………………… 112, 120
性的交渉／インセストの定義………………… 37-38
性的行動, 禁止された……………………… 210-212
性の慎み深さ……………………………………73
生物社会的展望………………………… 110-170
祖先／の数…………………………………… 113

た

タレンシ族／性的犯罪…………………… 210-212
単性性…………………………………………120
単性生殖………………………………………120
男子の通過儀礼…………………………… 142-143
致死遺伝子…………………………………… 106
父親と娘／費用─便益分析…………… 123-125
父親と娘のインセスト／の禁止…………… 152-154
　　　／の攻撃者…………………………… 162-163
　　　／の阻止………………………… 152-153, 165
　　　／の頻度…………………………………… 202
通過儀礼／の前提条件…………………… 142-143
同型接合性…………………………………… 116
同系交配………………………………………39
　　　／と異種交配のバランス…… 112-114, 121
　　　／機能低下……………………………… 116
　　　／死亡率と障害率…………………… 116-120
　　　／動物の回避………………………… 134-137
　　　／反復…………………………………… 117
　　　／費用-便益分析………………… 114-116
　　　／理論……………………… 99, 105, 197, 204
　　　／　／ウェスターマーク……………… 64, 66
　　　／　／遺伝子荷と…………………… 106-107
　　　／　／自然選択………………………… 102
同性愛／とインセストの定義……………………38
同性愛／インセスト・タブーにおける………… 159
動物データ…………… 50-53, 100, 103-105, 134-137
同類交配………………………………………120
同類婚の法則……………………………………63
『トーテムとタブー』（フロイト）……………… 172

な

『ナバホ族の親族と婚姻』（ホワイトスプーン）………22
縄張り／の遺伝子効果……………………………17
乳幼児の依存／と配偶抑制………………138-140

は

配偶者選択………………………………………19-20
　——／遺伝的適応度……………………24, 27
　——／女性の行動…………………………26-28
　——／親の投資……………………………24-28
　——／類似性…………………………………62
母親と子どもたちの結合……………………188-189
母親と息子のインセスト／の禁止…………144-145
　——／の阻止………………………………141-144
　——／の費用─便益分析……………………124
　——／母系制と父系制……………………210, 213
　——／抑止………………………138-141, 167
繁殖／の前提条件……………………………19-20
不正行為／互恵的利他主義における……………24
父系の兄弟姉妹のインセスト…………………149
父系社会……………………………………………22
　——／インセスト／の規制…………………149
　——／性的犯罪…………………………210-212
父性／の認知……………………………………202
普遍特性／と個人の行動…………………………9
　——／への生物学的性向…………………16-18
　——／文化規範と……………………………8
不倫／母系クラン対……………………………210
文化／と攻撃…………………………………34-35
　——／の進化…………………………15, 196
　——／規範……………………………………8
　——／自然……………………………………203

——／生存している人口集群………………21
——／定義………………………………………35
——／適応的……………………………………196
平行イトコ婚…………………………64, 99, 126, 132
保育行動……………………………………………27
包括的適応………………………………………21
母系社会……………………………………………22
　——／性的犯罪…………………………210-212

ま

『未開人の性生活』（マリノフスキー）……………175
群れの分裂………………………………………134

や

優性遺伝子………………………………114-115
養女婚………………………………………84-90
抑制／機構…………………………………………48

ら

乱交…………………………………………29, 60
利他主義……………………………………………21
　——／互恵的………………………………23-24
　——／親族関係……………21-23, 34, 120, 132
類別的なインセスト………………………………42
霊長目／インセスト回避……………………134-135
　——／インセスト規制……134-135, 137-138, 141-142, 146, 151-152
劣性遺伝子………………………………………115

A-Z

DNA ……………………………………19, 221-222

人名索引

A

Aberle, D. F.／アバール …………………… 53, 97, 146
Abernethy, Varginia／アーバネシー ………… 108
Adams, N. S.／アダムス …………………………… 117
Albrecht, H.／アルブレヒト ……………………… 135
Alexander, R. D.／アレグザンダー … 14, 16, 20, 34, 35, 92, 126–127, 132, 137, 154
Andreski, A.／アンドレスキー ………………… 223
Anthony, A.／アンソニー ………………………… 143
Ardrey, R.／アードレィ ……………………………… 50
Armstrong, Louise／アームストロング ……… 161, 163

B

Backhofen, J. J.／バッハオーフェン ……………… 60
Bagley, Christopher／バグリー ………………… 164, 191
Bales, Robert F.／ベールズ …………………… 187–188
Barash, David P.／バラシュ ………………………… 14
Barkow, Jerome H.／バーコー …………………… 126
Barlow, George W.／バーロー ……………………… 14
Barrai, I.／バライ …………………………………… 117
Bateson, P.P.G.／ベイトソン …………………… 109, 126
Beach, Frank A.／ビーチ …………………………… 88
Ben-David, J.／ベン–デーヴィッド ……………… 73
Bender, L.／ベンダー ……………………………… 167
Bengtsson, B. O.／ベングッソン ………… 120, 129, 131
Bettelheim, B.／ベッテルハイム ………………… 73–74
Bigelow, Robert／ビゲロー ………………………… 34

Bischof, N.／ビショッフ …………… 103–105, 107, 134
Bixler, Ray H.／ビクスラー ……… 84, 92, 126, 134, 145, 152, 160
Blau, A.／ブラウ …………………………………… 167
Bodmer, W. F.／ボドマー ………… 46, 115, 116, 117, 154
Boyd, R.／ボイド …………………………………… 36
Brace, C. L.／ブレイス ……………………………… 15
Brenner, D. R.／ブレナー ………………………… 162
Briggs, Cabot L.／ブリッグス ……………………… 34
Brown, R. W.／ブラウン …………………………… 47
Buck, Graig／バック ……………………………… 163
Burton, Robert／バートン ………………………… 106

C

Campbell, Bernard／キャンベル …………………… 15
Caplan, Arthur L.／カプラン ……………………… 14
Caprio, Fr. S.／カプリオ ………………………… 162
Carpenter, C. R.／カーペンター ………………… 141
Carter, C. O.／カーター …………………………… 118
Cavalli-Sforza／カヴァリ＝スオルツァ …… 46, 115, 117, 155
Chagnon, N. A.／シャノン ………………………… 21
Chance, M. R. A.／チャンス ……………………… 95
Clutton Brock, T. H.／クラットン＝ブロック …… 14
Cohen, Morris R.／コーエン …………… 104, 142, 208
Constantine, J. M.／コンスタンチン ……………… 30
Constantine, L. L.／コンスタンチン ……………… 30
Cotte, S.／コッテ ………………………………… 162
Count, Earl W.／カウント ………………………… 40

人名索引

Crook, John／クルーク　19, 35, 36, 116
Crow, J. F.／クロー　118
Curelaru, M.／カレラル　34, 233
Curtis, H.／カーチス　120

D

Daly, M.／ダリー　25
D'Aquili, Eugene／ダアギリ　107
Darling, F. F.／ダーリング　134
Davis, Kingsley／デーヴィス　71, 139
Dawkins, Richard／ドーキンス　21
Demarest, William J.／デマレスト　135, 139, 146, 147
DeVore, I.／ドヴァ　135, 141, 153
DeVos, George A.／デボス　109
Dickemann, Mildred／ディッケマン　26
Dickerson, E. E.／ディッカーソン　116
Dunnet, S. C.／ダネット　135
Durham, William H.／ダーハム　36
Durkheim, E.／デュルケム　8

E

Edey, M. A.／エディ　15
Edholm, Otto G.／エドホルム　34
Eibl-Eibesfeldt, I.／アイブル-アイベスフェルト　134
Eisenberg, J.F.／アイゼンバーグ　134
Eisenstadt, S.N.／アイゼンシュタット　23, 34, 223
Elkes, Joel／エルケス　48
Ember, Melvin／エムバー　105, 150
Engels, F.／エンゲルス　60
Etkin, W.／エトキン　134
Evans Pritchard, E.E.／エヴァンス・プリチャード　46

F

Falconer, D.S.／ファルコナー　114, 116
Festinger, L.／フェスティンガー　69
Finkelhor, D.／フィンケルホォー　161
Fortes, M.／フォーテス　210, 212

Fortune, R. F.／フォーチュン　37-38, 182, 194
Forward, Susan／フォーワード　161, 163
Fox, Robin／フォックス，ロビン　82, 89, 91, 94-97, 105, 109, 142-143, 175
Frances, Allen／フランセス　109
Frances, Vera／フランセス　109
Franklin, W. L.／フランクリン　134
Freud, Sigmund／フロイト，ジーグムント　10-11, 66, 102, 140, 172

G

Gebhard, P. H.／ゲフハルト　161
Geiser, R. L.／ガイザー　164
Geugett, A. E.／ゴイゲット　167
Gillen, F. J.／ギレン　60, 172
Giraud-Teulon, A.　60
Goethe, F. W.／ゲーテ　3
Goodall, J.／グッドール　135-136, 146
Goodwin, B.C.／グッドウィン　36
Goody, J.／グッディ　149, 209, 212
Gough, K.E.／ゴウ　27
Gould, C.G.／ゲールド　19
Gould, J.L.／ゲールド　19
Gouldner, Alvin W.／グールドナー　222
Granit, Ragnar／グラニト　48
Greene, Penelope J.／グリーン　28, 132
Greenland, C.／グリーンランド　162
Greenwood, P.J.／グリーンウッド　134
Gregory, M.S.／グレゴリー　14
Gundlach, H.／グルントラッハ　134

H

Hall, K. R. L.／ホール　35, 141
Hamilton, W.D.／ハミルトン　21, 35, 120
Harcourt, A.H.／ハーコート　136
Hare, H.／ヘアー　21
Hartl, Daniel L.／ハートル　115
Hartung, J.／ハルトゥンク　26, 33

263

Harvey, P. H.／ハーベイ ················· 14, 134
Heinroth, O.／ハインロート ············ 133, 146
Hendrichs, H.／ヘンドリックス ············ 134
Herman, J.L.／ハーマン ················ 160, 163
Herzog, Elizabeth／ヘルゾーク ···············31
Hobhouse, L.／ホブハウス ············· 67, 68
Homans, G. C.／ホマンズ ···················22
Houriet, Robert／ヒューリット ···············18
Howell, Nancy／ハウエル ·····················32
Hrdy, Sarah B.／フルディ ··········· 27, 135, 138, 141, 150-151
Huang, C.／ホアン ······················ 84, 87
Hughes, Graham／ヒューズ ··················161
Huxley, A.／ハクスレー ······················29

I

Imanishi, Kinji／今西 ············· 107, 138, 141
Irons, W.／アイロンズ ·······················20
Itani, Junichiro／伊谷 ·················· 107, 134

J

Jacquard, Albert／ジャカード ················116
Johanson, D.C.／ヨーハンソン ················15
Jonas, D. F.／ジョナス ·······················52
Justice, B.／ジャスティス ····················161
Justice, R.／ジャスティス ····················161

K

Kaffman, Mordecai／カフマン ················83
Karpinski, E.／カーピンスキー ···············162
Katz, D.／カッツ ·····························69
Kaufman, J. H.／カウフマン ·················135
Keller, A.G.／ケラー ························185
Kimura, M.／キムラ ························116
Kinsey, A.C.／キンゼー ······················161
Kitagawa, E.M.／キタガワ ····················31
Klingel, H.／クリンゲル ·····················134

Kluckhohn, R.／クラックホーン ··············143
Koford, C.B.／コフォード ···················135
Kolb, William L.／コルブ ····················38
Kortmulder, K.／コートミュルダール ······ 108-109, 138, 146
Koyama, N.／小山 ··························134
Krunk, H.／クランク ························134
Kubo, S.／クボ ······························162
Kummer, H.／クマール ················· 135, 141,
Kunstadter, Peter／クンシュテッター ···············131
Kurland, J.A.／カーランド ···················28

L

Lhhiri, R.K.／ラヒリ ···················· 151-152
Lang, A.／ラング ····························172
Larsen, R.R.／ラーセン ······················50
Lawrence, Douglas H.／ローレンス ············48
Leakey, R. E.／リーキー ····················113
Lee, Richard B.／リー ······················153
Lerner, I. M.／ラーナー ·····················115
Lévi-Strauss, C.／レヴィ-ストロース ······ 133, 202, 204, 205, 207
Levy, Marion T.／レヴィ ··············· 156, 190
Lewin, R.／レヴィン ························113
Li, C. C.／リー ······························116
Lindzey, Gardner／リンゼイ．ガードナー ······ 101, 102, 106, 219
Livingstone, F. B.／リビングストン ············64
Loffler, G. Von Lorenz／ロフラー ··············39
Lorenz, Konrad／ローレンツ ············ 48, 133, 146
Lowie, R. H.／ローウィ ·················· 67, 185
Loy, James／ロイ．ジェームズ ················18
Lubbock, Sir John／ルボック ·················60
Lumsden, C. J.／ラムスデン ········ 16, 19, 36, 147, 226
Lyons, Andrew P.／ライオンズ ···············139

M

McNeill, D.／マックニール ····················47

人名索引

Mainardi, M.／マイナルディー ……………………… 117
Maine, Sir Henry Summner／メイン ………………… 60
Maisch, H.／マイシュ ……………………… 162, 163, 164
Malinowski, B.／マリノフスキー …… 175, 176, 178, 210
Marshall, Lorna／マーシャル ………… 17, 32, 153, 158
Mathews, R.H.／マシューズ ………………………… 172
Maynard-Smith, John ………… 112, 116, 120, 130, 133
Mayr, Ernst／マイヤー ………………………… 110, 115
Mead, Margaret／ミード ……………………………… 38
Meiselman, Karin. C.／マイゼルマン …… 46, 162, 163, 164
Merton, Robert, K.／マートン ……………………… 56
Mesher, G.M.／メシャー ……………………… 91, 149, 165
Missakian, Elizabeth A.／ミサキアン ………… 137, 138
Montague, A.／モンタギュー ………………………… 15
Moore, Wilbert A.／ムーア …………………………… 71
Morgan, L. H.／モーガン ……………………………… 60
Morley, F. H. W.／モーリー ………………………… 116
Moriss, Desmond／モリス ……………………………… 50
Murdock, G. P.／マードック

N

Nagel, Ernest／ナーゲル ……………………………… 37
Neel, J. V.／ニール …………………………… 117, 118, 119

P

Packer, C.／パッカー ………………………… 134, 135, 141
Parker, Seymour／パーカー ………………… 107-108, 128
Parsons, T.／パーソンズ …………………………… 187, 188
Peck, A.L.／ペック …………………………………… 162
Pilling, H.R.／ピリング ……………………………… 90, 153
Pusey, Ann／ピューシー ………………………… 136, 142, 150

R

Rabin, I.A.／ラビン …………………………………… 73
Rattray, R.F.／ラットレー …………………………… 210
Reynolds, H. C.／レイノルズ ………………………… 135
Richerson, P.J.／リチャーソン ……………………… 36

Riemer, Svend／リーマー ……………………… 162,164
Robertson, A.／ロバートソン ………………………… 31
Ruse, Michael／ルース ………………………………… 14

S

Sade, D.S.／サデ ………………………………… 135, 138
Schachter, M.／シャクター …………………………… 162
Schaller, G. B.／シャーラー ……………………… 134, 135
Schneider, D.M.／シュナイダー …… 22, 159, 214, 216, 217
Schull, E.J.／スカル ……………………………… 117, 119
Schwartzman, John／シュワルツマン …… 118, 119, 161
Seligman, Brenda A.／セリグマン ……………… 179-184
Shepher, Joseph／シェファー …… 23, 25, 70, 79, 80, 95, 97, 140, 146, 153, 225
Shils, Edward A.／シルズ …………………………… 187
Shoffner, R. N.／ショッフナー ……………………… 116
Silverberg, James ……………………………………… 14
Silvers, A.／シルヴァーズ …………………………… 14
Simonds, Paul E.／サイモンズ ……………………… 141
Slater, M. Kreiseman／スレーター …… 92-94, 142, 152
Sloane, P.／スローン ………………………………… 162
Southwick, C. H.／サウスウィック ………………… 152
Spencer, B.／スペンサー ………………………… 60, 172
Spencer, H.／スペンサー ……………………………… 60
Spiro, M.E.／スパイロ ………………… 71, 72-73, 74, 89
Starcke, C.N.／スターク ……………………………… 60
Steadman, Lyle／ステッドマン ……………………… 109
Stern, Curt／スターン ……………………………… 113, 117
Sumner, W. G.／サムナー ……………………………… 185
Symons, Donald／サイモンズ ……………………… 25, 26

T

Tagiuri, C. K.／タギウリ ……………………………… 162
Talmon, Gerber, Y.／ターマン ………………… 75, 76-77, 89
Tembrock, G.／テンブロック ………………………… 134
Thorpe, W. H.／ソープ ………………………………… 82
Tiger, Lionel／タイガー …………… 23, 31, 35, 70, 142, 225

265

Tokuda, K.／徳田 ……………………………………… 138
Trivers, R.L.／トリヴァース ………………… 21, 24, 32
Tylor, E. B.／タイラー …… 60, 182, 192, 193, 194, 198

V

Van den Berghe, Pierre／ヴァン＝デン＝ベルジェ ……
　17-18, 22, 50, 92, 126, 131, 132, 140, 145, 146, 148,
　149, 160, 165

W

Wachter, K.W.／ワクター …………………………… 113
Wallis, Wilson／ウォリス …………………………………92
Washburn, S. L.／ウォッシュバーン ………… 135, 141
Watson, James D.／ワトソン ……………………… 115
Webster, G.／ウェブスター ………………………………36
Weinberg, Kirson S.／ワインバーグ　161, 163, 165, 167
Weintraub, D.／ワイントローブ …………………………73
Wendt, Herbert／ヴェント ………………………… 137

Westermarck, E. A.／ウェスターマーク …… 57-58, 174,
　179, 185
White, L. A.／ホワイト ……………………………… 200
Whiting, J.W. M.／ホワイティング ……………… 143
Williams, George C.／ウィリアムズ …………… 112-113
Willner, Dorothy／ウィルナー …………………… 160-161
Wilson, Edward O.／ウィルソン …… 14, 16, 19, 21, 35,
　36, 51, 52, 54, 110, 120, 121, 133
Wilson, M.／ウィルソン ……………………………… 25, 142
Witherspoon, Gary／ウィザースプン ………………………22
Wolf, A.P.／ウルフ ……………………………………………84
Woods, S. C.／ウッズ …………………………………………31
Wundt, W.／ヴント ……………………………………… 172

Y

Yamaguchi, M.／ヤマグチ ………………………… 117
Yengoyan, Aram A.／イエンゴヤン ……………… 153
Young, Frank W.／ヤング ………………………… 143

訳者紹介

正岡寛司（まさおか かんじ）

1935年広島市生まれ。早稲田大学名誉教授。元日本家族社会学会会長。
主な著書・翻訳書として，『「家」と親族組織』（共編著，早稲田大学出版部，1975），『家族――その社会史的変遷』（学文社，1981），『家族過程論　現代家族のダイナミックス』（放送大学，1996）など。〈ジョナサン・ターナー　感情社会学シリーズ〉，第Ⅰ巻『感情の起源』（2007，明石書店），第Ⅱ巻『社会という檻』（2009，明石書店），第Ⅲ巻『出会いの社会学』（明石書店，2010），第Ⅳ巻『インセスト　近親交配の回避とタブー』（共訳，明石書店，2012），第Ⅴ巻『感情の社会学理論』（明石書店，2013）など。

藤見純子（ふじみ すみこ）

1943年横浜市生まれ。大正大学特任教授。
主な著書・翻訳書として，『炭砿労働者の閉山離職とキャリア形成――旧常磐炭砿K.K.砿員の縦断調査研究Ⅰ―Ⅹ』（共編著，早稲田大学人間総合研究センター他，1998-2007），『現代日本人の家族――NFRJからみたその姿』（共編著，有斐閣，2009），エルダー，ジール編著『ライフコース研究の方法』（共訳，2003，明石書店），ターナー，マリヤンスキー『インセスト　近親交配の回避とタブー』（共訳，明石書店，2012）など。

インセスト──生物社会的展望──

2013 年 9 月 20 日　第 1 版第 1 刷発行

著　者　J. シェファー
訳　者　正岡　寛司
　　　　藤見　純子
発行所　株式会社　学文社
発行者　田中　千津子

〒153-0064　東京都目黒区下目黒 3-6-1
Tel 03-3715-1501　Fax 03-3715-2012

ISBN978-4-7620-2385-9

© 2013 MASAOKA Kanji and FUJIMI Sumiko　Printed in Japan
乱丁・落丁本は，本社にてお取替致します。　　http://www.gakubunsha.com
定価は，カバー，売上カードに表示してあります。〈検印省略〉　印刷／㈱シナノ